犯罪预防：
原理、观点与实践

CRIME PREVENTION

Principles, Perspectives and Practices

［澳］亚当·苏通（Adam Sutton）
［澳］阿德里恩·切尼（Adrian Cherney）／著
［澳］罗伯·怀特（Rob White）
赵　赤／译

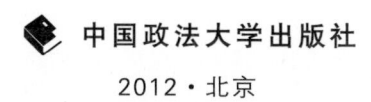

中国政法大学出版社

2012·北京

犯罪预防：原理、观点与实践

Crime Prevention: Principles, Perspectives and Practices
by Adam Sutton, Adrian Cherney and Rob White

This is a Simplified Chinese Translation of the following title published by Cambridge University Press:

Crime Prevention: Principles, Perspectives and Practices
ISBN: 978-0-521-68425-5 paperback
© Adam Sutton, Adrian Cherney, Rob White 2008

First Published 2008

This Simplified Chinese Translation for the People's Republic of China (excluding Hong Kong, Macau and Taiwan) is published by arrangement with the Press Syndicate of the University of Cambridge, Cambridge, United Kingdom.

© Cambridge University Press and China University
of Political Science and Law Press 2012

This Simplified Chinese Translation is authorized for sale in the People's Republic of China (excluding Hong Kong, Macau and Taiwan) only. Unauthorized export of this Simplified Chinese Translation is a violation of the Copyright Act. No part of this publication may be reproduced or distributed by any means, or stored in a database or retrieval system, without the prior written permission of Cambridge University Press and China University of Political Science and Law Press.

版权登记号：图字 01-2012-5445 号

译 序

赵赤同志现为桂林电子科技大学法学院副教授，也是北京师范大学法学两院 2009 级刑法学专业犯罪学方向的在读博士研究生，同时作为北师大法学两院选拔的首批智力援藏团成员挂职任西藏自治区检察院林芝检察分院副检察长。在挂职工作之余，他利用闲暇翻译了澳大利亚三位学者的力作《犯罪预防：原理、观点与实践》，这是他的第一部译著，也是他在援藏工作之外的又一大收获。付梓之前赵赤邀我作序，我欣然而为并以此予以祝贺！

赵赤同志勤于钻研、尊敬师长、为人质朴，在科研方面有着较为突出的科研潜力与能力。他硕士毕业于中南财经政法大学刑法学专业，参加工作之后又以优异的成绩考入北师大法学院攻读刑法学专业犯罪学方向的博士研究生。到北师大读博以来，赵赤获得了一个省部级科研课题，出版了一部专著，发表了包括一篇法学一级、四篇 CSSCI 期刊在内的多篇学术论文。此外，赵赤同志曾经从事过多年的外贸业务工作，英语功底扎实，此前也已公开发表译作多篇，这为他保质保量地翻译好本书奠定了良好的基础。

赵赤同志翻译出版《犯罪预防：原理、观点与实践》，无论在犯罪预防的学术研究还是社会实践方面都具有显著的积极意义。

首先，原著在研究方法、研究内容以及题材结构等方面都具有新颖性、前沿性以及可读性，是一部较高质量的犯罪预防方面的专著，值得向国内学界及实务界翻译介绍。从内容上看，外文原著的亮点主要有以下几个方面：一是研究方法先进，内容安排科学。本书内容分为两个部分：第一部分为理论，主要论及研究方法及本书结构、社会预防、环境预防以及犯罪预防评估等主要内容；第二部分为实践，主要论及犯罪预防从理论到政策、公共场所的犯罪预防、如何应对社会失调以及犯罪预防的前景展望等主要内容。注重实证研究方法，理论与实践密切结合是本书的显著特点，这在本书的结构安排上就可以清楚地看出。二是研究内容前沿，重点突出。例如，本书针对犯罪预防评估、犯罪预防的政策意蕴、基于环境设计的犯罪预防（CPTED）以及青年人犯罪预防等新颖前沿性问题进行了较为精当的研究，值得肯定和重视。三是研究深入，研究成果的理论及实践意义十分显著。例如，本书将犯罪预防分为社会预防和环境预防两种，并且将环境预防又进一步细分为犯罪的情境预防（SCP）与基于环境设计的犯罪预防（CPTED）两种类型。值得指出的是，本书对基于环境设计的犯罪预防（CPTED）进行了较为细致独到的研究，而且这方面的研究成果已经对包括城市规划、建筑设计、社区管理等在内的社会生活的多个领域产生了积极而深远的影响。这一方面尤其值得我国理论界以及有关部门予以重视和认真研究。综上，赵赤同志翻译出版《犯罪预防：原理、观点与实践》，将对我国犯罪预防领域的理论研究与具体实践产生积极的促进作用，也为我国推进社会管理创新、建设和谐安宁社会提供新的思路与方法。

其次，译者对原文的理解相当准确，对专业词汇的翻译比较恰当，对原文的句子结构也能在准确理解的基础上根据汉语的语法习惯予以调整、理顺，因此本译著的翻译质量较好，文字较为通顺，便于阅读理解。

当然，本译著也难免存在某些不足，个别用语的表述仍可商榷，但就总体而言，本译著仍不失为目前国内犯罪预防领域中的一部质量上乘的最新译著，值得推介。

都说"欲穷千里目，更上一层楼"。赵赤在雪域高原翻译此书，视野自然更高更远。学习借鉴别国经验，科学应对中国社会快速发展过程中突出的犯罪问题，是赵赤翻译本书的初衷，也是我们刑事科学理论界共同的愿望。

是为序。

卢建平[*]
2012 年 6 月于北京师范大学

---

[*] 北京师范大学法学院与刑事法律科学研究院教授、博士生导师，中国犯罪学研究会副会长，中国刑法学研究会副会长。

原著前言与致谢

本书的完成历经较长时间，也可以说是长时间、高质量的讨论及辩论的成果。主要由于亚当·苏通（Adam Sutton）居住在墨尔本，因而由他承担了统稿协调以及与出版社的联系工作。在本书写作的后期，由于一些难以预见的原因，罗伯·怀特（Rob White）承担了书稿的最后整理和编辑工作。虽然我们每个人都是各自章节的第一撰稿人（切尼撰写第2、4、5章，怀特撰写第7、8章，苏通撰写第1、3、6、9章），但是本书中的观点也反映了我们的共同看法。

借此机会，要感谢佐·哈米尔顿（Zoe Hamilton），没有他的耐心、机敏、良好的沟通以及十分富有建设性的建议，本书不可能问世。此外，还要感谢吉尔·亨利（Jill Henry），他继佐·哈米尔顿之后作为本书的执行编辑，还提出了撰写一部关于犯罪预防的专著的创意。最后，还要感谢我们的合作伙伴亚历山大（Alessandra）、罗伦（Lorraine）以及沙伦（Sharyn）的热情鼓励和大力支持。

Contents

目 录

译　序 …………………………………………………（Ⅰ）

原著前言与致谢 ………………………………………（Ⅳ）

第一部分　理　论

第一章　导言：澳大利亚的犯罪预防与社区安全 ………（3）

第二章　本书的主要方法与结构 ……………………（17）
　　一、引言 ……………………………………………（17）
　　二、富有争议的犯罪预防问题 ……………………（19）
　　三、犯罪与日常生活 ………………………………（25）
　　四、犯罪预防的类型 ………………………………（31）
　　五、犯罪预防与社区安全 …………………………（36）
　　六、犯罪预防与问题解决 …………………………（38）
　　七、结论 ……………………………………………（42）

第三章 社会预防 （46）
一、引言 （46）
二、剑桥—萨默维尔：社会预防的困境 （49）
三、社会预防的体系和机构 （51）
四、社会预防的方法 （53）
五、社会预防：从理论到政策 （57）
六、社会预防的局限性 （61）
七、社会预防的未来 （63）
八、结论 （69）

第四章 环境预防 （71）
一、引言 （71）
二、犯罪的情境预防（SCP）与基于环境设计的犯罪预防（CPTED） （73）
三、犯罪的情境预防：原理与方法 （75）
　（一）犯罪机会的重要意义 （75）
　（二）主要的情境预防方法 （78）
　（三）对犯罪情境预防的批评 （81）
　（四）情境分析：具有创意的预防 （87）
四、基于环境设计的犯罪预防（CPTED）：物理环境的运用及其效果 （91）
　（一）CPTED 的先驱 （92）
　（二）CPTED 的主要方法 （94）
　（三）CPTED 对政策和实践的影响 （97）
　（四）CPTED 的运用 （101）

五、结论 …………………………………………（103）

第五章　犯罪预防的评估 ………………………………（105）
　　一、引言 …………………………………………（105）
　　二、评估的不同方法 ……………………………（107）
　　三、结果评估法 …………………………………（108）
　　　（一）实验性方法 ……………………………（109）
　　　（二）半实验性方法 …………………………（111）
　　　（三）非实验性方法 …………………………（113）
　　　（四）系统性评估方法 ………………………（114）
　　四、成本效益分析法 ……………………………（117）
　　五、过程评估法 …………………………………（120）
　　六、夯实评估的实证基础 ………………………（123）
　　七、提高地方的评估能力 ………………………（129）
　　八、评估中的政治因素 …………………………（132）
　　九、结论 …………………………………………（135）

第二部分　实　践

第六章　犯罪预防：从理论研究到政策运用 …………（139）
　　一、引言 …………………………………………（139）
　　二、法国的犯罪预防：政策观点 ………………（141）
　　三、荷兰的犯罪预防：一个真正的替代
　　　　政策？ …………………………………………（146）
　　四、英国的犯罪预防：雄心勃勃 ………………（151）

五、澳大利亚的犯罪预防：一同发挥作用吗？ ……………………………………………………（157）
六、犯罪预防的前景分析 ……………………（160）
七、结论 ………………………………………（168）

第七章 公共场所的犯罪预防 ……………………（170）
一、引言 ………………………………………（170）
二、社区参与和社会包容 ……………………（172）
三、让年轻人参与犯罪预防 …………………（176）
四、来自街区的教训 …………………………（180）
五、规划与设计问题 …………………………（182）
（一）购物中心和商场 …………………（182）
（二）规划程序 …………………………（183）
（三）管理协议 …………………………（184）
（四）公众参与及服务提供 ……………（185）
六、犯罪预防与社区空间 ……………………（186）
（一）公共购物商场 ……………………（188）
（二）对年轻人友好的购物中心 ………（191）
七、结论 ………………………………………（199）

第八章 如何应对社会失调？ ……………………（201）
一、引言 ………………………………………（201）
二、综合治理方法 ……………………………（202）
三、公共空间的不明确性 ……………………（205）
四、涂鸦行为与社会失调 ……………………（209）

（一）涂鸦清除运动 …………………………（214）
　　（二）目标强化 ……………………………………（214）
　　（三）防止涂鸦和替代涂鸦 …………………（214）
　　（四）社区参与 ……………………………………（215）
　　（五）涂鸦人的相关问题 ………………………（215）
　五、青少年帮伙与社会冲突 ……………………（219）
　六、社区的意外破坏 ………………………………（225）
　七、结论 ………………………………………………（230）

第九章　犯罪预防的前景展望 ……………………（232）
　一、引言 ………………………………………………（232）
　二、大城市问题 ………………………………………（237）
　三、过去的经验教训 ………………………………（240）
　四、前景展望 …………………………………………（242）
　五、结论 ………………………………………………（244）

参考文献 ……………………………………………（246）

索　引 ………………………………………………（288）

译后记 ………………………………………………（306）

第一部分

理 论

第一章

导言：澳大利亚的犯罪预防与社区安全

在澳大利亚以及其他世界各地，犯罪预防有着悠久的历史。纵观人类社会的历史，人们都一直试图努力保护自己及亲人免受攻击等违法行为的侵害。实际上，每当人们锁上自己的房屋或者汽车，他们实施的就是预防犯罪的一种形式。绝大多数父母都希望自己的孩子能够遵守法律以免他们生命中的部分时光在监狱中度过。至少在澳大利亚，多数父母的上述愿望能够实现。在澳大利亚，只有很少一部分青年人成为再犯或者累犯。在一个正常运行的社会里，犯罪预防是日常生活的组成部分。

那么，为何三位澳大利亚犯罪学家还要撰写一本关于犯罪预防与社区安全的著作呢？这主要有如下几个方面的原因：首先，虽然事实上基层单位普遍都有犯罪预防的做法，然而犯罪预防在大众媒体以及政策讨论中却莫名其妙地被明显忽视了。每当政治家、访谈节目主持人以及报刊编辑们高谈阔论地探讨犯罪及其应对措施之时，他们很少谈及犯罪预防。十分明显的是，这时他们强调的是治安维护、定罪量刑以及"法律与秩序"等方面的反应措施。

撰写本书的目的之一就是要认识并探讨克服上述不足的途

径。在过去的 40 年中的不同时期，澳大利亚以及其他西方国家已经"重新发现"了犯罪预防的价值并致力于推进和落实犯罪预防。许多地方还制定和落实了犯罪预防的具体实施方案。尽管如此，就大众媒体的状况以及政府应对犯罪的政策而言，犯罪预防与社区安全工作仍然明显滞后。实际上，治安维护以及其他刑事司法措施仍然是人们关注以及政府预算分配中的重心。

纵览本书的内容，我们试图阐明这样一个中心思想，也即犯罪预防是有效的，它能发挥作用，它远比刑事司法措施更为经济。我们还将阐明，在合理运用的情况下犯罪预防理论不但能减少犯罪，而且能使得我们的城市、郊区、街道、大型购物中心以及家庭更为宜居安宁。我们认为，政府、企业、社区组织以及其他主要力量应当大力推进犯罪预防并从中获得启示。

然而，我们还认为，为了确保犯罪预防能够获得民众的响应和支持，我们需要做的不仅仅是进行事实上的证明。本书的一个基本观点是，应当从政治层面推进和落实犯罪预防战略。为了使犯罪预防能够在政治领域发挥作用，仅仅确保犯罪预防在实际层面发挥作用是不够的，犯罪预防还必须在象征性意义层面［也即弗雷伯格（Freiberg, 2001）所称的"感情意义上的"］上获得成功。由于逮捕、审判、刑罚处罚以及关于犯罪人的谴责性处罚措施所折射出的强有力的法治观念，同时这种观念还能帮助政党获得选票，因而"法治秩序"这一观念在政策制定以及公众舆论中占据了主导地位。迪尔凯姆（Durkheim, 1912）认为，刑罚处罚程序确认和强化了一个社会的"共同观念"（collective consciousness）：因为共同的价值观及规则有助于社会成员间的团结。澳大利亚的政策制定者以及实施者一直以来倾向于忽视犯罪预防在象征性层面上的意义，他们仅仅从其实际作用意义上看待犯罪预防。我们试图纠正以上不足，同时通过探讨犯罪预防的方法和实践来重塑澳大利亚国民看待自己和社会的方式。

这就涉及在更为宽阔的国际背景下对澳大利亚的经验进行定位（参阅以下及本书第6章内容）。正如众多学者，例如克劳福特（Crawford，1997）、胡格斯（Hughes，1998）、苏通（Sutton，1997）等所指出的，澳大利亚并不是第一个在政策制定中贯彻犯罪预防观念的国家。实际上，澳大利亚各州及联邦政府于20世纪八九十年代所制定和实施的犯罪预防战略是借鉴了美国、英国、法国、荷兰等欧美国家的实践经验。本书的一个主要内容是，我们是否以及应当如何借鉴其他法域在犯罪预防方面的做法经验。

在将澳大利亚与其他国家进行比较时，重要的是要注意到施加给政府的广泛影响。在20世纪最后三十余年，犯罪预防开始并崛起为西方国家一个显著的政策主题，这种情况绝不是偶然的。这一时期，政府运作上传统的"福利模式"遭遇了挑战，转而要求中央政府主导税收以及公共支出以确保国家和地区的全球经济竞争力。实际上，一些学者如葛兰德（Garland，2000）、欧马雷（O'Malley，1994）将犯罪预防看成是中央政府从传统上所承担的社会直接控制角色转变到日益加重基层的个人以及组织的社会控制责任这一转型的组成部分。由于受到福柯（Foucault，1991）的启发，他们将这种朝着个人及社区的"归责化"（Responsibilisation）趋势看成是后现代时期权利运用的间接化和分散化过程中的重要特征。

对于他们的上述理论，我们并不赞同。实际情况是，在多数西方国家，促使政府研究并诉诸犯罪预防的主要动因乃是期待通过犯罪预防来控制和减少在警察局、监狱以及刑事司法设施中日益攀升的犯罪人数。可是，葛兰德和欧马雷却走过头了，因为他们认为就当代犯罪预防而言最好莫过于让中央政府从传统上所承担的保护职责上松手,以使个人、组织以及社区就他们自己的安全承担更大的责任。然而,这种片面的观点却忽视了包括澳大利亚*在内的不同国家之间在犯罪预防政策理解以及实践中的重大差异。此外,这种观点还忽视了一个前面提到的客观事实:也即普通的个人、家庭、企业以及社区应当在犯罪预防中起带头作用。

当然,真实情况还有,社会中的某些行业部门比其他行业部门更有机会从犯罪预防中获益。澳大利亚的数据稳定地显示:经济以及社会上的弱势群体、许多存在仇恨的社区以及一些少数民族人群,他们受到暴力以及其他犯罪侵害的概率明显更高。如果政府真正希望以上人群能更有效地预防犯罪,政府就应当找到确保他们不至于被剥夺物质、文化资源以及技能的办法,因为这些对于他们以及他们的社区的安全是必要的。正如本书中不同地方所提到的,这就应当对新古典自由主义学说也即竞争性的市场力量总是能产生最好的社会结果这一观念进行重新评估。尤其是对那些犯罪高发的地区而言,致力于犯罪预防和社区安全还要求加大对基础设施和人力资本的投入。

人们都向往法治秩序,因为似乎对付犯罪问题就是要将目标对准犯罪的直接起因者——犯罪人。可是,正如本书第二章所指出的,任何单个犯罪的产生原因都是多方面和复杂的。犯罪预防政策的优点之一就是避免纠缠于犯罪现象和犯罪人,而是着眼于所有导致犯罪发生的致罪因素。这就是我们作为犯罪

---

* 1968 年,美国学者哈定(Garrett Hardin)在《科学》杂志上发表了一篇题为《公共地的悲剧》(tragedy of the commons)的文章,说明有限的资源注定因自由使用而逐步耗尽,也即政府或社会不再能保护其公共地免受入侵者或者甚至是未经许可而入侵的社会成员的破坏。——译者注

学家相信政府应当拥有很好的智识并向犯罪预防投入更多的资源的原因。然而,我们所致力的不仅仅是基于技术上的评估。在民主社会里,将过多的资源投入到"严厉打击犯罪"这一方法所带来的风险不仅仅是浪费财力,还在于损害了社会的运作机理。

在我们看来,"法治秩序"这一观念在当代政策制定和媒体舆论中的主导地位将预示着哈定所称的"公共地悲剧"(tragedy of the commons)这一预言在21世纪的再现:也即个人独自所作出的所谓"理性选择"这一倾向最终将汇集并摧毁那些十分珍贵以及不可替代的共同资源。就犯罪预防对策而言,所谓的共同资源是指社会资源及基本设施。在世界上许多地方存在着日益明显的趋势:人们居住在门卫把守的社区里,工作在保安守卫的办公大楼,而且在同样圈围和保安巡逻的场所休息和娱乐;而政府却是越来越依靠严厉的治安措施来维持公共场所的秩序。对于受到市场利益和规则的驱使并置身于经济等其他利益机会的个人而言,使自己从空间上与具有破坏性可能的陌生人相隔离也许是一个明智的选择。可是,对于那些已经丧失羞耻感并被排斥在"命运共同体"之外的人群而言,一个同样合理的选择也许就是通过实施犯罪以及其他掠夺性行为来获得地位(Jordan 1996;Wilkinson 2005)。在以显著不平等为特征的市场导向的民主国家里,私人保安的迅猛发展以及对"法治秩序"的日益强调会导致混乱、恐慌以及犯罪的增加(Atkinson 2006,p. 180;Low 2003)。

犯罪预防会有助于打破以上的恶性循环。这就是我们在本书通篇中一直赞赏荷兰学者凡·蒂克和蒂·瓦德的下述观点的原因之一:

"除了刑法的实施之外,个人的创造力以及国家政策的全部意义都是为了减少那些由国家所界定的'犯罪'所造成的损害"(Van Dijk and de Waard,1991,p.483)。

读者朋友应当明白,我们这样定义犯罪预防,说明我们是在做价值判断。并非所有的人,甚至不是多数犯罪学家和决策者愿意接受我们的如下观点:那就是犯罪预防应当在政策取向上被视为以强调治安私有化以及严厉执法为特点的政策导向的自觉替代。前面提到,葛兰德和欧马雷认为,在后现代国家犯罪预防只不过是对日益趋重的惩罚主义的补充。一些研究人员如埃克布罗姆和威瑟波恩等基于现实的立场指出,凡·蒂克和蒂·瓦德的研究方法忽视了一个基本现实:那就是逮捕、监禁等刑事法措施也同样能遏制和减少犯罪(Ekblom,1994;Weatherburn,2002)。

上述学者的反对意见中的问题是,这些学者未能基于相关的历史、文化以及政策背景来对犯罪预防与社区安全政策的兴起进行定位。正如本书第 6 章所指出的,之所以包括法国、荷兰在内的西方国家在 20 世纪 80 年代开始实施犯罪预防战略并且此后澳大利亚各州政府对其予以学习借鉴,其主要原因之一在于对过于依赖"法治秩序"所付出的经济和人力资源代价的担忧。这些国家中的支持犯罪预防的决策者们,他们所探寻的不仅仅是现实意义上运作更为有效的社会控制方式,而是想努力探索出与他们理念中的良好社会更为匹配的政策与方案。此外,过去 30 年的经验表明,一旦缺失前述的理念,这些国家以及其他国家的政府就会将犯罪预防视为单纯的行政管理任务,这样即使是得到慷慨资金资助的预防计划也会失去动力和方向(胡格,Hough 2006)。

包括威瑟波恩在内的一些论者认为，可以将犯罪预防当做"法治秩序"的辅助和补充来运用。这种观点从经验上看是正确的。实际上，新加坡自20世纪60年代中期以来就一直采用这种方式（Quah 1992；Clammer 1997；Singh 2000）。然而我们的观点却是，那些仅仅基于实用立场来评估犯罪预防并且轻视犯罪预防的政治等深层含义的犯罪学家们忽视了这样的事实：与社会控制有关的决策对于任何社区的生活质量而言至关重要（参见本书第7、8章）。就此而言，悉心考察体会新加坡的例子和经验有助于理解为什么我们十分看重这个问题。

新加坡这个只有450万人口的城市国家一直以来就毫不回避其严厉打击犯罪的做法事实。该国成年犯罪人的监禁率是澳大利亚的3倍以上（Walmsley 2003），所规定的强制身体处罚措施（笞杖刑）适用于包括破坏财物以及乱涂墙壁在内的范围广泛的犯罪类型（World Corporal Punishment Research 2007），而且新加坡还是世界上死刑执行率最高的国家之一（Amnesty International 2004）。包括政府在内的许多人都认为，新加坡所实行的"零忍受"政策，特别是接受并实行死刑的做法，是该国犯罪率低的主要原因：

"相对安全和无犯罪的社会环境是新加坡吸引旅游和投资的一个重要原因……我们的犯罪率近十多年来总体上呈现不断下降趋势……新加坡制定了一些世界上最为严厉的法律，例如对贩毒以及使用枪支的犯罪都规定了死刑。"（引自新加坡法律与外交部部长于2000年的演讲，大赦国际组织于2004年引用，第1~2页）

然而正如克拉默所指出的，上述说法贬低了该国在犯罪预防方面的同样重视程度和投入的有效性。在过去的40年里，新加坡实施了一系列前所未有的计划，其目的是"通过多种方法乃至必要的强力措施以确保每个国民都能完全融入到现代化的国家体制当中"（Clammer, 1997, p. 140）。

许多犯罪预防计划是由警方和"国家犯罪预防委员会"（National Crime Prevention Council）协同配合实施的（Singh, 2000, p. 142）。从20世纪80年代起，新加坡的治安工作已经从以集权和反应为特征的"看守人"模式，转变到以分权和预防为特征的新模式。这方面的主要改革措施有：

- 在人口稠密的公共住宅区引进了日本警察所形式（Koban-style）的小区治安岗亭，其中的治安工作人员按要求应当每年至少一次对辖区内的每个住户进行正式走访和评估（Quah, 1992, p. 165）。
- 设立以住宅小区为基础的业主委员会并使其联成网络，以此来提高犯罪预防意识和促进预防行动。
- 积极推进"邻里守望"计划，同时在该计划的实施中与小区业主委员会等组织密切合作以化解纠纷，培养"社区精神"及"市民意识"以及提高犯罪预防意识。
- 与行业组织沟通，以为商业、零售及产业集团制定犯罪预防计划。
- 建立少年俱乐部，其目的是"为12～18岁的未成年逃学及越轨少年提供释放其旺盛精力的渠道，使他们将精力用于创造性和健康性活动而不是用于实施违法犯罪活动"（Quah, 1992, pp. 160～161；Singh, 2000）。

此外，还可以通过设立学校治安委员会，使用专门的犯罪预防读本、录像、CD光盘以及任命教师为志愿性特警这一荣誉称号等方式使得犯罪预防成为学校教育的组成部分（Singh

2002, pp. 146~148)。

以上治安以及教育计划仅仅是一系列基础深厚且普遍运用的旨在减少越轨违法和促进社会融合宽容的制度性措施的一部分。此外，其他的措施还包括：

对所有的居民或者长期暂住人实施强制登记，每一个人一生中只能拥有一个身份证号，同时身份证上要注明姓名、地址、种族、血型等，且身份证号码与照片及手指印连在一起；男性必须强制服兵役；广泛采用单位内部安全设施；一系列旨在控制人口的社会政策；等等。（Clammer, 1997, p. 140）

在上述背景当中，公共住房战略发挥了重要作用。实际上，新加坡于1965年实现完全独立之时，该国大多数居民的住房还十分简陋。新政府的优先任务之一就是启动一个大规模的住房建设计划以改善住房状况。负责该计划实施的新加坡住房开发委员会是这样做的：

工作要求非常细致（例如停车场、门的颜色、特定型号空调及热水器的安装条件、宠物的管理、自家空地的安排、运动场所的提供以及将来允许的单个房产中的种族混居等）。此外，住宅区的管理不仅是采取直接层级管理的方式，还要借助一系列其他政策指导下的组织网络形式，如社区中心、业主委员会等。（Clammer, 1997, p. 142）

住房建设计划除了能拉动经济增长以外，还能在维护社会稳定以及提高公民对政府的信任度方面发挥重要作用，因为政府提高了国民的生活水平。居民可以通过获得中央信贷基金的贷款来购买住房，然后通过收入的抵扣来还贷。此外，通过新加坡"重建国家"这一政治性计划的实施，比如建立国家教育体系等公共基础建设，也进一步增强了国民对新加坡共和国这一国家而不是自己的种族来源国的忠诚。

新加坡长期以来所执行的将严厉惩处、非难违法犯罪人与国家强力干预和预防违法犯罪相结合的政策，一方面促进了社会融合，另一方面成功地塑造了一个良好的守法社会。对此，很少有人否认。然而，为了上述成功，国民却付出了不仅包括个人权利自由方面而且包括政治和文化方面的代价。

新加坡政府认为，该国之所以采用严厉打击犯罪的政策，其主要依据是"该国是个小国、比较脆弱，而且容易遭受国内外敌对势力的阴谋攻击"（Clammer，1997，p. 142）。政府认为，新加坡的经济增长和社会稳定仍然比较脆弱，其维持还需要持续保持警惕以及需要个人为了共同利益在个人自由方面作出让步。此外，政府还对大众媒体施加了广泛的控制，这就妨碍了普遍民主。在这里，崇尚人权以及尊重多样性被当做西方文化的特点，它与"亚洲价值观"格格不入。而且，犯罪以及其他违法行为不仅被视为对个人人身及财产权利的侵害，更是"逾越了国家、个人及社会之间界限的混乱等邪恶势力的典型"（Clammer，1997，p. 142）。

读者自己能够判断以上观点是否正确。通过新加坡这个例子，我们的主要目的是想阐明（也即本书通篇所体现出的）：为什么说犯罪预防与其他社会控制政策措施之间的联系不仅仅表现在技术层面。在指引人类行为并且制定限制和重新界定个人行为的方式当中，研究人员和决策者应当而且必须更多考虑的是由此形成的社会类型（Hughes，2007）。新加坡的政治精英们通过犯罪预防和"法治秩序"打造并维系了一个高度繁荣的消费福利社会，但同时也使局外人以及那些对轻微违法保持最低容忍态度的人对此持怀疑态度。我们并不认为他们的方法同样适合于其他国家。

我们认为，当政府把犯罪预防当做犯罪控制系统的组成部分来对待时，他们应该避免将其简单地视为抑制在差异性、多样性、恐惧和混乱等方面各不相同的各种具体问题的手段。在这种背景下，我们赞同将犯罪预防理解为"法治秩序"的独特替代选择，而不仅仅是"法治秩序"的补充。

这样就会存在我们忽视许多似乎已经成为这一领域的普遍学术智识的问题。例如，大量文献一直以来致力于争论究竟是应当以环境预防〔或者如克拉克（Clarke, 1997）所说的情境预防〕为中心，还是以社会预防为中心更为妥当这一问题。情境预防的关注焦点实质上是减少犯罪机会而不是改变犯罪倾向（性格）。这一主张一直以来受到社会预防的支持者的批评，他们认为情境预防只是简单地转移了犯罪而不是根除犯罪，因而是"转移式的控制"（commodified control）*（加兰，Garland, 2001, p. 200）。在阅读了本书第 2 章中关于各种相关研究方法和体系结构的概要性介绍以及第 3、4 章中对各种流派观点的详细评析之后，我们希望各位读者将会认识到：在关于情境预防和社会预防的争论中站队既没有必要也没有益处。社会预防计划更有可能产生与社会正义观念相符合的结果，但这一常识性观点只是没有得到研究证据的支持。事实上，除非得到切实和细致的贯彻落实，否则即使是最为良好的社会预防计划也可能会产生

---

* commodified control 通常可译为"商品化的控制"，译者感到这种译法在此处不够贴切，同时考虑到情境预防的特点是抑制和减少犯罪机会以及批评者所说的"转移了犯罪而不是根除犯罪"，因此认为似乎译作"转移式的控制"较为妥当。——译者注

被人唾骂和有害的结果（见本书第3章），而情境预防措施的实施却不会出现以上问题而且能产生积极广泛的社会效果（见本书第4章）。

此外，读者还会认识到，本书一直使用"环境预防"（environmental prevention）这一术语来指代以改变导致犯罪发生的物理环境的任何犯罪预防方法（也就是通过使目标物难于接近或者提高警戒程度的犯罪预防方法，参见本书第2、4章）。我们所称的"环境预防"并不是指预防针对生态环境（如空气或水体污染等）的犯罪。

本书的一个基本观点是，犯罪预防及社区安全政策必须包括比仅仅减少犯罪以及增加安全感更为丰富的内涵。同样重要的问题是，应当如何实现以上目标。本书第5章经过分析认为，传统的"什么办法有效？"（What works?）这一方法未能考虑到这一层面。此外，传统的评估还忽视了犯罪预防应当在"法治秩序"中提供政治性以及符号性替代选项这一需要。我们认为，要判断一个犯罪预防计划或者项目"是否已经发挥作用？"（has worked?），实际上我们需要回答一系列次级层次的问题，例如"为谁发挥作用？"（worked for whom?）、"在何种情况下以及对什么问题起作用？"（worked in what circumstances and in relation to what problems?）以及"以何种方式发挥作用？"（worked in what ways?）。关于犯罪预防及社区安全的实证研究方法需要系统地揭示和回答上述问题。

在采取何种方式改善犯罪预防和社区安全的决策当中，背景与方法同样重要。这就是本书第6章所阐述的基本原则：实现从犯罪预防及社区安全的理论到政策及实践的转变。我们的阐述从反思自20世纪70年代以来美国、英国等其他欧洲国家以及澳大利亚的经验开始。从以上经历中可以得到多方面的教训。

其中一个教训就是，犯罪预防应当通过地方或者地区的计划得以实施，而不是成为彼此不相联系的项目。另一个教训是，为了避免产生项目偏差等问题，大规模的犯罪预防及社区安全计划需要的不仅仅是专业技术知识。这些犯罪预防及社区安全计划应当透彻着强烈的想象力和意愿，而且还应当促进中央与地方就优先事项以及资源分配问题所进行的沟通协调。没有这种眼光及沟通协调，犯罪预防在地方的实施就不可避免地受到冲突和地区划分的妨碍。

本书第7~10章探讨的是综合性犯罪预防及社区安全的认识观念转化为基层实践的途径问题。其中的关键是需要接受差异性、自发性以及难以预见或模棱两可的事情，而不是将社会混乱的每一个明显症状排斥为"威胁"。第7章基于地理社会动力学原理集中探讨地方当局以及单位运用这些原理以有效应对那些年轻人以无组织的和创新性的方式利用环境的行为（比如街头涂鸦、滑板运动或者"游手好闲"行为）。对于年轻人而言，这些行为使得他们成为社会排斥的对象。

本书第8章探讨的是诸如"危险"、"混乱"以及"危害"这些观念在地方层面如何被创造出的，以及我们所主张的犯罪预防及社区安全研究方法是如何有助于重构以上观念的。犯罪预防应当被视为当今"商品化"的安全服务以及倾向于严厉法治措施打击犯罪这一政策趋势的独特替代措施。与我们所坚持的上述观点相一致，本章相对而言对私营警务这一问题未予以重点关注。但是尽管如此本章却承认，在购物中心等场所，私营的安保以及其他人员有助于帮助和促进那些与犯罪预防所强调的综合治理观念相一致的预防项目。本书第9章探讨的是，本书中提出和阐述的犯罪预防与社区安全研究方法应当如何被"未来城市"所运用，同时还将探讨有助于促进相关实践的社区概念问题。

　　成功的犯罪预防所需要的不仅是思想观念，而且还包括专门研究。这些思想观念和专门研究应当成为胡格斯所称的"公共犯罪学"（public criminology）的组成部分。"公共犯罪学"这一研究有助于促进关于"当代的犯罪和社区政策"问题这一十分必要的讨论（Hughes，2007，p.194）。与胡格斯一样，我们反对这样的观点：我们的一整套制度已经是"智识穷竭了"，它们未能超越国家界定的问题进行思考，同时也与已经走到尽头的现代主义的政府计划相关（Garland 1996）。我们希望，读者阅读完本书之后将会赞同这样的观点：犯罪预防一方面建立在知识和实践的基础之上，另一方面犯罪预防的知识和实践将会超越其自身的局限，正如过去一样犯罪预防与我们的未来息息相关。

第二章

本书的主要方法与结构

一、引言

在预防和减少犯罪当中,政策的决策者和执行者必须面对两个基本问题。第一个问题是,犯罪的深层原因是什么?第二个问题是,这些原因中哪些是犯罪的主要原因?对以上问题的正确回答从来就不那么简单。因此,关于犯罪预防的政策和实践的争论仍将不可避免地持续下去。

犯罪学家早就明确指出,犯罪本身是一个社会意义上的概念。犯罪究竟所指为何,不同社会形态的理解差别很大,即使是同一社会的不同历史时期也是如此。比如,在当代大多数西方国家中饮酒是合法的,但在部分伊斯兰国家却被禁止。因此,在开始制定和实施具有意义的预防犯罪计划之前,首先就应当弄清楚一些相关行为是否有必要当做犯罪来对待。

上述观点具有重要的现实意义。例如在澳大利亚、美国和其他许多西方国家,警方逮捕和法庭所判决的犯罪中很大一部分与违法药品的生产、销售和消费有关。一些研究人员声称他们已经研究发现,婴儿期、儿童期以及青少年早期的许多方面因素会驱使人们更多地使用这些药品。他们主张加大对预防这类风险以及有助于抵制违法药品使用的计划项目投入（Hawkins, Arthur and Catalano 1995，另可参见本书第 3 章关于"发展性犯罪预防"的讨论）。这种观点认为，非法使用药品当然就是犯罪，而且仅仅从个人经历以及家庭和社区功能缺失这一领域寻找犯罪原因（Stenson 2005；Hil 1999）。

可是也有一些人士指出，上述观点忽视了药品使用和社会控制所置身的广阔社会背景（Sutton 2000b）。例如，它掩盖了这样一个事实：把一些改善情绪的物品（如大麻）而不是其他物品（如酒精）规定为违禁物品就会导致这样的结果，也即使得相当多的一部分人群（包括许多社会经济上处境不佳的年轻人）自然成为警方关注的对象。这本身就可能损害法律和法律实施的权威，而且还会加剧这些青年人被标签为"越轨"甚至参与其他类型犯罪的可能性。因此，与其把非法使用药品当做必须制止的犯罪行为，还不如将其中至少一部分行为看成是正常现象（也即当做与饮酒类似的行为），这样就能将关注的焦点集中到减少社会损害之上。

这些争论所凸显的问题是，任何犯罪预防计划都是基于一定的假定：这些假设不仅是关于犯罪为什么会发生，而且首先是关于这些行为是否应当被当做犯罪对待。这里我们不打算详细探讨这些争议问题。可是，重要的是应当明白，犯罪预防这一话题一直以来就是（而且应当是）和更为宽阔的关于社会的性质以及更好的社会控制方式的讨论相联系。正如梯利所言，预防性干预措施是预防理论的具体化（Tilley 2004a, p. 41）。

实际情况是，任何关于犯罪预防的理论都是依赖于一系列关于社会以及社会控制的假定前提之上的。这就有助于解释为什么尽管大多数犯罪学家原则上赞同犯罪预防，然而他们关于实践中所应采取的具体方法这一问题的观点却大相径庭。接下来要探讨的是关于预防理论、政策和实践中的主要观点和分析框架的评论。这些分析框架或者说模式有助于向各位读者介绍将犯罪预防予以概念化并被理解为特定政策措施的各种方法。我们将对一系列观点进行详细讨论。我们所做的并不是全面彻底的研究，而仅仅只是对其他文献中的犯罪预防分类及其理论（例如，Crawford 1998；Hughes 1998）进行补充。这就是我们关于理解和运用犯罪预防的最佳方法的简要说明。

二、富有争议的犯罪预防问题

对于普通人而言，犯罪当然是恶的行为并因此对任何旨在预防犯罪的努力持赞同态度。可是对犯罪学研究而言，关于当代犯罪预防方法的是非问题以及价值问题的探讨是两个完全不同的问题。一些人乐于看到过去30年里西方国家政府"再发现"犯罪预防这一趋势，并认为这是犯罪学学科在政策制定领域发挥更大影响的期待已久的契机。与此不同，其他一些犯罪学家则对上述趋势转变一直持怀疑态度，而且认为制定和实施犯罪预防计划和项目的前景并不那么乐观。许多犯罪学家赞同政策领域中明显的"预防复兴"势头，他们也赞同被称为"什么是有效的?"或者"行政管理"这一模式。那些习惯于怀疑的学者倾向于支持"批评性的"流派。以上两种观点都对犯罪预防作出了重要贡献。在本书通篇中，我们讨论了他们针对特定问题的倾向性的态度。可是，在此之前我们将概括性地讨论他们为什么以及如何使得犯罪预防成为一个富有争议的研究领域。

"什么是有效的?"这一模式也被描述为属于技术类型的视角（Hughes 1998）。其主要目标是要找到减少犯罪的最有效方法并确保其知识能指导政策制定和实践活动。"什么是有效的?"这一模式的支持者对主流的犯罪学理论持批判意见，认为其未能就减少犯罪的方法对政府起到实际的指导作用。基于社会学原理的理论在这一方面尤其存在不足。从转变为政策考虑，这些仅仅从社会不平等或者其他结构性"深层原因"解释犯罪的理论要求对社会进行根本性改良，而这些在政府看来是不可能实现的、不现实的或者代价过于昂贵，而且其效果前景仍不确定（Clarke 1980；Tilley 2004a；Wiles 2002）。

这一流派的主要观点是，与政策相关的犯罪学研究需要得到科学的研究计划的支持，该研究计划通过实证性方法和经验性调查来查明"什么是有效的？"。这种严谨的以事实为依据的研究方法被认为是克服政府在犯罪预防计划实施方面的一再失利的最好方法（参见 Campbell Collaboration）。这就导致了被称为"实证犯罪学"（experimental criminology）和"犯罪科学"（crime science）这一研究流派的出现。该研究流派较少进行社会学意义上的研究（比如，从更加广阔的社会政治背景研究犯罪预防），而是运用实证方法和系统评估方法（这种方法注重科学的可测量的结果，参见本书第 5 章）来帮助制定和验证那些成功的犯罪预防计划或项目。这种做法也被理解为对以事实为基础的政策的完善提供依据（Laycock 2005a；Petrosino and Farrington 2001；Welsh and Farrington 2001；Sherman et al. 2002；Wiles 2002）。正如麦克劳伦所指出的，这种从工具主义角度看待犯罪预防的做法，得到了相信科学有能力保证人类进步这一"高度现代主义"的观念的支持（McLaughlin 2002, p.49）。然而，并不是所有的犯罪学家都赞同这种观念。

对科学的信心常常与这样一种信念相联系，也即认为政府有效应对犯罪的关键之一就是采用先进的管理方式，尤其是向"整体治理"（whole of government）方式转变。其理由是，针对犯罪原因的预防计划或项目通常需要各个层级（如中央和地方以及多个部门（如教育、人力资源、城市规划以及警务等）的投入。而要达到犯罪预防的"组合性效果"（joined up outcomes），就必须实现管理水平和专业划分之间的有效协同（Cherney 2004b; Homel 2006）。在这样的情况下，实现犯罪预防的效果被认为是改革中央和地方机构的工作方式，通过打破原来自身在工作上的狭隘视野和局限，实现在新的伙伴关系和政策构架中协同合作以达到共同目标这一范围更广的管理改革目标的一部分。而"整体治理"这一模式已经在澳大利亚以及其他地方有力地推动了政策的完善（Cherney 2003; Homel 2006; Laycock and Webb 2003）。

在新的管理模式的支持者看来，犯罪预防的出现提供了很好的契机，它使得一直以来往往成为政治意识、轶事传闻、媒体渲染的恐慌以及时髦项目所俘虏的政策制定让位于基于功效和成本效益的实证数据的理性所指导（Sherman et al. 2002; Wiles 2002）。这里的基本前提是，由于刑事司法机构所存在的"系统超负荷"（system overload）现象以及纳税基数的缩减，政府再也不能为那些不能实现预期效果的政策措施提供支持以免浪费资金。在这种情况下，实证研究被认为是帮助决策者和执行者就要落实的计划和项目达成共识的关键。声称是基于以事实为基础的原则（evidence-based principles）以及最佳实践模式（best practice models）所指导的预防措施包括情境预防（situational prevention，参见本书第 4 章）以及目标干预（targeted interventions），这两种预防措施都是对导致违法犯罪的发展性道路（developmental pathways lead into delinquency）进行深入研究之后的成果（参见本书第 3 章）。在制订计划当中，政府应该首先运用再次评估方法（也即对现有评估的再次评估）以找到好的方法措施并在有对照的实验性项目中对这一方法措施进行验证，与此同时运用实证性方法或者半实证性方法对以上实验性项目进行严格的评估，之后还应运用那些广泛运用"整体治理"这一管理模式的"成功典型"进行补证。

政府应当选择哪些更为合理、成本效率更高的应对犯罪政策。包括澳大利亚在内的许多西方国家面对"什么是有效的？"这一观点所做的仅仅是口头上的回应。而将这一原理贯彻到政策实施当中的最为宏大的努力当属英国的"减少犯罪计划"（Crime Reduction Programme of UK），该计划于1999年提出，起先的计划实施为期10年。英国内政部中的"犯罪科学"（crime science）支持者在该计划的制定和初期实施当中发挥了重要作用，而英国政府决定为该计划实施的第一期的前3年当中拨款2.5亿英镑则似乎说明了这一方法的新突破。然而正如本书第5章所阐明的，事实证明将基于事实的"整体治理"这一理念贯彻到计划和项目的实施当中比预期的更为困难。因此，该"减少犯罪计划"在第一个为期3年的实施完成之后得到了清理，而且鉴于这样的经验，与该计划相关的犯罪学家已经开始在面对诸如项目评估（Pawson and Tilley 1997）以及"整体治理"式管理（Homel 2006）时采用更为"现实主义"的态度。

可是，爱挑剔的犯罪学家们认为，即使是这些调整过的使犯罪学成为一门与政策相关的科学的努力也是错误的。他们认为现实中的关注焦点拉低了这一学科的重要性，也即使其难以在广阔的社会背景下为政府的主动性找到合理定位。"犯罪科学"（crime science）屈从于政府的指令，从而被当做"行政意义的"犯罪学予以抛弃（Chan 1994；Walters 2003；Young 1986）。批评主义的理论家认为，犯罪预防政策需要在更为开阔的经济和政治力量这一重塑后现代社会的力量背景中予以重新定位，而不是因为其表面价值接受它。具体说，20世纪后期英国、其

第二章 本书的主要方法与结构

他西欧国家以及澳大利亚犯罪预防的复兴，表明了关于国家与其试图治理的人们之间的统治方式和力量对比关系的一个根本性转变。

对那些强调治理的理论家而言，这些内在的基础性变化并不是如政策公文和内阁声明的那样客观，而是更多地与对当代犯罪预防的性质、起因以及可能的效果等的理解有关。具体说，犯罪预防应当被理解为旨在确保个人和社区接受并承担更多的安全责任的"责任化战略"(responsibilisation strategy)的组成部分（Garland 2001；O'Malley 1992，1994）。犯罪预防政策及实践在20世纪后期的再次复兴，一直是由政府的新自由主义计划所推动的。在这一计划中，国家认识到自己再也没有能力完全地控制犯罪，而基于政府所倡导的"犯罪预防需要整个社会的参与"这一理念和背景，公民个人、工商企业、社区组织和机构则在共同承担安全保障这一使命中紧密团结在一起，成为积极的伙伴（Garland 2001；Hughes 1998；Koch 1998）。因此，犯罪预防计划和项目的主要作用是，帮助消除这样一种观念，也即国家是预防刑事被害风险的主要责任者，与此同时鼓励和指导基层的公民和组织运用情境预防方法（参见本书第4章）和其他方法减少自己的被害风险（参见 Garland 1996；Hughes 1998；O'Malley 1994；Pavlich 1999）。

强调治理的理论家还认为，犯罪预防的再次复兴应当被看成是公共领域中的主张经理负责制的改革的重要组成部分。经理负责制中的主要术语包括"成本效益"(cost-benefits)、"最优价值"(best value)、"财经责任"(fiscal responsibility)等。该制度是后现代社会里限制公共领域机构的规模和开支并以此提高其效率、效用和经济性这一计划的组成部分（Crawford 1997）。经理负责制为犯罪预防中"什么是有效的？"这一模式提供了一个支撑点，但同时也影响了其他一些领域，如治安、监禁以及假释等方面的实际操作（Garland 2001；McLaughlin, Muncie and Hughes 2001）。同样，犯罪预防的再次复兴不能被简单地视为"理性"犯罪学（"rational" criminology）的令人信服的依据，还应当被视为更为宽广的社会政治发展趋势的一部分。

如何在政府政策领域清楚看待和明确回应犯罪预防的兴起？对此犯罪学家们的观点存在明显分歧。一方面，"什么是有效的"这一模式的支持者一直以来持乐观态度——但也许过于乐观，因为他们未能承认可能出现的问题，而且过于轻易地接受政策宣言的表面价值。另一方面，我们认为强调治理的观点又太过悲观。正如本书第1章所指出的，这种颇为单一视角的解释与犯罪预防政策在不同辖区采用不同方法制定和实施这一事实相违背（参见本书第6章），而且它还拒绝承认，在变动趋势方面除了管理方式的重构以外还有其他更为广泛的内涵（关于这方面的批判性论文，可参见 Hughes 2002b，2004；Stenson 2005）。细致地说，这种流派忽视法国、荷兰以及澳大利亚一些州所存在的事实：犯罪预防这一概念就是基于作为"法治秩序"的独立的替代措施这一意义上形成的。

无论是"犯罪科学"（crime science）还是"治理理论"（governmentality theory）都存在错误之处，也即都把犯罪预防当做工具主义加以运用。我们在本书通篇中指出，犯罪预防存在（而且应当存在）一个象征性或者征表性的维度（a symbolic or expressive dimension）。要在犯罪预防领域制定成功的政策，就要求政府所采用的政策方法能够与社会控制状况相适应（参见本书第6章）。尽管"治理理论"比较悲观，我们仍然认为犯罪预防为我们提供了一个克服应用方法和批评方法之间严格划分的契机（这两种方法表明了各自学科的特点，但我们认为这阻碍了学科的发展)。在本书通篇,我们将讨论并从基于"什么是有效的"这一方法所衍生的理论和知识中受益(可参见 Sherman 2006)。与此同时,我们还将根据其在更为宽广的政治和社会背景中的意蕴来评估犯罪预防的政策制定和具体实施。正如随后各章将要阐明的,对帮助制定和实施犯罪预防计划这一现实任务的响应,不应当意味着接下来要评估犯罪预防计划的规范和政治意义。

三、犯罪与日常生活

良好的犯罪预防需要健全的理论。因此,本书第 3、4 两章对与两个主要预防方法即社会预防(第 3 章)及环境预防(第 4 章)相关的概念进行详细的介绍。但是,在此之前我们要详细讨论一个相当常见的观点:马科斯·菲尔松的"日常活动"理论(Marcus Felson's "routine activity" thesis)。埃克布罗姆等其他学者也已经提出了与此相似的概念范式(Ekblom,2000)。我们选择菲尔松的理论(Felson 1995,2002)进行介绍,因为我们认为尽管对该理论有着批评意见,但"日常活动"理论能就加强预防理论和预防实践的联系方面提供具有启发意义的切实可行的指导。此外,菲尔松的理论范式突出强调了单纯依赖惩罚性措施的刑事政策的局限性,这也是可取的。

图 2.1 菲尔松的犯罪三角结构

菲尔松认为，任何犯罪都必然是三方面因素共同作用的结果：有犯罪动机的潜在犯罪人在特定时间和地点的出现、一个潜在的目标（a potential target）以及有效监管的缺失（the absence of capable guardianship）（参见图2.1）。潜在的目标是指人或者无生命的物体。有效的监管是指保护人或者安全设施，如父母、保安、仓库工作人员、老师、摄像头和警报器等。监管的方式包括正式的监管以及非正式的社会控制（如位于繁华街道的目击者的存在）。因此，无论是何种形式监管（正式的监管或非正式的监管）的缺失都会提高特定环境下犯罪发生的可能性（Felson 1995）。

菲尔松的理论体系重点论述了人口增长、城市化和现代城市特征的蔓延、大规模生产、消费主义和机动车的出现等，所有这一切有助于解释为何过去的世纪里世界上许多地方的犯罪大量增加。消费社会的一个基本特征是喜爱消费品的大量增加（如汽车、便携式电脑、数码相机、移动电话、DVD播放器等），同时由于交通工具保有量的大量增加以及公共交通的完善使得人们的流动性增加，这就导致监管更加困难。此外，人口方面的趋势，例如20世纪60~80年代的婴儿出生高潮导致了16~24岁年龄段男性所占人口的比例更高，这同样会导致犯罪率的增加（菲尔松认为，16~24岁年龄段的人群更容易实施犯罪）。因此，犯罪与其被当成社会衰退的根据，还不如被视为不希望出现但却能够带来积极效果的社会变迁中的副产品（Tilley 2004a）。

日常活动模式理论认为，在缺少具有犯罪动机而且有能力实施犯罪的个人或群体这一条件下，被害将不会发生。然而，在阐述其对于犯罪预防的意义时，菲尔松较少关注犯罪人这一方面，而是重点关注犯罪中的目标以及监管问题（target and guardianship issues)。与情境预防的研究先驱罗·克拉克（Ron Clarke）（事实上菲尔松与克拉克有过合作，参见 Clarke and Felson 1993，也可参见本书第 4 章）一样，菲尔松倾向于认为"改变人的本性"是一项不确定且代价高昂的事业（changing human nature is an uncertain and expensive enterprise），因而与改变人性相比较，以控制犯罪的物理环境为着力点的努力（如针对犯罪目标以及监管方面）可能效率要高得多。由此，菲尔松的"犯罪三角结构"原理遭到了女权主义犯罪学家的强烈批评。他们认为，就一些类型的犯罪如家庭暴力和性侵害等而言，社会具有道义上的责任来改变犯罪人（主要是男性）的犯罪动机、合理性判断以及行为方式，而不是把这种犯罪看成是不可改变的现象。他们还认为，警方和其他一些对可能的目标施加过多预防责任的项目（如建议年轻妇女不要晚上独自外出以减少受到性侵害的机会），可能不公平地限制了妇女的行动自由，这样当犯罪真的发生时似乎更倾向于责备受害人。

这些批评具有正当性。这些批评支持了本书通篇所阐述的一个观点：犯罪预防不仅涉及技术问题，更是常常涉及道德和政治问题。然而，我们认为菲尔松的"犯罪三角结构"原理由于强调了传统的基于刑事司法正义的刑事政策的局限性，因而是有意义的。无论"法治秩序"得到何种程度的强力执行，事实上"法治秩序"针对的仅仅是"犯罪三角结构"中的一个方面也即潜在的犯罪人，而且也仅仅使用了相对有限的手段（也即通过警方逮捕和惩罚来遏制犯罪）。

菲尔松对犯罪以及犯罪预防的研究方法可以进一步做这样的提升，也即较少强调犯罪人、受害人和监管人的直接作用（或最近作用），而是在更广泛视野中更多地强调社会制度的间接影响（或远期作用）。例如，艾克对菲尔松的"犯罪三角结构"进行了修改,在原来的三角之外增加一个外部三角,该外部三角强调的是既能影响犯罪行为又能影响目标的易受攻击性的因素(Eck 2003)。艾克认为,当犯罪人和潜在目标在"控制者"(controllers)未能有效预防犯罪或者其控制能力受到限制的情况下一起出现时,则犯罪就会发生。

  犯罪中的控制者包括但不限于监管者。控制者还包括艾克(这也许是不幸的)所称的"操训者"(handlers,其主要作用是影响潜在的犯罪人)以及"管理者"(managers,其主要作用是控制犯罪可能发生的位置和场所)(参见图2.2)。我们之所以说"这也许是不幸的",是因为"操训者"这个词通常用于动物管理当中。动物驯养员(animal handlers)通常会运用一定程度的"行为主义心理"方法(behaviourist techniques),但犯罪社会预防所运用的方法要比这些方法高级(参见本书第3章)。"操训者"可以是父母、兄弟姐妹、同龄人、雇主、老师,或者其他任何能对潜在犯罪人的犯罪行为起到调控、监督等约束作用的人。

  管理者(managers)是指在特定环境中负责对行为进行监督并保护他们免受犯罪侵害的人。所以,管理者可以包括看门人、酒吧员工、私人保安和财产管理人员。艾克所称"监管人"(guardian)的含义与菲尔松对该词的最初界定颇为相似:监管人是指任何用于监视特定潜在目标的人或者技术设施(如闭路监控系统或者受托照看朋友的财物的人)。监管人(guardian)不同于地点照看人(place managers)。地点照看人的责任是确定的且仅限于特定的地方或位置,而监管人的作用则随着时间的改变而不同。操训者(handlers)的影响力可以增强或减弱(Felson 2006)。例如,一个人在自己独特的成长道路中也即从婴儿到童年、青少年或者成年时期,不同的操训者,无论是家

第二章 本书的主要方法与结构

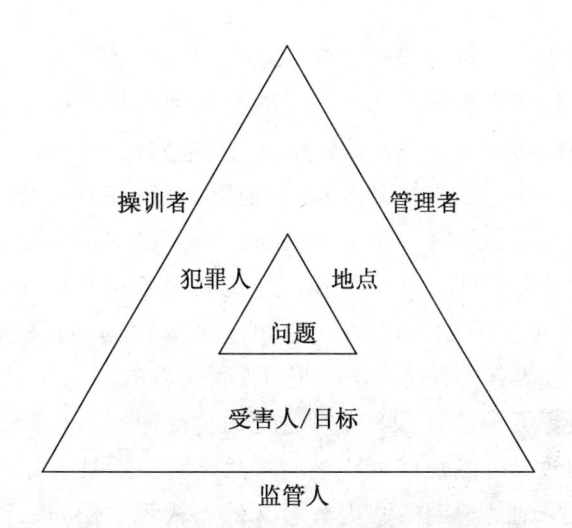

图 2.2 艾克对菲尔松"犯罪三角"的修改

庭成员、同龄人或者配偶,都会对其产生影响。

艾克对菲尔松的最初理论模式的修改有助于强调,犯罪不仅是特定时间和地点互动的结果,同时也是社会化过程的产物。这个过程包括操训者与某种情况下可能犯罪的人之间的互动方式(如父母对孩子的社会化教育及监管);第三方(如公共及私营机构)设计以及管理由它们负责的环境的方法;以及普通公民基于减少被害之考虑而安排其日常生活。艾克的理论强调,除了运用情境预防以及其他预防方法以改变"内三角"中犯罪发生的直接因素(如通过强化监管或者排除犯罪目标)之外,犯罪预防还能作用于社会化过程这一"外三角"中的因素,也即间接影响一个人是否具备犯罪能力以及能否发现处于弱势的被害人或者被害目标的因素。与"外三角"相关的干预方法包括旨在强化潜在犯罪人与他们的"操训者"之间的情感依恋关系的社会性项目,以及通过提高监视和监管以阻止犯罪的场所管理措施。

理解了上述理论模式之后，政策的决策者和执行者就应当在政策运用中采取灵活的方式，同时找到减少被害机会的诸多方法。他们绝对不应该轻易放弃影响那些比较间接的"社会性"因素的机会。正如本书第 3 章所阐述的，现在有大量的证据表明，发展性犯罪预防（developmental crime prevention）这一旨在通过强化具有犯罪危险的年轻人与他们的各式各样所谓的"操训者"（存在于家庭、教育以及其他背景）之间的联系来作用于犯罪的间接因素的预防方法，很可能是有效的。

将预防资源集中投向犯罪发生的直接情景（参见 Ekblom 1994）的效果可能是最为明显的，而针对犯罪社会原因的预防措施的效果则是长期的和更有意义的。从菲尔松和艾克的分析中获得的一个主要启示就是，在进行干预之前，政治家、学者、政策决策人和执行人应当致力于评估导致犯罪的各种因素。也就是说，在选择和落实预防措施之前，他们需要透彻理解犯罪行为的发生背景。

当然，以上只是一个理想的语境。通常的现实情况是，与其将时间和资源投入到关于犯罪和被害过程的细致分析，还不如将这些知识用于评估和完善对犯罪的补救措施、处遇机构以及政府应对犯罪的方案（如警方的打击、安装闭路监控系统、"恢复性司法"方案），而这已经成为政府日常工作的组成部分，而且在政治上似乎相当稳妥。重要的是，不要将上述做法当成"非理性"而轻易排斥。我们在本书中认为，要获得认可以及所需要和应有的资源，犯罪预防就不仅应当在功利方面而且还必须在象征性和政治层面发挥作用。有关犯罪预防政策设计和预防措施实施的决策不能仅仅归结于关于最有效预防方法的争论。始终不变的是，这些决策也反映了与我们所栖身的社会类型以及占主导地位的社会控制方法相关的价值立场。然而，即便是就本章所提到的单个理论模式而言，十分清楚的是，犯罪预防提供了关于应对犯罪的而且比多数政府愿意采纳的方案要多得多的选择方案，同时在这些选择方案当中，有可能找到既能实现功利目标、又能实现政治和深层意蕴目标的预防方法。

四、犯罪预防的类型

胡格斯曾经对那种强行将所有的预防方法归纳成一个单一、完整的分类体系的努力提出过警告（Hughes 1998）。我们对此予以赞同。然而，考虑到"犯罪预防"（crime prevention）这一概念所涵盖的行为范围，因而对现有犯罪预防的分类进行总结和评述应当是有意义的。这些分析框架和相关术语虽然并不完美，却有助于我们理解关于具体预防项目类型的理论假定，也有助于我们"面对、区分、表述、讲授和传播犯罪预防所涵盖的各种行动"（Ekblom 1994，p. 187）。理论界已经对各种不同的分类体系进行了阐述（参见 Brantingham and Faust 1976；Crawford 1998；Hughes 1998；Tonry and Farrington 1995；Van Dijk and de Waard 1991）。其中主要有两个分类体系：一个分类体系孕育、成形于犯罪学领域；另一个分类体系则来源于公共卫生领域的经验。

"犯罪学的"分类体系在宏观上将犯罪预防划分为两种方法，即社会预防（social prevention）和环境预防（environmental prevention）。这是一种以干预对象为基础的分类。社会预防旨在通过强化非正式的（如家庭、邻里联系、同龄人群体）以及制度化的促进守法的措施（如教育、工作、文化以及体育领域中的措施）来减少个人或者组织实施犯罪行为的概率。具体说，社会预防的目的是发现并处理那些存在于个人、家庭、同伴、学校、邻里以及社区等环境中且能对人们是否可能参与或继续实施犯罪产生影响的"危险性"（risk）和"保护性"（protective）因素。社会预防关注的中心常常聚焦于人生的早期阶段或者"成长"阶段（也即从婴儿到青少年后期这一时期）。可是从理论上说，社会预防计划可以包括人生的各个阶段，也不仅适用于未被发现的犯罪人，而且还适用于已知的犯罪人（参见本书第3章）。

与此不同的是，环境预防集中解决的是有关犯罪目标及其监管方面的问题。环境预防旨在改善犯罪发生以及潜在犯罪人实施犯罪行为的物理环境（在计算机时代还包括虚拟环境），特别是减少这些环境所导致的犯罪机会。环境预防主要包含以下两种方法：

- 旨在防止人们的工作、生活以及娱乐环境出现针对犯罪的监视和监管能力不足的范围广泛的规划和设计（如大规模的房产小区没有设计建设人行走廊和公共空地，这就使得居民不能进行自我防护。此外，在城市中心还应配备足够的正式和非正式监管的机会）。
- 情境预防，主要是指采取增加犯罪的风险和实施困难以及减少犯罪收益和辩解理由的方法对具体环境和环境类型（environment-types）（如银行、汽车、机场和交通枢纽）进行控制的预防方法（参见本书第4章）。

流行病学中的公共卫生理论为犯罪预防的分类提供了支持。由布兰汀汉姆和佛斯特于1996年（Brantingham and Faust 1976）提出的分类模式以干预的阶段和目标为依据将预防项目分为三个级别，即一级、二级和三级（也可参见 Crawford 1998；Hughes 1998）。

一级预防所针对的是与整个人口居民中的犯罪相关的因素和环境。这些环境包括物理环境和社会环境。例如，对那些在社会经济上处于弱势的未成年人进行早期干预，以改善他们在教育和其他领域的合法生活机会（参见本书第3章）；城市及地方采纳并遵守有关规划和设计方面的规则，以确保建设的环境不会出现那些增加犯罪机会的特征。

二级预防是指针对被认为"具有危险"（at risk）的人群或环境的预防，其目的是阻止犯罪的发生。例如，针对那些统计数据和其他资料表明犯罪很可能发生的地点的情景干预措施（如在合法建筑或者整个娱乐区域外面安装闭路监控系统）；提高某些目标的进入难度的措施（如使汽车不能开动）；在学校实施减少逃学的项目（大量研究表明，逃学的人更容易陷入犯罪）。

三级预防以已然的犯罪人和犯罪环境为目标，其目的是减少将来的犯罪以及已经受到犯罪侵害的人们或者地点再次遭受侵害。例如，在监狱实施的针对已决性犯罪人的治疗项目，以及针对出狱罪犯实施的帮助其在社区里重新安置的项目；针对最近发生过盗窃的犯罪热点地方或者建筑物实施情境预防措施，以提高其监管水平。

正如学者所言，"犯罪学的"和"公共卫生的"这两种分类模式的主要价值是有助于在广泛的社会背景中对具体的犯罪预防实践进行适当定位。然而，这两种分类模式不是没有缺点。例如，埃克布罗姆就认为，社会预防和环境预防之间的区分在概念上是不整齐的（Ekblom 1994）。这是因为，想要被采纳并成功实施，环境预防不可避免地要依赖于社会过程：相关设施的所有人或管理人需要致力于物理环境的改变（如安装较好的照明设备），同时工作人员或者其他操作人员也需要承担监管人的角色。尽管公共卫生分析有助于我们认识到犯罪预防所涵盖的实践行动的多样性，然而与情境预防和社会预防这个二分法相比较，公共卫生分析基本上未能就其所提出的预防分类作出理论上的说明（Crawford 1998）。公共卫生分析主要涉及确定犯罪预防的平台和范围，这对于制订计划和分配预算而言至为重要，但是对于预防计划在特定环境中为何要实施以及如何实施这一问题未能作出有力说明（Ekblom 2002a）。对于政策的切实实行和回顾检讨而言，这种认识十分重要（Cherney 2006a；Eck 2005；Pawson 2006）。这些问题将在本书第 5 章予以进一步的讨论。

各位读者应该注意到，前面提到的两个理论体系都承认，传统的治安以及其他刑事司法措施是犯罪预防的一部分。对于逮捕、监禁以及其他形式的惩罚措施至少对犯罪具有一定程度的遏制和威慑作用以及有助于确认和强化社会的主流价值观这一观点，犯罪学家们很少有人持反对意见。只是从后果上看，这些行为应当属于社会预防中的第三级预防（也即犯罪发生后的预防，参见表 2.1）。

表 2.1 犯罪预防：分类和举例

类别	一级	二级	三级
社会预防	1. 在所有儿童接受正规学校教育前，对他们实施"学前教育"； 2. 实施注重培养阳刚气质的早期学校教育项目； 3. 支持父母对孩子的教育。	1. 针对"问题"青少年的形式多样的项目； 2. 减少学校逃课的项目计划。	1. 对某些犯罪适用严厉处罚； 2. 采取措施帮助释放罪犯找到有工资的工作； 3. 对性侵害的累犯实施行为适应性项目。

续表

类别	一级	二级	三级
环境预防	1. 将预防原则运用到城市规划以及住宅区的设计当中； 2. 为住户、企业提供普及性的预防咨询。	1. 安装报警设备； 2. 提供日常巡逻和其他特殊监管； 3. 邻里守望。	1. 对犯罪高发区域设立围墙； 2. 为多次受害的银行安装防弹玻璃和闭路监控系统。

尽管如此，我们关于犯罪预防的基本态度仍然是继续强调政策落实以及创新精神，而不是刑法执行这类问题。如本书第1章所述，我们对凡·蒂克和蒂·瓦德（Van Dijk and de Waard 1991）的定义的支持就表明了我们的态度，也即将犯罪预防视为一个单独的刑事政策选项，而不仅仅是一种技术方法。新加坡等国的经验证明，将基于家庭、地方社区、学校和其他环境的一级和二级干预这一"上游"措施与针对那些违法犯罪的早期预防之"网"的"漏网之鱼"的严厉处罚这一"下游"措施相结合的政策是有效的。但是我们认为，新加坡模式并不适合于澳大利亚和其他西方民主国家。事实上，早在20世纪80年代当这些国家宣布关于犯罪预防的改革方向时，决策者就没有考虑过新加坡模式。

我们的结论对本书其他部分有着重要的启示意义。本书不是对具有减少犯罪作用的各种形式的干预方法（从一级到三级的环境预防和社会预防）做一个教科书式的大致介绍（参见表2.1），我们关注的中心是那些有助于成为"法治秩序"的政策替代选项的方面。请读者们注意，我们在界定犯罪预防时将传统的刑事司法措施排除在外，并不意味着我们就认为治安、矫正以及其他司法机构无助于犯罪预防。然而，本书的焦点将是警察以及其他司法工作人员超出传统作用这一视野中的贡献，而不是局限于传统作用上的简单分析。例如，警察局将警察从日常巡逻工作中抽出，以便其与地方学校一同制定和实施旨在减少逃学的项目。

五、犯罪预防与社区安全

关于该领域的政策和实践问题，学界充满着专业术语上的争论。例如，许多学者和实践工作人员都强烈喜欢"社区安全"（community safety）这一表述而不是"犯罪预防"（crime prevention）。他们的理由是，对犯罪的专注会导致从过于狭隘的视野来看待干预措施，甚至将干预措施当做警察的唯一工作领域（Morgan 1991），而"社区安全"计划却能包含内容要广泛得多的问题（Crawford 1998）。

我们不难理解，上述观点为何容易得到支持。正如威尔士和皮斯（Wiles and Pease 2000）所言，当今社会面临着日益广泛的风险和危害，如环境危害（如水和空气污染）、故意伤害（如人身侵害、自残和自杀）、与健康有关的危害（如酗酒）、道路安全问题（如超速、酒后驾驶、欠佳的公路养护）以及工作场所危害等（但不限于这些）。然而，并不是所有这些问题都是或者都可以称为"犯罪"。然而，这些犯罪或者其他有害事件与如住房缺失、教育程度低、健康问题以及失业等广泛的社会因素有着重要联系。那些犯罪率高的地方，在其他的不利地位方面同样也高（Vinson 2004；Vinson and Baldry 1999）。

考虑到上述联系的紧密程度，一些学者认为，为了将打击犯罪的主动行动（anti-crime initiatives）从打击其他危害的战略（strategies to combat other harms）中区别开来，就必须将这些不能也不应该单独处理的问题分别处理。因此，像"社区安全"这样一个内涵丰富的术语似乎能避免这种尴尬。事实上，威尔士和皮斯（Wiles and Pease 2000）就赞同对社区安全采取一种"泛危害"（pan-hazard）的态度；这也得到了胡格斯（Hughes 2002b）和凡·斯瓦琳根（Van Swaaningen 2002）的支持。如本书第3章所述，基层实践工作者通常也不愿意把他们的项目和计划冠以"犯罪预防"这一标签，因为他们相信（这不是没有道理）"社区安全"这一表述较少烙上污名的痕迹（Cherney 2004a；Gilling and Hughes 2002）。

总之，诸多学者已经指出，"犯罪预防"这一表述应当抛弃。可是，尽管如此，我们主张维持这一表述。在我们看来，对于使用"犯罪预防"这一术语所带来的消极后果的担心不无道理，但也不是不可克服的。而且，我们关心的是，"社区安全"这一表述不能涵盖许多行为如早期的儿童支持，而我们认为这是与减少犯罪相关的重要方面。没有必要整个抛弃"犯罪预防"这一表述，关键是要谨慎地以及在适当的条件下使用它。因此，地区层面的预防计划可以而且应当使用"犯罪预防"这一概念，而基层的具体项目则通常不应当使用它（参见本书第3、6章对这些问题的深入讨论）。

如果学者和实践工作者完全抛弃"犯罪预防"这一术语，这是一个严重错误。事实上，西方国家所出现的"犯罪预防"在政策层面的复兴已经帮助政治家、媒体甚至公众认识到：可以在超越"法治秩序"这一更为宽阔的社会背景中来应对犯罪问题，而且这样更为有效。完全抛弃诸如"犯罪"、"预防"这样的表述，是一种弄巧成拙的做法。

六、犯罪预防与问题解决

最后讨论的主要问题是犯罪预防中的问题解决。正如艾克布罗姆所指出的，任何制定犯罪预防项目的努力都需要得到系统的计划来支持，而这个计划就要求一种解决问题的态度（Ekblom 2002a）。考虑到犯罪预防需要识别并找到解决犯罪问题的方法这一似乎显然的道理，因而令人吃惊的是解决问题这一过程却常常被忽略了。就政策的决策者和执行者而言，其最为关心的问题通常是能使计划和项目"正常运行"，而不是花费时间和资源对存在的问题进行系统的分析以及对恰当的干预措施进行选择、实施和评估。这种观点的核心思想是，犯罪预防应该以"解决问题为导向"而不是以"计划实施为导向"（problem-oriented rather than practice-oriented），也即意味着预想的观念不应该在如何解决现实中的犯罪问题这一过程中起决定性作用（Gilling 1996）。

就预防计划而言，不应该简单地复制"现成的"干预措施并将其移植到一定的地点环境，而是应当根据特定地方犯罪和治安情况的具体特点对预防计划进行调整（Crawford 1998）。就是说，对问题的解决方案起决定作用的是问题的性质。这个过程应该遵从系统的方法，也即首先就犯罪问题的相关数据进行深入全面的收集，然后在对前述问题进行研究的基础上选择确定计划目的和干预措施，最后是逐步积累关于解决具体犯罪问题的最佳方案的实践经验。在对犯罪问题进行分析这一环节，实际工作人员运用前面所述的"犯罪三角模式"是有帮助的。这些犯罪模式有助于我们理解犯罪为什么会发生（如场所管理缺失或者不完善）以及需要我们应对的是犯罪中的哪些因素。接下来的任务就是确定和运作负责计划实施的人员以及对计划的效果进行评估的人员。此外，解决问题的过程还应包括一个动态的信息反馈环流，以确保评估的结果能够及时反馈到前面的工作环节以及能够进行关于犯罪问题的再次评估和干预措施的重新选择。

犯罪情境预防（Clarke 1997；Tilley 2004a，也可参见本书第 4 章）同样是一种以解决问题为中心的方法。以解决问题为中心的方法也被认为是有效的犯罪预防方案中的关键。一些国家制订的预防计划如英国（Hough and Tilley 1998；Hough 2004；Hope 2005）、加拿大（加拿大国家犯罪预防中心 1998）、新西兰（新西兰犯罪预防处 1994）、澳大利亚（Panton 1998；Sutton and Cherney 2002）和瑞典（Wikstrom and Torstensson 1999）都采用了这种方法。人们已经阐述了许多种解决问题的模式，其中有些模式比较初步，有些模式较为复杂。见下述资料盒 2.1 中的例子。它们体现了相同的逻辑方法。

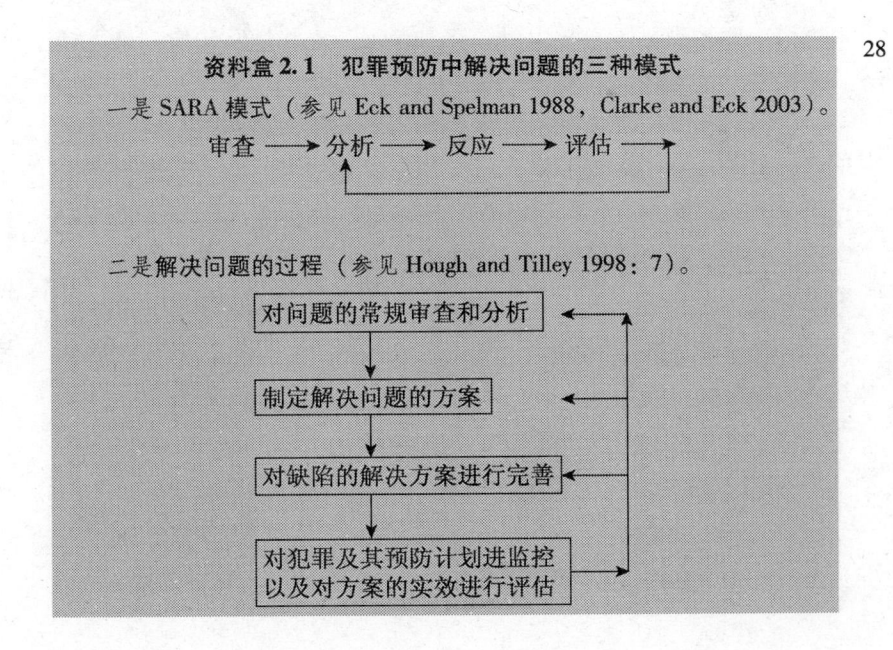

资料盒 2.1　犯罪预防中解决问题的三种模式

一是 SARA 模式（参见 Eck and Spelman 1988，Clarke and Eck 2003）。

审查 ⟶ 分析 ⟶ 反应 ⟶ 评估 ⟶

二是解决问题的过程（参见 Hough and Tilley 1998：7）。

对问题的常规审查和分析
↓
制定解决问题的方案
↓
对缺陷的解决方案进行完善
↓
对犯罪及其预防计划进监控以及对方案的实效进行评估

三是"5Is"模式（参见 Ekblom 2000，2003；Clarke and Eck 2003）。

"5Is"模式旨在为犯罪预防领域总结、提炼解决问题的好做法提供一个分析框架。

搜集信息：收集和分析关于犯罪、违法及其严重后果的信息，分析判断犯罪的产生原因，识别已经存在的危险或者与犯罪相关的保护性因素。

干预措施：就可能用于防止、瓦解和减弱这些因素的所有方法进行考虑。

贯彻执行：将犯罪预防的基本原理转变为如下的实际方法：

1. 根据当地犯罪的环境背景量身定做预防方案；
2. 制定预防方案时应针对犯罪人、被害人、建筑物、地点和后果，同时以个人或者团体为基础；
3. 由利益相关方对预防方案进行策划、管理、组织和指导；
4. 对预防方案中的人力、资金投入，效果以及直接后果进行监控并予以记录；
5. 从道德伦理角度对预防方案进行评估。

相关因素：鼓励调动相关机构、企业以及个人参与预防方案的实施或者作为协作伙伴。在此过程中，应当对负责的相关方的作用、职责进行明确规定，以提醒、促进、授权和指导负责方的工作。

影响效果：确定评估方案并对成本效益、犯罪问题的覆盖范围、方案的实施时间进度、实施过程（如单位或个人是否完成了应该完成的任务？）以及方案实施的效果（如减少犯罪的目标是否实现？）进行评估。还应当考虑预防方案的可复制性（如找出哪些背景条件和基础设施有助于成功地复制该预防方案）。预防方案实施的主要经验教训是什么？（应该做的和不该做的是什么？）

各位读者不应该认为,资料盒 2.1 中所述的解决问题的方法在实践中能够以一种简单的直线型的方式被运用。胡格就曾经对这种"科学的理性主义"(scientific rationalism)观点进行了专门的批判(Hough 2004)。大多数对解决问题的方法持赞同意见的人都反对这样的观点,也即认为一旦识别和分析阶段得以完成,它就无需再次进行(Clarke and Eck 2003)。应当认为,问题的识别和解决是一个反复的过程,实际执行人员需要对从分析中得出的结论不断地进行再评估,以确保实施中的预防反应措施与现实的犯罪问题密切相关。警方以及其他犯罪预防专业人员往往轻而易举地宣称他们是在"解决问题",但他们在"解决问题"时是否采用了系统的方法却是个问题(Bullock, Erol and Tilley 2006; Clarke 1998a)。解决问题从来就不是粗线条的工作,它本质上要求对经验数据进行收集和仔细分析,这样才能使实际工作人员对相关问题进行细致分析并细分成次级类型。例如,可以将盗窃汽车区分为机会性盗窃和专业性盗窃两种行为,还可以根据目标地点将财产侵害区分为乱涂墙壁和故意毁坏财物两种行为,针对不同目标的犯罪行为类型需要采取不同的有针对性的预防对策。这种微观的分析方法能支持犯罪情境预防,这将在本书第 4 章进行探讨。

总之,以上解决问题的方法看起来似乎给人以容易的假象,但在实践操作中却非常困难。其中的阻碍因素包括缺乏高质量的数据、资源的局限、难以得到相关机构的合作以及目标群体对干预措施的懈怠(Cherney 2004a, 2006a; Gilling 1996; Hope 2003, 2005; Sutton 1996)。在某些情况下,这种方法还需要一定程度的创造性的变通(Cherney 2006a)。本书接下来的章节将运用灵活的问题解决方法对犯罪预防的政策及实践进行详细探讨。正如胡格所指出的,解决问题的系统化方法与"法治秩序"

这一主张格格不入,因为"法治秩序"将围绕着犯罪的复杂性问题予以简单化,而不是对犯罪方式以及犯罪与环境之间的联系进行深入分析(Hough 2004)。在此,我们只是强调,对犯罪预防的最佳理解是将其视为"法治秩序"的替代方式。

最后要指出的是,解决问题这一方法中首要的和最基本的问题是对是否应该将某一具体问题当做问题(或者说"犯罪")来对待这一问题作出抉择,或者说将其作为"正常事物"予以接受在事实上是否更为合理(参见 Sutton 1996)。解决这个问题需要作出判断,而不仅仅是运用"科学"。这也是本章开篇之初就指出的观点。

七、结论

本章的主要目的是提出了关于犯罪预防的体系和内涵的粗略概念并对其中的主要观点进行介评。在犯罪学领域,关于"犯罪预防"这一概念的真正含义一直存在热烈的探讨和争议,同时对于犯罪预防重新崛起为政策主题这一问题的解释,学界也一直有着广泛的不同意见。一些学者仅仅将犯罪预防当做技术层面和行政执行中的挑战,认为犯罪学家的主要作用就是获得有关"什么是有效的?"(what works)这方面的专业知识,同时保证这些专业知识和专门方法能够得到广泛运用(Hope and Karstedt 2003)。可是,另外一些学者对此则不那么热心和投入,他们将犯罪预防政策和计划看做是后现代社会里政府管理模式转变的一个标志,尽管这一转变是广泛的而且不一定是有益的。

研究人员和实际工作人员需要明白"什么是有效的?"这一方法的支持者和批判主义流派论者之间的差别。但是我们认为,在上述争论中站队既没有必要也没有益处。批判性观点虽然能够促使政策提倡者意识到预防实践中可能出现的意外结果,但他们往往会低估不同国家和时期预防计划制定和实施所运用的各种不同的方法。就此而言，仅仅关注于发现并记录"成功做法"（success stories）以及确保犯罪预防的实证基础这一视野狭隘的立场，这会导致对犯罪预防的重要的政治性和符号性意义的忽略。犯罪预防是一个复杂的过程，它比"法治秩序"复杂得多。要使相关的预防原理和原则能够在主流的犯罪政策中发挥作用，必须满足一系列的前提条件。最重要的是，犯罪对策向预防的转变要求政治领导人和政策执行人能够在对众多的预防计划和项目的实施参与者进行指导和协调的过程当中展现出明确而强有力的眼光。对于政治领导人和政策执行人而言，这种眼光相比一些细致的知识，比如在何种环境中采取何种形式的干预措施比较有效，更为重要。

实际工作者无论什么时候将预防方法运用到实际当中，都要进行犯罪原因的分析并作出假定。最重要的是，关于犯罪的主要原因的假定是否契合潜在犯罪人的社会化方式（社会预防）以及相关的环境因素是否真的导致了犯罪（环境预防）。本书第3章将详细阐述社会预防，而第4章将介绍和评论环境预防方法。

通过这些章节的阐述，我们能够清楚地看到，社会预防和环境预防已经历经了进一步的种类细分。事实上，社会预防领域的局外人很容易得出结论：相关的理论家们除了都鄙视环境预防方法之外，他们之间很少具有共识；反之亦然。因此，在对各个领域（社会预防以及环境预防）的论争进行详细研究之前，本章提到了菲尔松的"日常行为"犯罪模式及其"犯罪三角"理论（也即犯罪人、犯罪目标以及有效监管的缺失），并由此在更为宽阔的背景中为这些讨论进行定位。

当然，日常行为理论本身也一直遭受批评，原因是该理论似乎贬低和漠视了犯罪动机。加兰就形象地称之为"日常生活犯罪学"（criminology of everyday life），认为该理论简单地将犯罪视为社会安排和日常生活的产物，而不是把犯罪看成是深层社会问题的反映（Garland 1999）。就一些犯罪如性侵害和家庭暴力而言，这种批评是正确的。然而，我们在借鉴艾克（Eck 2003）的研究成果的基础上指出，可以对"犯罪三角"结构进行适当调整补充，使其除了包括个人和社区危险因素之外还能包括制度性环境和社会环境，从而使该框架理论涵盖具有动机的犯罪人、适当目标、有效监管以及其他控制因素的缺失（参见 Felson 2006; Brantingham, Brantingham and Taylor 2005）。不论它存在何种不足，菲尔松的犯罪模式理论（艾克对其进行了完善）有助于凸显以"法治秩序"为基础的传统政策的内在局限，因为该政策仅仅着眼于众多犯罪原因中的一个因素（如潜在的或事实上的犯罪人会因为被逮捕或惩罚而得到遏制）。

就现实层面看，菲尔松的观点有助于提醒实践工作者：在应对犯罪问题时采取灵活的态度十分重要，并且他们应该时刻准备考虑多种不同的方法，而不是不管成本效益单纯地采用一种方法。当然，也不应该仅仅基于成本分析来作出选择，他们还必须进行价值判断和政治决策。无论如何，我们应当对各种可能性持开明态度。

本章也讨论了犯罪预防的分类方法。这些研究表明：至少在理论上说强制性措施（如严厉刑罚或者针对青年人的宵禁）能够归入预防措施之中。从字面理解来说，这些强制性措施能起到减少犯罪的作用。我们决定在本书中对强制性措施不予讨论，这反映了我们的观点：在后资本主义国家时代，犯罪预防的重新崛起已经成为试图制定出较之"法治秩序"更注重社会和谐和宽容的政策这一努力的一部分。

第二章 本书的主要方法与结构

我们支持这样的观点：犯罪预防应该作为"新惩罚主义"（new punitiveness）这一当代许多社会的明显政策的独特的政策替代选项。这就是我们不赞同抛弃"犯罪预防"这一概念，而倾向于更为全面且较少以刑事司法为导向的概念如"社区安全"这一观点的原因，尽管该观点得到了理论界和实务界的广泛支持。"社区安全"这一概念尤其得到了基层工作者的欢迎，因为这样就减少了将项目客户当做"潜在罪犯"的可能性（参见本书第3章）。可是，正如本书第6章所述，还有避免产生"污名烙印问题"（stigma problem）的其他方法。然而事实上，现今抛弃了"犯罪预防"这一概念而基于"社区安全"这一观念所发起的大规模预防计划，已经在保持中心和避免项目偏差方面出现了重大问题（Cherney 2003）。

发现和解决问题是犯罪预防政策和实践中的重要方面，这是学界已经达成共识的少数观点之一。有效的犯罪预防需要获得信息、系统方法和灵活态度。可是，虽然解决问题的模式看起来简单明了，但实际运用当中往往受到各种阻碍因素的困扰。如何克服这些挑战，是本书随后各章讨论的重点内容。接下来，我们首先讨论社会预防。

第三章

社会预防

一、引言

早在20世纪60年代初期,美国的教育学家设计了一个有趣的实验。他们注意到,在学校教育的最初几年,那些来自于较差背景的孩子经常会为了保持在班级里不落伍而努力,但尽管如此,其中许多孩子在随后的几年里仍然未能跨越这一差距。因此,这些年轻人辍学或者因为捣乱行为而被学校开除的可能性要大得多。众所周知,"佩里学前计划"(Perry Preschool Project)的目的是要研究,当那些因为来源于明显的社会经济不利背景而被认定为"处境危险"(at risk)的孩子,在正式入学之前接受额外的帮助后会发生什么。1962~1967年,居住在底特律市贫民区的123名年龄在3~4岁的非洲裔美国儿童被随机地分配到实验组(experimental group)和对照组(control group)。实验组的孩子全部加入到了一个旨在提高解决问题能力和制定计划能力的"高级学前项目"(high-quality preschool program)当中。该项目实施当中,教师每周对孩子进行家访。而那些被分到对照组的孩子没有接受任何特别帮助。

该实验组与对照组之间实验结果的比较研究到现在已经持

续了 40 余年。结果表明：差别是显著性的。那些参加过学前项目的孩子更多地继续学习到高中毕业，在 27~40 岁这一年龄段里获得了更高的收入，而且与那些没有参加学前项目的孩子相比，他们很少因为实施刑事违法行为而被拘捕。此外，他们作为成年人也很少依赖福利救济。项目主办方估算过：在项目中每投入一美元，美国政府将在刑事司法和福利支出方面节省 12.9 美元。另外，那些项目的参与人也因此获得了 4.17 美元的效益 (Schweinhart, Barnes and Weikart 1993; Schweinhart et al. 2005)。

"佩里学前计划"是旨在为针对社会问题的预防措施所产生的效益提供生动例证说明的众多实验中的一个。其他项目还包括：位于美国纽约市的埃尔米拉孕期和幼儿早期项目（New York-based Elmira Prenatal and Early Infancy Project），加拿大的蒙特利尔预防项目（the Montreal Prevention Project），美国的西雅图社会发展项目（the Seattle Social Development Project）。在埃尔米拉项目中，训练有素的护士对那些背景明显不佳的青少年初生母亲要进行产前和产后的定期家访。对结果的评估表明，那些参加过项目的母亲所生的孩子在出生后两年之中较少受到身体虐待和忽视怠慢，并且他们在 15 岁的时候因违法犯罪而被拘捕的人数比对照组的母亲所生的孩子要少一半多（Olds et al. 1998, 1999）。在蒙特利尔项目中，对那些被幼儿园老师认定为"捣乱分子"(disruptive) 的孩子进行社交技能和自我控制能力的培训，而这些孩子的父母亲也要接受旨在提高关于对孩子的监管以及采用适当的惩戒和鼓励措施教育孩子的培训。对孩子 12 岁时的跟踪调查表明，与对照组的孩子比较，干预组（the intervention group）的孩子在学校表现更好，自我报告违法的比例更低，同时较少被发现参与斗殴或者其他反社会行为（Tremblay and Craig 1995）。

西雅图项目关注的是小学整个班级的学生，学生、教师以及父母全部参加到该项目中来。该项目中，针对学生的干预行为主要是为了提高他们在解决问题以及与同龄伙伴交流的能力，而针对成年人的工作则主要是为了提高行为管理（behaviour management）与团队监管能力。跟踪研究表明，与对照组比较，参加该项目的年轻人在18岁时较少表现出越轨行为，如暴力及重度酗酒等，并且在学业成绩以及对学校的感情依恋方面表现更佳（Hawkins and Catalano 1992；Hawkins et al. 1999；Hawkins, Catalano and Arthur 2002）。

对于正努力控制预算支出并且面对日益增加的投向治安、矫正以及其他刑事司法行为的开支的行政机关来说，这样的实验同样饶有兴趣。最近的15年在欧洲及北美（Graham and Bennett 1995；Farrington and Welsh 2003）、美国（Sherman et al. 1997）以及澳大利亚（Grabosky and James 1995；Grant and Grabosky 2000）进行了一系列旨在对支出清单进行仔细梳理的实验。当然，其中的研究兴趣并不局限于社会干预方面。那些对情境预防以及其他环境预防方法持赞同态度的人士（如Clarke 1997；Coleman 2004）坚称，改善物理环境的规划、设计以及管理是一种效率更高的方法（也可参见本书第4章）。

然而，一些犯罪学家和政策决策者还关注"新惩罚主义"（the new punitiveness）在不平等以及经济和社会成本方面的影响，因此对他们而言，社会预防有着特别的魅力。"法治秩序"内在的一个主要原理是（尽管经常没有明确说明），公众的廉耻心（public shaming）和对犯罪人的社会排斥（social exclusion of perpetrators）（如处以长期监禁刑）是减少犯罪的唯一可靠方法。诸如"佩里学前计划"之类的试验项目已经证明，使孩子们更有效地吸纳到家庭、社区以及学校等单位当中，的确能降低犯罪率。如果政府对主张从家庭、学校、职业培训以及其他方面对最为弱势群体予以支持的社会公平正义诉求无动于衷的话，他们也许会诉诸证明，也即再分配政策对于实现和维持一个更为守法和安全的社会能起到关键作用。

近几十年来，澳大利亚及其他国家所进行的试验在犯罪预防方面展现出了良好的潜力及前景，然而在将这些潜力及前景转变为有效、可持续的项目方面，这些国家进展如何？本章认为，事实证明这一进展比许多时事评论家的预计更为艰难。其中部分原因在于政治层面，"法治秩序"所意蕴的"强有力领导"这一寓意，相比社会预防而言更易于向大众媒体和社会公众宣传。然而，困难不仅仅存在于政治和思想传播领域。甚至是那些大体上都认为在人力资源和基础设施方面进行投入具有明显的预防效果的犯罪学家们，他们之间就应当如何将这种观念认识转变为政策，以及在基层这一层次上将社会干预措施与减少犯罪过于紧密地联系在一起是否明智这些问题，也很少达成共识。这些讨论不仅对于预防计划及项目的制定和实施方式，而且对于检讨和评估预防计划及项目的方式同样都有着重要意义。

二、剑桥—萨默维尔：社会预防的困境

"剑桥—萨默维尔青年研究项目"（Cambridge-Somerville Youth Study）是一个由美国发起的研究项目，该项目开始于20世纪30年代末，而且研究人员在随后的几十年里对该项目的实施进行了系统的跟踪研究。该项目的研究结果有助于解释为什么理论研究人员和实践工作者对社会预防持谨慎态度。该项目的研究对象是居住在马萨诸塞市区的贫困家庭的10岁以下的孩子。那些依据家庭背景及在校成绩被认定为"有越轨危险"（at risk of delinquency）的孩子被分配到对照组（matched group）。实验组（experimental group）中的孩子则在随后的几年里得到了一系列的支持。对孩子的干预措施包括孩子们可以向有资质的社会工作者咨询、学业辅导以及为孩子们在假期参加夏令营提供资金支持。对照组中的孩子则没有获得任何特别的帮助。

令项目主办方失望的是，跟踪研究的结果表明，与对照组相比，实验组的大多数干预措施事实上效果更差。事实上，实验组中的孩子不仅犯罪率更高，学习成绩更差而且患精神疾病的概率更高，同时自杀率也更高（McCord and McCord 1959；McCord 2003）。

那么，"剑桥—萨默维尔青年研究项目"究竟出现了什么差错？与孩子们的会面资料表明，多数研究对象认可并感激项目所提供的咨询、学业培训以及其他帮助，而且认为这些支持是有益的。然而，恰恰是为了提供特别关心和帮助而挑选贫困家庭的孩子这一过程似乎产生了意想不到的消极后果。具体说，这种做法导致了这些年轻男孩将自己视为潜在的违法者并兑现这种身份。特别指出的是，对夏令营项目的参与方式存在问题。这是因为，这样的夏令营通常只是那些上流社会阶层家庭（中产阶级和上层阶级）的年轻人才能享受的特权，"剑桥—萨默维尔青年研究项目"的参加者一直面临着"解释他们为什么要参加这样的活动"的压力，这样的解释不仅是针对他人，也针对他们自己（McCord 2003）。

从"剑桥—萨默维尔青年研究项目"得到的一个重要教训是：在社会预防中，项目实施的方式与项目的内容同样重要。当我们对"剑桥—萨默维尔项目"与"佩里学前计划"进行比较时，这一认识更加深刻。后者也即"佩里学前计划"避免了有害的标签效应，其部分原因是该项目没有被当做犯罪预防项目来看待。对于"佩里学前计划"的设计人和执行人而言,他们关心的是改善教育效果。至于该项目的参与人较少实施违法行为这一事实,只是后来才发现的附带效果。

同时,这些观察结论也与日常实践完全吻合。此外,研究人员还发现了有助于减少当地及周边地区犯罪率的一系列因素。这些因素包括:较高的家庭收入、父母更能干和勤奋(Weatherburn and Lind 1998,2001)、邻里团结和"集体效能"(collective efficacy)做得更好(Sampson 1997;Vinson 2004)、积极的同龄人关系以及年轻人学业成绩更好和建设性地使用空余时间(Caldwell and Smith 2007)。然而,几乎可以肯定的是,这些"保护性"(protective)活动和目标都是基于自身利益考虑而实施的,而不是因为它们具有犯罪预防的作用。将这些因素重新贴上犯罪预防的标签,并不必然会使它们更加有效,也不见得会受到基层工作人员的欢迎。

三、社会预防的体系和机构

社会预防中的另一个主要问题是,其关注中心究竟应该是个人还是社会结构或者社会体制?人口统计研究结果一致表明,拘捕率和监禁率与一些通常的不利社会阶层指标如失业、低收入、辍学、身体及精神疾病(若需要澳大利亚的资料,请参见 Vinson 2004;Vinson and Homel 1975)有着密切的联系。这种认识使得一些学者将实施暴力及其他犯罪理解为,人们尤其是男性在其获得财产、权力和地位的合法途径受阻时所采取的策略(Merton 1938;Bourgois 1995;Wilkinson 2005)。

他们的上述观点有着重要的现实意义。这些观点意味着,如果不同时解决社会结构上的不平等问题,那些把重点仅仅集中于发现和帮助"高危"(high risk)人群、家庭和邻里的项目对于社会总的犯罪率而言影响十分有限。从最坏的情况来看，这种干预措施导致的结果无非是"犯罪发生的重新洗牌"（shuffling of deckchairs）。这种情况下，项目的参与人虽然在项目的帮助下提高了自己的社会地位，但他们的成功却是以其他人照样历经不利的社会处境且得不到任何帮助为代价的。于是，为了改善自己的社会处境，这些新的"社会底层人士"（basement dwellers）更有可能诉诸暴力或其他犯罪行为。

因此，社会预防的支持者应当谨记，诸如"佩里学前计划"之类有助于个体成功的项目并没有带来不切实际的期望。当然，"佩里计划"已经证明，对最贫困家庭的孩子进行早期干预有助于他们融入主流社会体制，这就能减少他们日后对社会福利的依赖以及与刑事司法系统的纠缠。可是，应当注意到，诸如埃尔米拉项目、蒙特利尔项目、西雅图项目之类的项目，通过对项目参与人与那些有着同样不利背景却没能参与到项目当中的人之间的比较研究所产生的成本效益。"佩里计划"的制定者可能没有料到，只有建立在对研究对象进行选择的基础上，这些项目才能彰显其价值。他们将普遍开展学前支持项目视为解决教育领域中结构性不平等问题的关键。

超越项目的实验阶段并将从示范性项目获得的经验教训加以推广的代价是巨大的，并且也与广为采纳的旨在削减教育、医疗和福利支出的政府政策相违背。社会预防观念使得政府倾向于实施更多的有目标的干预措施，尽管实际上这些干预措施所针对的对象并不包括所有结构性贫困的个人和家庭，而只是那些可能实施反社会行为（如实施犯罪行为）的人。然而，澳大利亚以及其他国家的实践经验并未证明，这样的目标定位是可行的。

四、社会预防的方法

布兰汀汉姆和泰勒对犯罪预防与公共健康领域中的疾病预防做了一个类比（Brantingham, Brantingham and Taylor 2005）。在公共健康领域，项目的分类通常是以预防措施实施的阶段为基础进行划分的。一级预防（primary prevention）是指预防措施实施早且以整个人群为目标的预防类型（如改善饮食与卫生状况）；二级预防（secondary prevention）是指预防措施实施较晚且以被认定为"处于危险状态"（at risk）的个人或群体（如吸烟或者体重超标因而易患糖尿病和其他疾病的人）为目标的预防类型；三级预防（tertiary prevention）是针对那些已经患过严重疾病的人（如患中风的人）的恢复性治疗措施。如本书第2章所述，犯罪预防项目同样也可以以这样的方法进行分类。

由于"佩里计划"的目标对象是危险人群，因而一些人可能认为该项目属于二级预防。可是，如果政府能从这些项目中吸取经验并采取措施确保所有孩子能在正式入学之前具备基本的制定计划和解决问题的能力，那么实际上他们实施的是一级预防。此类一级预防也包括旨在促进"亲子联系"（parent-child bonding）的孕期和家庭支持项目。这种项目的内在原理是（这已经在埃尔米拉项目中得到实证检验），与抚养和帮助自己并一直进行规则要求的父母亲保持感情依恋关系的儿童较少实施严重或持久型犯罪（参见Gottfredson and Hirschi 1990）。此外，实施一级预防的另一种方法就是通过教育及群众运动来改变致使"问题行为"（problematic behaviour）发生的价值观。这方面的例子包括在小学中开展的制止孩子间欺负行为的活动、在工作场所开展的减少性骚扰的活动，以及反对男性对女性施暴的国家和地方层面的媒体宣传活动（如"澳大利亚对暴力行为说不"

运动,它是由联邦政府于2006年和2007年开展的运动)。

最后,一级预防还可以包括旨在使当地社区变得更加团结和更有能力实施有效的社会控制的社区发展活动(community development initiatives)。犯罪学家一直以来就提出了这样的理论:"社会解组"(social disorganisation)会导致当地社区更容易受到犯罪的侵害,同时美国、澳大利亚的实证研究结果也支持了这一观点。桑普森基于美国的实证数据得出这样的结论:导致暴力犯罪发生的最重要因素是集中的不利处境、较低的居民稳定性以及高密度的移民聚集(Sampson 1997)。然而,那些虽然以上指标较高但居民彼此团结和相互信赖,同时居民更愿意采取措施控制和纠正年轻人的不良行为并愿意为了社区的利益而一致行动的邻里小区,其暴力犯罪的发生率比预计的要低。同样地,托尼·文森在澳大利亚维多利亚州进行的针对邮政编码地区为基础的数据的分析结论也认为,社会团结具有明显的犯罪缓冲作用(Tony Vinson 2004, p. 78)。

一级预防的覆盖对象是整个人群,尽管其中的许多成员即使在没有干预措施的情况下也从来没有犯过法。如前所述,二级预防的对象是"具有危险"的个人或群体,因而这一预防类型具有高效的特点从而容易受到政府的欢迎。一些学校运用了风险评估(risk-assessment)的原理和方法,如所谓的"发展性方法"(developmental approach)和"道路方法"(pathways approach)。"发展性预防"(developmental prevention)从下述研究之中获得了灵感和启发,也即从出生开始(甚至包括从孕期开始)直到成年期对整个一代人或者说同辈人进行跟踪性研究,以期找到导致少数累积性(accumulated)青少年犯罪和成年人犯罪发生的共同因素(West 1973; Farrington 1995; Loeber et al. 2003)。一些犯罪学家如法伦顿相信,在生命的早期(如出生后的 5 年内）就能发现一些与犯罪相关的主要因素，如容易冲动、较差的社交能力及解决问题能力、贫穷、家庭犯罪以及父母监管不够（Farrington 2000）。在这个时期实施干预就能从发展性轨迹（developmental trajectory）上抑制青少年犯罪的发生。

然而，另外一些学者如桑普森、劳博以及罗斯·霍梅尔（Sampson and Laub 2003；Ross Homel 2005a）对"发展性轨迹"这一比喻性概念持反对态度，同时也不赞同这样的观点："个人会沿着生命早期所确定的发展方向稳定地继续发展到成年期"（Homel 2005a，p.81）。他们赞同将人生发展划分为一系列阶段或过渡期的模式，如从幼儿园到小学，从小学到中学，从中学到工作单位、技能培训或者大学，等等。以上每个阶段或过渡期均存在着挑战，也都存在着这样的可能：如果在任何一个过渡期里未能成功地应对挑战，就可能导致个体向实施反社会行为的方向转变。上述过渡期也可以是个体容易接受建议和帮助的某个时间点。与单纯关注儿童早期阶段的"发展性方法"不同，"道路方法"（也许称之为"转折点方法"更好些）主张在整个人生中的关键阶段进行干预。此外，"道路方法"还强调指出，有必要在人生的每个阶段发现和强化相关的保护性因素（protective factors）（这方面的大致介绍请参见 Homel 2005a）。

以强调对危险人群进行干预的预防方法还包括以专业机构为基础的预防和"转处"（diversion）计划。专业机构预防的支持者认为，社会中的主要机构如学校、企业和娱乐团体常常会不经意地促成越轨和犯罪的发生。例如，在特别强调依据学习、体育和其他方面的成绩对学生进行评价和排名的学校，那些不怎么成功的学生可能会感到自己被边缘化而且自身的价值被低估了。如学者所言，一些学生可能采取非法方式以获得他人的认可和应有的地位（Merton 1938）。这种情况可能与通过实施犯罪来获得收益以及他人的敬畏和尊重的反社会的亚文化（antisocial subculture）或者帮伙（gangs）相关（Polk 1997）。法国的"博勒梅森犯罪预防计划"（Bonnemaison crime prevention program）从早期开始实施至20世纪80年代中期结束。该项目中，大的村镇和城市的主要专门机构要就他们是否帮助了社会中的边缘人群以及是否采取了使边缘人群为社会吸纳的措施等问题进行定期的评估（参见本书第6章）。

与发展性预防中的一些方式一样，转处方式（diversion approach）的重点是发现"具有危险"的个人并针对可能导致个人实施犯罪的因素进行干预。这些因素包括自尊感低、缺乏自律、对家庭或学校的感情依恋低以及社交能力和职业技能较差。然而，转处方式的特点不是为了解决这些日常生活环境中的问题，而是让这些年轻人参加到经验性学习项目（experiential learning programs）之中。这些项目通过运动、野外探险以及其他有组织的活动环境来帮助参与人提高发现和思考自身问题的能力，同时在这一过程中提高他们的自信心和解决问题的技能。

以转处为基础的预防计划通常在时间上比发展性预防更为短暂。它表现为一次性的干预措施，尽管有时也伴随着一些后续行动。尽管事实上这些项目引起了项目参与人和主办方的很大兴趣（当然还包括电视纪实节目的制片人和导演），可是还没有全面的证据来证明这些项目的长期效力（Castellano and Soderstrom 1992），而且确实有一些事实表明它们还可能产生事与愿违的效果。一方面，在这种营地活动以及其他活动当中，高危险的年轻人和项目组织者都同样能学到很多的知识。然而，另一方面这种非正规的学习方式可能会导致越轨行为的增加（Dishion, McCord and Poulin 1999，也可参见本章此前"剑桥—

萨默维尔青年研究项目"中的讨论)。

三级预防包括一系列旨在针对那些已经犯过罪的罪犯进行康复性治疗的项目。这些项目可以以监狱或者社区为基础来实施。三级预防的主要目的是确保违反社会规则的个体犯罪人在受到刑罚(或者资格刑)处罚之后,能继续得到康复性(或者重返社会性)措施的支持。实际上,由约翰·布莱特维特首倡的恢复性司法运动(the restorative justice movement)就特别强调三级预防(John Braithwaite 1989)。

五、社会预防:从理论到政策

在一些犯罪学家看来[如威瑟波恩(Weatherburn 2004)],从理论到实践的转变应当是一件容易的事。应当说,包括社会预防在内的所有政策性措施都必须以实证为基础。因此,如何在前述的各种预防方法当中作出选择,政府应当考虑的只有一个问题:在减少犯罪方面哪种方法最为有效?

然而,正如弗雷伯格所言,与犯罪和社会控制有关的政策一直以来就更为复杂(Freiberg 2001)。在一些领域如定罪量刑,决策应当在两个层面发挥作用:"法律制度性效果"(effective)与"社会情感性效果"(affective)。"法律制度性效果"是指功利性的结果,如威慑和阻止了犯罪。"社会情感性效果"则是指与象征性或表意性目标(symbolic or expressive goals)相关的结果,如再次确认了重要的社会价值观。对于像迪尔凯姆这样的社会学家而言,惩罚的情感性效果比其工具性效果更为重要。迪尔凯姆曾经指出:

(惩罚)所具有的制止犯罪或者威慑犯罪这一功能并不完整,或者说仅仅是第二位的功能。从这样的观点来看,无论如何惩罚的上述功能公正地说是值得质疑的，或者说是一种欠佳的功能。惩罚的真正功能在于维护社会团结的完整性，同时以此维护社会团结在社会良知中的活力。[Durkeim 1969（1893），p.23]

理论界支持犯罪预防的学者，对于预防计划在"社会情感性效果"这一层面的必要性认识通常比较忽视。对于实践领域的工作人员来说，却绝不会忽略这样的认识（Sutton 1997）。在民主社会里，政府官员通常在决策之前注意通过典型群体（focus group）和民意测验（opinion poll）的调查结果来提供决策依据，并且深刻地认识到政府的政策必须回应公众的观点和感情。从现实角度看，这意味着社会预防和其他形式的犯罪预防必须能够表达出强烈的象征性意义。这也有助于我们理解为什么尽管犯罪学家已经对犯罪的"转处"方式（the diversion approach to offending）提出了明显的质疑，但青年罪犯训练营（boot camps）和野外探险项目仍然能继续得到支持。即便这些项目从功利角度说没有"起到作用"，他们仍然能采取广泛的文化教化方式来说明眼花缭乱的城市生活方式所具有的腐蚀性作用，以及克服物质困难这一过程对于年轻人"磨练性格"（build character）的积极作用。

上述情况还有助于说明，为何预防方面的教育和宣传活动备受关注和欢迎，同时"社区"这一观念和资源继续在解决犯罪问题当中发挥着日益重要的作用。事实上，在最近的几十年中，大量的资金被投入到以社区为基础的犯罪预防当中。在美国，社区为基础的犯罪预防是20世纪七八十年代国家政策的主题。其中的主要措施包括耗资3000万美元的"社区打击犯罪项目"（Community Anti-Crime Program），以及为期17个月向9个城市中的 85 个志愿者协会提供资金的"城市犯罪预防计划"（Urban Crime Prevention Scheme）。

正如斯科冈所指出的，已经做过了许多项目评估，但能够证明犯罪已经减少的已有项目却并不多见（Skogan 1988）。其中的一个主要问题是：尽管"社区"（community）这一词语使人联想到"共识"（consensus）与"和谐"（harmony），但基层的情况却是另一番景象（Carson 2004a，2004b）。美国的经验并不是基于共同的目标将当地居民和商人团结在一起，而是预防资金的投入已经成为视野和观点各异的不同利益团体之间进行权利争斗的推动力量这一前景。斯科冈认为，参与当地预防项目的志愿者协会要么属于"保守派"（preservationist），要么属于"激进派"（insurgent）。典型的"保守派"人士是"在维持现状方面拥有共同利益的长期的居民、家庭作坊业主、小规模企业以及当地机构"（Skogan 1988，p. 43）。他们应对犯罪问题的态度通常是强调要加强地方的治安措施和监管力度，以及共同阻止低劣住宅区、戒毒中心等设施吸引社会上的"不良分子"（undesirables）。与此相反，"激进派"代表的是那些处境更差和被边缘化群体的利益，如少数民族、失业者和无家可归者。他们主张将预防资金用于解决社会的结构性问题，如失业、种族歧视以及住房和医疗保健方面的问题（Skogan 1988，p. 56）。

对上述两类群体而言，吸引和支配预防资金具有重要的象征性意义，因为这是他们表达和证明其观点的主要方式。上述两类群体都不是单纯从功利角度来看待犯罪预防的。如斯科冈所言：

> 他们关于如何应对犯罪的观点主张存在差异，但很少像资助机构、执法部门和评估者那样对此持狭隘、专业化观点

（Skogan 1988，p. 69）。

对当代政府而言，对将志愿者团体作为一个犯罪预防的主要思想来源这一做法持谨慎态度，可能是合理的。这一观点得到了美国经验的支持，而且也得到了最近关于如何使用美国联邦政府的"清除和播种项目"（Weed and Seed Program）资金的讨论的证明（Miller 2001）。"清除和播种项目"首先运用刑事司法措施（如零容忍治安、逮捕和监禁）"清除"（weed）一个地区中的破坏分子，然后通过家庭支持、社区发展以及其他社会性项目对该地区进行"播种"（Seed）。对于"清除"措施是否应当采用以及在何种程度上采用这一问题的理解，许多地区持相反的立场，而且一些处境不佳的地区成功地抵制了这种"清除"式做法。

"清除和播种项目"中的主要问题之一是，中央政府对于地方团体在犯罪预防中可以和应当发挥的明确作用这一问题持保留意见，尤其是当他们的介入可能会阻碍专家发挥重要作用之时。尽管如此，澳大利亚联邦政府在拨款一千三百多万美元资金资助一个为期4年（1996~1999年）旨在发现和报道犯罪预防最佳做法的项目之后，便致力于支持一项社区补助金计划。显然，上述做法在社会情感方面的影响力（尤其是其体现出政府作为"普通的基层守法公民"的积极的决定性伙伴这一形象）（参见 Halsey 2001），要远比其专业上的效力更为重要。

这种决策凸显了调研人员和政策咨询人员采用"威瑟波恩方法"（Weatherburn 2004）这一过程当中所出现的问题，同时也掩盖了犯罪预防的政治和象征性意义。那些一直希望挑战"法治秩序"这一正统法律观念并向"犯罪预防"投入资源的政治家们，期待他们能够获得某种程度的认可和信任，在我们看来这是正当的。这就是为什么本书在一开始就认为犯罪预防和社区安全方法及项目不能仅仅当做专业性和管理性措施的原因。社会预防在社会情感方面的重要意义,也即对预防政策在更为宽阔的社会背景中的象征性意义予以再次确认的能力,决不能当做"仅仅是华丽的辞藻"(mere rhetoric)来对待。需要面对的挑战在于,制定和执行一方面能够实现象征性意义上的功能目标,另一方面在操作层面不至于被认为是无效甚至效果适得其反的预防计划和项目。

六、社会预防的局限性

在本书随后的第 6 章和第 9 章,我们将讨论实现上述社会预防目标的具体方式。然而,在此之前,在承认社会预防的潜在效益的同时,承认社会预防的有限性是十分重要的。

犯罪学领域中的一个普遍观点认为,社会预防是减少犯罪的唯一可行方法,因为情境预防和其他环境性预防方法仅仅只是针对犯罪的征表和结果。然而,我们认为上述观点是错误的。他们认为,情境预防只是简单地将犯罪人转移到其他的时间、地点或犯罪类型,却不能解决"根本性原因"(root causes)。有学者指出:

> 如犯罪学领域人士所知,克拉克(Clarke)阐述了关于犯罪预防中对犯罪目标进行控制的著名的三要素原理,也即提高犯罪的代价、增加犯罪的风险和减少犯罪的回报。正如预期的那样,犯罪情境预防(也即犯罪在地点、时间或者犯罪类型上的转移)所得出的普遍性推理结论,则没有提到。犯罪转移经常发生,这种情况是对多数应对犯罪的政府措施和刑事司法措施的嘲弄。(Halsey 2001,p. 400)

上述观点似乎忘记了一个基本事实，也即"犯罪"这一表述包含了一系列的行为。其中一些行为，如大规模的偷税或持械抢劫，这些行为得到了周密的策划和执行。可是，其他一些行为如商店盗窃、轻微破坏、醉酒驾驶甚至破门而入等行为，通常是偶然的和随机性的。没有证据表明，个人被阻止实施随机性、冲动型犯罪或者疏忽犯罪而不是故意犯罪（如酒后驾驶）之时，这些人肯定是主动寻找其他机会违反法律。

我们也不相信，犯罪移转（crime displacement）应当一直被视为一个难题。澳大利亚的研究表明，情境预防措施，如在老式汽车中安装电子制动器，已经明显减少了年轻人为了驾车兜风（joy-riding）而盗窃汽车的发案率（全国减少汽车盗窃理事会2005）。这些人中的一部分有可能（但还没有证据证明）已经实施了其他形式的犯罪行为。然而，考虑到青少年"驾车兜风"所导致的危害（包括在被盗汽车进而又发生高速飙车消遣和碰撞时所造成的死亡和伤害），这种"犯罪移转"是与纯粹的社会利益相关的现象。

有一种观点认为，"越轨能量"（deviant energy）中的每一种形式都能够和应当转变为社会上的可接受行为。社会预防的支持者应当对上述乌托邦式的幻想持谨慎态度。要求加强的持续压力下所产生的文化和政治环境会使人沉闷（参见本书第1章关于新加坡的讨论）。在澳大利亚，法律将许多行为（如吸食大麻、涂鸦、在公共场所玩滑板、未经许可在街道上演奏音乐或跳舞）予以犯罪化，但对这种做法存有争议。这种争议是有益的，因为它是一个充满活力的多元化社会的重要组成部分（参见本书第7、8章）。对政府而言，有些时候采取较少介入的态度可能更为合适，而不是试图通过社会预防来消除社会中无序状态和意见分歧所产生的所有后果。

街头涂鸦（graffiti writing）就是一个很好的例子。对于许多街头涂鸦的从业者而言，这种行为方式的主要魅力在于他提供了一个主流机构（如公共和私营画廊、爱挑剔的单位以及商业性美术界）没有明确规定和约束控制的环境中进行美学意义和政治意义表达的机会（参见 Jacobson and Lindblad 2003；Gastman, Rowland and Sattler 2006）。即使是用意良好旨在帮助作者找到作品的合法表现方式的努力（如乡镇和城市的合法的壁画或者自由绘画空间），也可能被视为"压抑性宽容"（repressive tolerance），其终极目标是使作者融入到主流艺术世界。情境预防（其有限的目标是要减少指定地点的未经许可的涂画）很可能与促进这种文化的力量更为一致。

七、社会预防的未来

澳大利亚犯罪学家罗斯·霍梅尔认为现在已经存在着支持社会预防的"广泛的科学根据"（persuasive scientific evidence）。诸如"佩里学前计划"和"埃尔米拉孕期和幼儿早期项目"这样的研究项目已经证明：

针对有小孩的弱势家庭有计划地提供基本的服务和资源（这些服务和资源对于许多国家的中产阶层人士而言是必需的）这一做法最终出人意料地导致了与目标群体相关的犯罪的大幅减少。同样甚至更加重要的是，一系列的研究发现，在教育表现（母亲和孩子）、虐待儿童、母亲参加工作、儿童和青年的行为习性、收入、滥用药物等类似指标的效果方面已经有了明显提高。……所以这似乎是一件人人都相信和乐于看到的简单事情：像儿童健康护理、幼儿园这样的事情，如果做得好的话可能不仅是成功的犯罪政策,而且也是提高弱势人群的健康和福利水平等许多方面成效的政策的重要组成部分。(Homel 2005, p. 72)

以上评论一方面预示着一个光明的前景,但另一方面也是一个悖论的例证。像许多以实证为基础的政策(evidence-based policy)的支持者一样,罗斯·霍梅尔有时似乎认为,社会预防中的主要挑战一直以来就是要找到其中发挥作用的关键要素,然后确保这些关键要素能及时投放到缺少这些资源的社区和群体中。然而,霍梅尔在文章中同时还承认,许多澳大利亚人(实际上是大多数人)似乎能够按照常规方法实现犯罪预防的效果,而不需要依靠专家的支持。事实上,当中产阶级和上层阶级人士尽其所能以确保他们的子孙后代能妥善应对生活中的变迁和挑战时,他们通常并不认为他们是在实施社会预防。他们认为自己仅仅是在利用"被认为是理所当然的基本服务和资源"(basic services and resources that are taken for granted)来做"每个人都相信的平常小事"(simple things that everybody believes in)。只有当讨论涉及弱势群体之时,我们才会将社会预防描述为需要做"额外的事情"(something extra),而这种"额外的事情"的介入还需要以调查研究为基础的指导和监督(参见 Homel et al. 2006b)。

我们赞同这样的观点,即社会预防对优势群体而言常常是"自然到来"(come naturally)的事情。然而,我们认为这样的观点,也即认为某种意义上说弱势群体是与此不同的,是有问题的。在我们看来,一个更好、有效的假设前提是,所有的社会群体都具有实施社会预防的能力,而且当社会预防能深刻地融入到日常生活和实际中时,其效果往往最佳。社会预防有必要深入地融入日常生活之中。专家们试图找出那些预防潜力很大的特别的预防做法，同时运用风险评估（risk assessment）方法以及其他目标性工具，并且将这些方法循序渐进地介绍给弱势群体，然而这种做法有时会产生事与愿违的效果。正如"剑桥—萨默维尔"项目经验（the Cambridge-Somerville experience）所表明的那样，正常生活环境之外的特别支持措施（special support made available outside the context of normal life）往往冒着使项目对象蒙上污名的严重风险。此外，正如许多评论人士所指出的，将犯罪预防作为向儿童和家庭提供帮助以及教育、医疗和其他支持的理论基础，与所有的社会公正及人权观念相悖，而且这实际上只是意味着"社会政策的犯罪化"（the criminalizing of social policy）（Crawford 1994，p. 507）。

当然，这并不意味着我们就反对这样的观点，也即我们现在已经拥有足够的情报资料和知识技术并由此对社会预防的成功抱有信心。我们与罗斯·霍梅尔之间的一个不同之处在于，我们将以不同的方式来开拓这方面的认识。

我们的研究起点是承认，单个的示范性项目（individual demonstration projects）（参见资料盒3.1）和类似的实验（quasi-experiments）对于证实和量化包容性机构和实践做的预防价值而言，是非常重要的。当然，这并不意味着社会预防本身就应该采用互不相关的项目形式。实际上，从本质上看我们认为社会预防应当"以规划为基础"（plan-based），而不是"以项目为基础"（project-based）（参见本书第6章）。为了阐明我们关于社会预防的述评并得出结论，我们有必要就澳大利亚当地社区犯罪预防和社区安全的应有方法进行总结如下：

资料盒 3.1 犯罪预防的路径

"犯罪预防的路径"(Pathways to Prevention)是澳大利亚至今已经实施的犯罪社会预防当中最为雄心勃勃的示范性项目。作为格里菲思大学(Griffith University)和澳大利亚慈善基金会(Mission Australia)两家单位的合作成果,该项目自 2001 年以来至今一直在布里斯班市(Brisbane,澳大利亚东部港市,昆士兰州首府)最为穷困的城区中实施。该项目一直得到了昆士兰州政府的支持,但主要的资金支持来自于澳大利亚研究理事会(the Australian Research Council)、社团以及慈善机构。该项目的概况主要是从霍梅尔的著作(Homel et al. 2006a)中得到的。除了特别指出的以外,以下资料都出自于该书。

"犯罪预防的路径"这一项目旨在通过针对家庭、学校、社区的有计划的范围广泛的干预措施来减少反社会行为的发生。具体措施包括一项"社区深度调查"(Community Insight Survey)、一项"家庭自主项目"(Family Independence Program)和一项"幼儿园干预项目"(Preschool Intervention Program)。

"社区深度调查"实施于 2001 年。这项调查是由当地人士在项目组成员的指导下制定和实施的。它共涉及 150 名调查对象,其中 60%是家长,40%系"文化名流"。该项调查有助于确定社区的主要关注点以及有关单位(如幼儿园)的看法和期望。该调查清楚地表明,存在着"不同群体(如本地人、太平洋岛人和越南人)之间在期待目标和感觉的障碍等指标方面的微妙但十分重要的差别。"(p.4)

"幼儿园干预项目"(PIP)旨在提高儿童的沟通和社交技能,以便为他们日后在学校取得成功奠定基础,同时帮助他们形成"积极的行为习性和人际关系"(p.3)。相关活动是在幼儿园正常的上课期间进行的,但也包括"提供强化的活动安排和直接的技能训练的专业人员(如客座咨询教师和心理学家)"(p.3)。幼儿园的孩子要么参加到一个旨在提高沟通能力的项目中,要么参与到一个旨在致力提高社交技能的项目中。项目参加的分配是由学校采取非随机的方式将孩子们分配到干预组(intervention groups)和非干预组(non-intervention groups)中(p.3)。在干预区的7个幼儿园中,4个幼儿园接受干预项目的实施,而剩余的3个幼儿园则作为对照组。对干预组和非干预组这两组的评估显示,为期一年的语言技能训练项目显著提高了所有参加者的语言技能,而社交技能干预项目使得男孩的行为方式有了很大的提高,而不包括女孩。此外,幼儿园干预项目还有助于提高孩子们的"入学准备度"(school readiness)。

"家庭自主项目"(FIP)则更加复杂且呈多面性特点。该项目实施于2001~2003年,其项目对象是该地区所有孩子为4~6岁的家庭均可以在自愿的基础上参加。该项目的总目标(broad goal)是"通过支持家庭提高其克服困难的能力"(Freiberg, Homel and Lamb 2007, p.226)。该项目旨在通过提供"文化适应性服务工作"(culturally sensitive services)来"创造一个和睦、有益于孩子发展的激励性的家庭环境"(p.3)。具体干预措施还包括为成人和孩子提供支持和咨询、针对父母亲的行为管理项目、临时托儿所、家庭支持项目以及加强家庭与学校之间联系的计划。家庭是自愿选择是否参加,而不是"被指派到"(assigned)项目中;同时在一些情况下,有关家庭环境、父母管教方式(parenting styles)及效果的数据资料只有在家庭介入项目几个月以后才能提供。以上两种情况都不利于对项目有效性的评估。尽管如此,定性的以及其他资料的确表明,"由于参加了FIP项目,家庭和学校之间的关系得到了改善,同时经常参加该项目的孩子与父母之间的关系也改善了"(p.5)。

"犯罪预防的路径"这一示范性项目已经和必将继续发挥重要作用。它不仅对于证明家庭和幼儿园支持项目以及其他形式的社会预防项目的有效性,而且对于说明应当如何以普遍、非污名烙印以及高效的方式实施预防项目都起到了重要作用。一些项目设计者如霍梅尔(Homel 2005b)认为,找到将这些项目实施的经验教训予以"主流化"(mainstream)(如确保它们能对全国、各州和地方的预防政策提供智力支撑)的方式,仍然是一个很大的挑战。在这种情况下,我们认为,我们所指出的预防政策应该是"计划主导的"(plan-driven)而不应该是"项目主导的"(project-driven)这一观点,是十分重要的。此外,如霍梅尔及其同仁所言,就像"犯罪预防的路径"项目所检验的地方性干预措施那样

> 的措施，只有在如下情况下才会充分有效：
>
> 只有在实施地方性干预措施的同时，对家庭生活所扎根的社会和经济环境进行更大规模的改革，预防措施才是最为有效的。要想这些干预措施能惠及澳大利亚为数众多的贫困孩子（占儿童总数的14.7%），最终有赖于对国家的优先解决事项和价值观念进行根本性的思考和重构。（来源：Freiberg, Homel and Lamb 2007, p. 243）
>
> 很显然，有效的社会预防不仅需要在地方层面，同时还需要在社会结构以及政治层面展开行动。

在澳大利亚所有各州和地区，当地土著人经受着很高的、不成比例的犯罪受害率。几十年来，许多学者（如 Wilson 1982）、政治家、大众传媒以及当然包括当地土著人已经对诸如杀人、虐待儿童以及其他的严重侵害之类的问题表达了担忧。通常，政府依靠警察和其他刑事司法机构（如法庭、监狱和其他矫正设施）来应对这个问题，并以强化刑事司法措施来应对犯罪的增加。然而，"调查监禁期间的土著人死亡的皇家委员会"（the Royal Commission into Aboriginal Deaths in Custody）于1991年公布的最后报告指出，以强化刑事司法这样的措施来应对犯罪增加，从根本上说对当地社区是无益的。这样的反应措施对于减少被害率而言作用甚微或者没有任何作用，反而只是导致了被关押在监狱的当地人的人数增加。澳大利亚当地人的监禁率属世界上最高之列，而且那么多的青少年和成人被监禁，已经加重了当地人社区的不满和愤怒情绪以及社区的功能障碍和依赖性。

"调查监禁期间的土著人死亡的皇家委员会"将当地人高的犯罪率和被害率看成是广泛的社会问题的体现，同时建议澳大利亚政府不要把重点放在刑事司法反应这一"下游"（downstream）方面，而是着眼于解决社会结构等社会问题这一"上游"（upstream）方面。澳大利亚政府应采用积极的措施来解决基本的和其他的社会问题。这一建议与不仅在澳大利亚同时也在许多西方国家所普遍出现的犯罪预防的重新崛起相一致。尽管在过去的 25 年中有着许多不成功的尝试（false starts）（参见本书第 6 章），但是我们相信，现在我们已经拥有足够的智识将该皇家委员会的理念付诸实践。在当地人社区，政府不应当仅仅依靠警察干预措施，而是辅之以"什么是有效的"（what works?）这一"以计划为基础的"社会预防方法（project-based approach to social prevention）。也就是说，政府应该与这些社区一道来制订和执行综合性的犯罪预防和社区安全计划。

在这些综合性预防计划当中，教育、家庭支持、就业、住房、娱乐及其他文化措施的预防潜力将得到重视和提高，同时那些具体的干预措施也不至于被明显地称为"犯罪预防"或者被蒙上"犯罪预防"这样的污名。此外，计划制订这一过程也会促使地方和中央的利益相关人共同努力，以贯彻实施该皇家委员会的建议，同时找到减少犯罪和改善安全的更为有效和全面的方法。制订计划的过程并不会加重社区对外部资源和权威的依赖（这很可能是警察治安和其他刑事司法干预措施的效果），而应当被当做造福于当地人社区的手段。

八、结论

本章的主要目的是阐述社会预防的优势、局限和发展前景。我们特别强调了将社会预防视为犯罪预防的一种整体性方法的重要性，而且考虑到基层预防的效果，没有必要将这种方法称为"犯罪预防"。实际上，这样的称谓效果往往适得其反。在我们看来，社会预防应当是一种内涵尽可能广泛和丰富的方法。

从结构上说，社会预防经常需要触及社会资源的分配问题。此外，我们还就将社会公正、社会平等这些价值观念落实到预防实践的方式提供了生动的例子。

本章的阐述再一次证明，本质上说，是政治发展及其动态过程在决定着政策、规划以及项目层面的犯罪预防。同时，应当基于广阔的社会环境、经济环境以及当地预防计划中的社会吸纳（social inclusion）措施所具有的良好前景这一视野来看待具体预防计划和项目的实施成就。

然而，"特殊干预"（special intervention）这一观念可能会产生消极的后果。无论是对于"具有危险"（at risk）的年轻人还是对于某个当地人社区，后果都是如此。社会预防要想成为授人自由而不是给人压抑，赋予福利的而不是赋予污名的措施，采用宏大开阔和沟通协商的态度是十分必要的。这就需要大量采用协商和计划的方式。

最后，社会预防要想"有效"，它必须在实际工作和象征性这两个层面同时发挥作用，而且它与日常生活结合得越紧密，其效果越好。

第四章

环境预防

一、引言

有关犯罪与其发生的物质环境之间关系的理论,已经有了较长的历史(Taylor and Gottfredson 1986; Skogan 1990)。在最近几十年中,威尔松和克林格首倡的所谓"破窗理论"(broken windows thesis)一直发挥着特别大的影响(Wilson and Kelling 1982)。他们认为,人们坚持在控制室里监视人群的流动,其目的是为了维持社会秩序。秩序维护的缺失(如未能更换打碎的窗户、被破坏的财物)将被理解为社区瓦解(community breakdown)的标志,同时也增加了人们离弃这些地方的可能性。然而,潜在的犯罪人可能看出,这些相似的物理环境上的破绽,表明其缺少监管并因此得出结论:该地方提供了实施犯罪的大好机会。有关"犯罪多发地点"(crime hot spots)或者"犯罪地点"(crimes of place)的研究表明,这些地方往往具有一定的特征,而且经常出入这些地方的人更容易受到犯罪的侵害(Eck and Weisburd 1995)。

然而,犯罪的环境理论已经超越了"破窗理论"和犯罪多发地点这一研究方法。犯罪的环境理论在理论和实践上可以大

49 致分为两个流派：第一个流派关注城市规划和建筑设计及维护等实践领域，也因此被称为"基于环境设计的犯罪预防"（crime prevention through environmental design，简称"CPTED"）；第二个流派则更加注重于针对具体情境的干预措施，因此被称为"犯罪的情境预防"（situational crime prevention，简称"SCP"）。以上两种预防具有重叠之处。最近几十年以来，已经形成了分别对"基于环境设计的犯罪预防"和"犯罪的情境预防"的理论和实践进行系统论证的研究网络（参见"国际环境设计预防犯罪协会"和"吉尔·丹多犯罪学研究所"）。

我们认为关键的问题是，除了改变社会环境以减少犯罪动机这一措施以外，还应当制定和实施以诱发更多犯罪机会的物理环境为目标的大规模的犯罪预防计划和项目。与许多犯罪学家的看法不同，我们认为预防实践工作者不应当将环境预防和社会预防看成是两种互相排斥的预防方式，从而在两者之间进行选择。同时我们认为，认识和运用环境预防方法（无论是"基于环境设计的犯罪预防"还是"犯罪的情境预防"）与我们所坚持（至少在西方民主国家）的犯罪预防政策应当注重改革传统的犯罪反应措施，以使其具有比"法治秩序"（law and order）更为丰富的内涵这一信念之间没有矛盾。许多理论犯罪学家（academic criminologists），如哈尔瑟（Halsey 2001），都是仅仅出于对物理环境预防的排斥而主张抛弃情境预防以及其他形式的环境预防方法。我们认为，这种批评意见未能考虑到环境预防方法的历史发展以及这种方法所包含的丰富实践内容。

CPTED 的早期倡导者，如提出"防卫空间"（defensible space）理论的奥斯卡·纽曼（Oscar Newman 1972）和杰尼·雅科布斯（Jane Jacobs 1961），基于其关于"城市复兴"（urban regeneration）和"自然监控"（natural surveillance）的观点，因而

十分关注现代流派的规划师和设计师（他们的客户主要是大企业和政府）设计、建造那些普通人难以理解和使用并且安全感差的建筑环境（built environment）的方法。CPTED的当代支持者如马科斯·菲尔松就表达了对这些建筑师的感激，同时也对他们的担心予以认同。城市的规划师和设计师就像追求建筑的艺术魅力一样，追求建筑在减少犯罪方面的作用，因而经常采用CPTED方法和情境预防方法。尽管如此，一些犯罪学家仍然认为，环境预防方法比闭路电视、锁、螺丝、栅栏等简单的目标强化（target hardening）措施好不了多少。我们希望，读者在阅读完本章后能认识到，还存在超越以上两种预防流派的预防内容。

本章将对CPTED和SCP以及各自的主要观点进行评述。我们的研究目标不是仅仅简单地列出其预防犯罪的技术要素，而是对犯罪的致罪因素以及预防犯罪的方法进行深刻揭示。预防领域尤其是情境预防的发展表明，运用富有想象力和灵活性的方法分析和解决犯罪问题的预防项目，对于制定富有创新和内涵丰富的犯罪预防战略具有重要的推动作用。

二、犯罪的情境预防（SCP）与基于环境设计的犯罪预防（CPTED）

"犯罪的情境预防"（SCP）与"基于环境设计的犯罪预防"（CPTED）之间是否具有本质区别？这两者都是系统地改变犯罪的物理环境（physical environments）以减少犯罪机会的预防方法。这两种预防方法都是基于相同的假定：在大多数情况下，犯罪过程当中涉及犯罪人某种形式的选择问题，因而通过提高犯罪的成本或者降低犯罪的收益就能改变这种犯罪的决策过程。CPTED和情境预防经常采用相同的预防措施，例如阻止犯罪嫌疑人接近某个地点或者改善针对潜在目标的自然监管或者工作监管（natural or occupational surveillance）（如由职员或保安实施的监管）。然而，有必要对CPTED和情境预防进行区别。

正如情境预防的先驱罗恩·克拉克（Ron Clarke 1989b）所言，CPTED关注的焦点是建筑空间（built environments）的设计和维护，而SCP关注的范围更为广泛，它不但包括干预所针对的环境，还包括干预所采用的方法。与SCP相比较，CPTED更为关注公共空间和半公共空间（public space and semi-public space）以及这些空间内的人际交往情况。具体来说，CPTED要就这些空间的界定和管理方法进行评估并提出建议，以此影响这些空间中的人们的行为方式。CPTED中经常出现的一个问题是，由于建筑的规划人员、设计人员以及管理人员未能在建筑空间里设置相关的可见的或者其他类型的标识，这样就导致对公共空间的预定使用不够清楚从而出现问题，这是因为缺少这些标识就会导致公共空间之内不同的使用者之间的冲突。除了要避免城市环境中的"设计问题"（designing problems）以外，CPTED还要努力确保城市的某些项目建设（如公共住宅小区）中的审美设计不至于不经意间对住户以及其他使用者造成了侮辱。

SCP和CPTED之间在减少犯罪的实际能力方面也存在差异。SCP的支持者现在可以举出大量的证明情境预防成功地应用于多种环境之中的案例研究的例子（Clarke 1997；Eck 2002a）。研究人员已经对许多情境预防措施进行了评估，同时也对其所产生的意外后果进行了全面的分析和权衡。这些意外后果包括犯罪从干预地点向防护较差地点的转移，例如抢劫从银行向便利店的转移（犯罪转移方面的论述请参见Hamilton-Smith 2002）。另外，赞成对CPTED进行评估的主张已经越来越少了（Mayhew 1979；Shaftoe and Read 2005），尽管该领域的基础知识（knowledge-base）已经日益完善（Cozens, Saville and Hillier 2005; Minnery and Lim 2005; Poyner 20006; Wilson and Wileman 2005）。最后，CPTED 和 SCP 影响政策制定和预防实践的方式也有差异。如霍普和斯巴克斯（Hope and Sparks 2000）所言，情境预防在英国的影响比在其他欧洲国家、美国以及澳大利亚等国要大得多。就此而言，虽然比较缺少关于 CPTED 的实际效果的研究支持，但是 CPTED 已经在澳大利亚发挥了重要影响（参见 Colquhoun 2004; Crime Prevention Victoria 2003; Schneider and Kitchen 2002; Western Australian Planning Commission 2006; Wilson and Wileman 2005），同时也已经对英国和荷兰的政策制定产生了影响。

三、犯罪的情境预防：原理与方法

（一）犯罪机会的重要意义

情境预防的方法论基础是基于潜在犯罪人这一视角来观察现实世界的。具体来说，情境预防试图了解人们是如何发现犯罪机会的，同时试图铲除这种犯罪机会或者至少确保潜在的犯罪人不那么容易发现这些机会。研究情境预防的犯罪学家认为，"犯罪"（crime）一词包含着范围十分广泛的行为，其中一些行为（如商店窃贼和醉酒驾车）可能是冲动型的行为，而另外一些行为则可能是预谋的和有计划的行为（如有组织的车辆盗窃行为）。他们认为，在当今的消费时代，即使是福利最好的社会也不大可能保证所有的人都能抵御得住犯罪的冲动。然而，犯罪是否发生仍然与一定的门槛条件（threshold conditions）直接相关。这些门槛条件就涉及特定环境中所提供的犯罪机会的数量和类型。对于一部分有能力实施且未能克制犯罪的人而言，其是否实施具体犯罪取决于两个方面的因素：一是是否出现了这样的犯罪机会；二是实施该犯罪的回报是否足够抵消掉其为此所付出的努力和承担的风险。情境预防所关注的焦点是要识别犯罪机会中的"拐点"（pinch points），或者说那些对干预措施敏感以及能减少或阻止犯罪机会的可改变性条件（Clarke 2005；Tilley 2005）。

情境预防专家认为，气质性（dispositional）或者社会结构方面的条件（如贫穷和弱势）不应该被看做是产生犯罪的唯一原因。犯罪机会也应该被看做是犯罪发生的必要条件或者原因，而且常常是可以用成本收益方法来处理的条件（不像其他许多致罪因素）。众多犯罪学家一直注重于弄懂犯罪性格（criminality）为什么会以及如何发展，而情境预防流派的关注焦点则是阐明犯罪行为本身的发生过程（Clarke 2005）。当然，这并不意味着情境预防就完全没有理论。事实上，情境预防就得到了包括宏观、中观和微观层面的一系列理论的支撑，这些理论有助于说明在不同时期和不同社会形态的犯罪率为什么会以及如何变化。这些理论的要点参见表 4.1。通过该表，读者将会认识到犯罪的情境预防与犯罪的日常活动理论（routine activity theory）之间的关系，后者已在本书第 2 章中详细讨论过。

表 4.1 情境预防的主要理论

犯罪的日常活动理论（宏观层次的理论）

该理论解释了社会变迁（changes in society）是如何提供了犯罪的机会。

犯罪机会与是否存在合适的犯罪目标以及称职的监管人相关。（参见 Clarke 2005；Felson 2002）

犯罪模式理论（crime pattern theory）（中观层次的理论）

该理论起源于环境犯罪学（environmental criminology），其内容在于解释特定环境中犯罪人与被害人之间的互动是如何使犯罪得以增加或者减少的。

行为节点和行为路径（activity nodes and pathways）通过诱惑犯罪人以及提供通向犯罪地点的路径来导致犯罪。

行为节点将具有犯罪动机的犯罪人和潜在的被害人连接在一起。

犯罪能够基于共同的路径产生（如火车沿线或者公共非机动车道）。

难以区分犯罪人和其他人的模棱两可的地点会产生犯罪机会。（参见 Felson 2006；Brantingham and Brantingham 1993）

理性选择理论（rational choice perspective）（微观层次的理论）

该理论的关注焦点是犯罪人的决策过程。

犯罪人有目的（目的是指犯罪人在物质和精神方面所获得收益）地决定实施犯罪是权衡风险、努力和回报的结果。

犯罪目标的选择是基于各种不同的理由，但是要受到犯罪人的理性判断的局限。

（参见 Clarke and Cornish 1986；Clarke and Felson 1993）

表4.1表明，情境预防的研究对象已经超越了犯罪决策中的个体心理过程（psychology of individual decision-making）。情境预防立于更为广泛的视野来审视自身，这种视野有助于基于经济和社会发展这一宏观背景来确定犯罪率和犯罪趋势。情境预防的支持者如克拉克同时坚称，他们的关注焦点是减少犯罪机会这一特点，不应当被解读为不关心甚至反对那些旨在改善社会不平等和弱势群体及少数民族的生活状况的计划项目。可是，他们认为，这些措施应该是基于其自身原因而采取的措施，而不是因为这些措施可能导致将来一定程度的犯罪较少而具有正当性。

以上说法具有可信性。可是，这些说法还不足以使我们相信，情境预防就能够或者应当成为国家或地区的预防战略的唯一理论基础。情境预防具有一个明显的优势，也即该理论在许多情况下能通过成本效益分析来发挥作用。在当今警察、法庭和监狱方面的政府开支不断攀升以及政府受到控制税收和预算支出的压力的时代，这种成本效益分析方法值得重视。可是，正如本书第 1 章所指出的，国家的犯罪政策的正当性从来就不是以经济基础为唯一依据的。犯罪政策还需要表现出政治领导人致力于捍卫和维护主流的社会价值观念和规则这一象征性意义。情境预防的基本原理是，如果存在适当的机会，很多人（即使不是多数人）将会实施犯罪，社会的最佳选择就是努力减少犯罪机会，而这一方面正是社会在作为上的短板。

（二）主要的情境预防方法

我们注意到，就基层的预防实践工作人员而言，能够证明项目在减少犯罪方面的短期和中期实效，对于确保该项目的可行性以及后续的资金支持十分重要。因此，理解和运用情境预防方法对于预防实践工作人员而言就显得十分重要。目前的理论概括出了情境预防的五种主要方法，其中每一种方法都涉及实施犯罪的整个决策过程的某一具体方面。对于任一具体犯罪而言，五种主要的情境预防方法是：

- 增加潜在犯罪人对实施犯罪的困难程度的认知。
- 增加潜在犯罪人对犯罪被发现的风险的认知。
- 减少潜在犯罪人对犯罪回报的认知。
- 减少对潜在犯罪人的刺激。
- 排除犯罪人进行开脱的借口。

以上每种大致的方法都可以进行进一步的细分。参见表 4.2 中的例子。

表 4.2 情境预防的方法

大致的方法	具体的方法
增加实施犯罪的难度	加固目标 阻止向目标的通道 在入口和出口设置栅栏 支开犯罪人 加强对工具和武器的管制
增加实施犯罪的风险	扩大和加强监管力度 加强自然监管（natural surveillance） 减少匿名情形 聘用现场管理人员 加强正规监管（formal surveillance）
减少实施犯罪的回报	掩饰目标 迁移目标 清查财产 瓦解非法市场 不给予回报
减少对犯罪人的刺激	减少挫折和压力 避免争执 减少冲动的激发 化解同伴之间的压力 阻止对他人的模仿
排除犯罪人的开脱借口	制定规则 张贴公告 提高警觉 促进规则的遵守 控制毒品、烈酒以及其他兴奋制品的使用

（资料来源：Clarke and Eck 2003）

要指出的是，上述表格仍在继续细化扩大。早期在克拉克（Clarke 1980）提出该理论的时候，情境预防关注的中心是增加实施犯罪的难度、提高实施犯罪的风险以及减少实施犯罪的回报。后来该理论中增加了关于人们对自己的犯罪行为进行合理化辩解的内容（Clarke and Homel 1997），同时还增加了关于引发暴力冲突的因素方面的研究成果。这些理论和方法已经运用到了包括有组织犯罪、森林纵火、边境安全、家庭暴力和矫正机构中的冲突等领域的问题当中（Christensen 2006；Guertte 2005；Hanmer, Griffiths and Jerwood 1999；van de Bunt and van de Schoot 2003；Wortley 2002）。正如已经指出的，对情境预防的评估一直在进行着。资料盒4.1列表了各种不同环境中的有效方法。

资料盒4.1　已经获得成功的情境预防方法

- 改善街道灯光照明。
- 在酒店里用塑料器皿取代玻璃器皿。
- 设置街道围栏或者小巷栅栏。
- 尽快擦去乱涂乱画或修理破坏的财物。
- 对喷漆的销售设立限制性条件。
- 在银行安装挡板、摄像头以及减少现金使用，以应对抢劫。
- 在酒店或者夜总会内部制定操作规则以及训练员工，以减少问题。
- 要求来访者出示身份证，以减少色情和骚扰性访客。
- 对商店的商品贴上标记和条码，以应对商店盗窃。
- 安装无声警报以及在邻里小区安装微型监控设备，以减少再次受害。
- 在公共住宅区安装语音进入系统，以控制外人的进入。
- 招募增加公共交通监督员。
- 在特定场所（如停车场）引入骑摩托执勤的安保人员或者警察。

（资料来源：Eck 2002a）

然而，各位读者不应当对将上述方法嫁接到其他地方的效果过于自信。应当在对特定环境发生的具体问题（如在某个时间、某个酒馆发生了使用玻璃器皿和酒瓶打架）进行细致、全面的分析之后，每种方法才会得到应用。这些方法只有在这些情景中发挥了有效作用才能应用到其他相似的地方中去（如顾客相似的酒店）。情境预防中经常会出现这种情况，也即由于新地方的特征和问题与原来的地方有些微妙的差异，因而在一个地方证明是成功的方法应用到别的地方就不起作用了。但是重要的是，正因为如此这些方法才会得以发展。例如，"改善灯光照明"会有助于减少街道上的袭击和其他被害，这就为自然和专业监管提供了大量的机会。然而，"改善灯光照明"这种方法在大街上就难以收到同样好的效果，因为这里缺少前述地方的特征。事实上，在大街上更好的光线很可能仅仅会让潜在的犯罪人更容易识别出可能的目标。如艾克所言，情境预防中最为重要的是其对问题进行深入分析的能力，而不是在应用过程中发展起来的各种不同方法本身（Eck 2002b）。

（三）对犯罪情境预防的批评

众所周知，情境预防一直以来遭到了严厉的批评（参见 Gabor 1990；Hughes 1998），其理由仅仅是因为情境预防不符合中心思想旨在努力认识和改善导致个人和组织成员实施犯罪的社会环境因素的传统犯罪学原理（Clarke 2005）。尽管以上观点可能正确，但我们认为情境预防的存在有着更为深刻的原因。这其中体现了马克斯·韦伯所宣称的知识领域日益专门化以及专门领域外的人士不具备理解和交流能力的趋势（Max Weber 1991）。

就情境预防而言，该领域知识的专业化已经涉及对"犯罪科学"（crime science）这一研究模式的遵循问题，这一模式认为政府的决策仅仅取决于"什么是有效的？"（what work?）这一实证依据。情境预防专家似乎不愿意深入思考这种可能性，也即广泛的经济及政治力量将会采用加剧社会分化（social division）和社会排斥（social exclusion）的方式对他们的研究方法和研究成果有选择地予以实施执行。这正是许多犯罪学家所担忧的地方（von Hirsh et al. 2000）。许多人愿意承认，情境预防在技术层面是不偏不倚的，它的研究旨趣和目标是地域环境而不是人的类型。然而他们认为，花费资金实施情境预防这一举措将使得在市场经济条件下犯罪由有能力支付相关费用的有钱人向支付不起这些费用的弱势群体转移。因此，从长期来看，依靠情境预防是与门卫把守的住宅区、闭路监控电视（参见以下资料盒4.2）的普及以及哨卡和交往监视（surveillance society）（Davis 1990）的出现相一致的。

资料盒4.2　公开的街道闭路电视

政府人士、企业界以及普通公众通常认为，在城市中心或者大型商场安装闭路电视系统（CCTV）能减少犯罪和违法的发生。例如，在耗资4000万英镑、为期3年（1999~2002年）的英国"犯罪减少项目"（Crime Reduction Programme）当中，政府拨出了1500万英镑专门用于安装闭路电视系统。2006年，澳大利亚政府宣布鼓励地方政府和行业协会向政府申请总额为600万澳元的、在商场和城市中心安装闭路电视系统的"安全基础设施"计划中的资金支持项目（参见本书第6章）。

闭路电视系统为何如此受欢迎以及有何证据证明其有效性呢？威尔士和法伦顿的研究发现，自20世纪90年代初以来，在英国和美国一些地方安装的数百个公开的街道闭路电视系统当中，其中只有19个得到了严格的评估（Welsh and Farrington 2006）。该研究发现，安装了闭路电视系统的地区的犯罪平均减少了8%，而未安装闭路电视系统的参照地区的犯罪却平均增加了9%，尽管不是所有的干预措施都同样成功。安装在停车场以及其他封闭和半封闭环境的闭路电视系统的作用要大于安装于城市中心和住宅区等更为开放地区的闭路电视系统的效果。但几乎没有证据表明，安装闭路电视系统能阻止暴力犯罪或者醉酒犯罪的发生。经验表明，成功的摄像系统通常是作为包括改善灯光照明、配备保安等一揽子预防措施中的一部分来发挥作用的。

公开的街道闭路电视系统之所以受到警方的欢迎，是因为它能帮助警方有效使用资源。由于有了它，警方就没有必要指派大量的保安人员到街上巡逻，而是由训练有素的工作人员使用摄像头对相关的地点进行监视，同时将警方的注意力集中到容易出现问题的地点。此外，摄像所保留的镜头片段也有助于为调查已经发生的犯罪提供证据（Wilson and Sutton 2003）。

地方的商业企业通常也将安装摄像系统看做是该地区的"进步"以及他们致力于购物者和其他顾客的安全和幸福的表现。此外，闭路电视系统可用于迅速识别那些行为和外表不符合当地主流标准的人，而这也有助于打消"传统保护主义者"（preservationist）的顾虑，也即维持现状以及将劣势个人和群体拒之于社区之外是保持较低犯罪率的关键因素（参见 Sutton and Wilson 2004；也可参见本书第3章）。

认为闭路电视系统是应对某个地区的犯罪问题的最为有效的方法，这一简单的断言是与情景犯罪当中所强调的在采取反制措施之前要对犯罪人的犯罪模式进行系统分析的主张相违背的。闭路电视系统本身不大可能消除犯罪和违法现象，它仅仅对某些类型的地点所发生的某些形式的犯罪起作用。

面对这样的担忧，情境预防的支持者认为，他们的许多预防方法（如果不是多数的话）都具有适用灵巧、不会令人反感而且也不会造成污名的特点，也不会如反对者所指出的那样造成社会分裂（Clarke 2005）。毫无疑问，清除乱涂乱画以及采用抗乱涂乱画的表面材料、对自动柜员机（automatic teller machines）实施更好的出入控制和监视、为保险箱安装定时锁、在出租车上安装摄像头以及改善街道灯光照明等，很少是使人畏惧、让人压抑的措施。然而，仅仅以上这些观点尚不足以反驳反对者的如下批评意见：情境预防缺乏一个核心的道德准则来回答一些重要的社会和政治问题，如谁从这种预防措施中获益、谁以及为什么会因此得不到保护（Hope and Sparks 2000；Shapland 2000）。

为了回击针对情境预防的上述批评，有必要超越"犯罪科学"（crime science）这一研究模式。各位读者将会认识到，本书作者致力于犯罪预防研究是基于这样的观念：犯罪预防应当也能够为基于惩罚措施的"法治秩序"的替代政策提供基础（参见本书第1章）。从这一价值立场来看，能同时包含情境预防和社会预防的预防战略或项目有哪些优点呢？

第一个和最为明显的优点是实际效果。如论者所言，在地方或基层的犯罪预防计划当中增加一些旨在减少犯罪机会的项目，能显著提高其产生短期和中期的"成功故事"（success stories）的可能性（Clarke 1997）。而将这些成功实践的事实依据向政府部长和其他资助机构报告，反过来说对于争取到长期性的社会干预措施予以实施和产生效果所必需的时间而言就显得十分关键。

认可和应用情境预防的第二个理由（也许是更为重要的理由）是，考虑到情境预防好比作为一件商品兜售一样（如以私营安全和监督系统的方式），那些抵制情境预防的实践工作人员因此就可以说明，他们关于人们在获得保护方面的不平等现象的悲观预言是正确的。人们很早就已经认识到，对于健康、教育和住房等方面的政策领域，有必要将预防措施与市场机制结合起来。在上述领域，那种仅仅因为这种预防措施可以由私营服务者提供而将其中的利润和服务当成"禁忌"（taboo）是十分荒谬的。关心健康、教育和住房领域中的社会平等和正义的决策者，可以使用补贴和政府直接拨款的方式来弥补和纠正不公正的市场结果。没有理由怀疑，政府在确保情境预防及其效益的公平配置方面能起到应有的作用。这就是为什么希尔和皮斯（Hill and Pease 2002）主张各州的预防项目应当以预防再次被害（the prevention of repeat victimisation）为优先主题的原因之一。统计数据一致表明，经济和社会意义上的弱势个人和家庭更容易受到重复犯罪的伤害。那些聚焦于已经受害的个人或地点且旨在避免再次受害的情境预防项目，因此能够有助于实现预防资源的再分配目标。

现在十分清楚的是，我们不赞成诸如戴维·加兰等论者的观点，也即将情境预防看成是"谴责犯罪人、打压辩解、忽略根本原因以及把惩罚犯罪人当做正当的反应措施"的"新日常生活犯罪学"（new criminology of everyday life）的一部分（David Garland 2001，p. 131）。与此相反，我们认为，情境预防与犯罪学家长期以来所秉持的以下观点是一致的，也即许多犯罪（如多数青少年犯罪）是出于行为人的意志薄弱（如自制力差），而不是出于机能障碍（malfunction）这一需要给予严厉"矫正"性干预的深层次原因（Moffitt 1993）。情境预防并不认为每一个犯罪人都是不正常的人（deviant），但是对此也不应该做相反的理解。如本书第1章中对新加坡的讨论所表明的，社会预防也有消极的一面。如果对其实行得过于严厉，社会预防虽然有助于形成某种共同遵守的行为准则，但也会令英国、美国和澳大利亚等一些国家的许多市民感到压抑和沉闷。

许多犯罪（如性侵害和家庭暴力）都是社会问题和个人问

题的征表，这些问题必须予以应对和解决。但是在其他情况下，情境预防所表现的较少挑剔的态度也许是适当的。例如，说到乱涂乱抹（graffiti）问题，我们并不认为论者的以下观点有什么本质上的错误，也即一个健全的社会应当为人们的创新能力和社会评论提供一个自由表现的公共场所（Jacobson and Lindblad 2003）。然而，另外我们也认为，乱涂乱抹可能是十分不雅的、种族歧视的以及扰乱秩序的行为，如果对此放任不管则可能会损害公共设施的使用。情境预防的理论基础是，即使是行为人的行为不可接受，这也并不一定意味着要对行为人进行基本方面的改变。这也是管理乱涂乱抹的最佳选择。

这就使我们想到了对情境预防的另一种批评意见，如克劳福特（Crawford 1998）所称的情境预防的"软肋"（Achilles heel）。该"软肋"就是指情境预防仅仅片面地关注犯罪机会，这样就有意地忽视了导致犯罪发生的内在社会性因素（参见本书第3章），从而意味着该预防措施只是将犯罪予以转移而不是消除犯罪的产生根源。当因为在社会的下位流动（social dislocation）和弱势地位而成为"越轨者"（deviant）的个人发觉某个犯罪机会被阻止之后，就会继续实施新的犯罪或者选择另外一个缺少保护的犯罪目标。

针对批评意见，情境预防的支持者举出了实证资料予以反驳。这些实证资料表明，对许多犯罪而言（如果不是多数犯罪的话），犯罪的位移（displacement）并不是普遍现象（Hesseling 1994），而且在某些情况下（如导致了轻微犯罪的实施）甚至是有益的。他们还指出，一些研究表明，当情境预防应用于犯罪多发地的易受攻击目标之时往往能产生超出这些地域的效果（叫做"扩散效应"）（diffusion of benefits），而且在某些情况下犯罪减少的效果还能在实施情境预防之前达到（叫做"预期效应")（anticipatory benefits）（Barr and Pease 1990；Clarke 2005；Clarke and Weisburd 1994）。应当指出的是，就那些比较轻微的犯罪如乱涂乱抹而言，即使全部出现犯罪位移，仍然可能带来纯粹的社会利益。那些不准在古建筑以及著名建筑上面"做标记"的人可能会转移到当地居民和过路人不太在意乱涂乱抹行为的地方或郊区（如转移到已经修缮过的市郊，在那里一些居民认为乱涂乱抹反而增添了当地的景观）。

（四）情境分析：具有创意的预防

我们希望本章能使各位读者认识到，至少是在一些情况下，情境预防能对当地的犯罪预防计划作出有益的贡献。在本书第2章所述的解决问题方法这一背景中采用情境分析（situational analysis）方法，对于注重背景的预防战略（context-relevant strategies）的发展以及找到能对社会导向的预防形式（socially-oriented forms of prevention）起到有益补充作用的干预方法都是必不可少的。此外，采用情境预防中的核心原则（core principles）还有助于促进在预防犯罪的方法问题上的创新性思考。例如，对某些情境中更容易导致犯罪发生的特定因素进行分析，有助于增加关于为什么犯罪会集中发生于某个地点或地区的认识（Clarke 1999；Eck and Weisburd 1995）。日常活动理论（routine activity theory）、犯罪模式理论（crime pattern theory）和理性选择理论（rational choice theory）都有助于深入认识为什么某些商品和地点更容易受害。这些方法的核心思想是，减少犯罪机会的预防工作应当是系统的和突出重点的，同时应当适应犯罪问题的具体性质。

例如，众所周知，现金、录像机、CD和MP3播放器以及手机是最常见的被盗物品，如克拉克所言，盗窃人渴望得到的是那些易隐藏、可移动、好得手、有价值、好玩以及易转手的产品（Clarke 1999）。这些产品在设计上的品质特征（正是这些品质特征使得它们成为人们喜爱的消费品）意味着它们更容易被盗。情境预防中的不同方法恰恰旨在巧妙地改变这些产品的特征，以使具有动机的犯罪人不能轻易得到这些物品。弄清了被盗产品的主要特征以及这些特征如何将自身置于危险境地，有助于制定反偷盗措施和改善相关的预防方法。

此外，对犯罪多发地点（crime hot spots）进行分析也能说明，详细了解犯罪发生的具体情境为何能够有助于制订犯罪预防计划。通常犯罪不仅集中指向于一定的受害人，而且也集中指向于一定的地点和设施（Eck and Weisburd 1995；Eck, Clarke and Guerette 2007）。布兰汀汉姆（Brantinghain and Brantingham 1995）基于日常活动理论和犯罪模式理论指出，一些地点所具有的具体特征使得这些地点更容易成为犯罪多发地，这些地方的特点如下：

- 犯罪孕育地（crime generators）。也即吸引大量人群从事日常行为（与犯罪无关的活动），但却提供机会将潜在犯罪人与犯罪目标结合在一起（如娱乐节日和购物中心）的地点。
- 犯罪吸引地（crime attractors）。也即提供犯罪人所熟悉的犯罪机会（如毒品交易场所）的地点。
- 犯罪促成地（crime enablers）。也即那些行为规制很少或者监管制度和场所管理已经遭到破坏（如公共住宅管理很差）的地点。

理解为什么这些地方会成为犯罪多发地，有助于找到解决问题的路径。之所以存在犯罪孕育地（crime generators），是因为存在许多没有得到保护的目标，而分析犯罪问题和选择反应措施则需要准确地理解究竟是什么因素使目标置于危险境地，以及如何才能有效地改善对目标的保护。而对于犯罪吸引地（crime attractors）而言，则需要对其进行分析以理解究竟是什么特征吸引了犯罪人，以及如何改变这些特征才能阻止犯罪的发生。此外，一些地方之所以成为犯罪促成地（crime enablers），是由于其正式的和非正式的社会控制机制遭到了破坏。这种情况下的应对措施就是恢复监管（restore guardianship）、加强操训者（strengthen handlers，handlers 也即操训者，是指影响潜在犯罪人的因素，参见本书此前章节内容）以及改善场所管理（improve place management）（Brantingham and Brantingham 1995; Clarke and Eck 2003）。另外，对地域的特征进行深入的情景分析（situational analysis）应当是犯罪预防计划中的必要组成部分，而且也有助于确保制定的反应措施能与问题的具体性质相适应。

监管（guardianship）是情境预防中的核心概念。如本书第 2 章中所述，监管可以包括硬件设施（如闭路电视）和人。一直以来，情境预防的理论目标之一就是要弄清楚社会中的哪些改变会破坏有效监督的实施（Felson 2002）。在加强监管职能的路径这一问题上进行创新性思考，有助于拓宽情境预防的反应措施，也即超越原来仅仅关注犯罪机会的狭隘视野，延伸到有助于实现更为普遍的社会和文化效益。例如，荷兰制订的一个旨在改善公共交通以及其他公共领域中的正式监管（formal guardianship）的计划，就涉及招聘和培训失业人员成为安全人员、信息人员、监督人员以及城市管理人员（Crawford 1998）。该计划不仅有效地减少了犯罪和被害恐惧（fear of crime）（Van Andel 1992; Willemse 1994），而且还通过为失业人员提供有益工作这一举措获得了超越犯罪控制的社会效益。

在澳大利亚的偏僻社区进行社区巡逻，这也说明了情境预防能够以一种适应当地文化的方式来实现更为广泛的社会效益。这些社区巡逻由当地人实施,其主要目的是通过帮助当地居民担负起自我治安保护职能（self-policing function）来加强社区监管并以此恢复社会规制（social regulation）(Blagg and Valuri 2004a, 2004b)。社区巡逻通常由妇女或者老人担任,这样有助于减少暴力情形并避免喝醉酒的人触犯刑法。因此,对那些通常会造成当地人出现问题的情境进行干预便是社区巡逻的主要目的。这种重建基层的当地人监管机制的方法也能促进社会本位反应措施（socially-oriented responses）的发展,如社区巡逻能防止当地人实施违法行为。因此,在具体社会环境中对于什么样的监管可以或不可以接受这一问题的感受,就成为与文化相适应且有益于社区的情境预防措施的基础。

> **资料盒4.3　处理汽油气味问题**
>
> 　　用航空汽油（AVGAS）和含有微量的但同时也让吸入者感到兴奋的危害性化学物质（如硫、苯、甲苯、二甲苯等芳烃化合物）的欧珀（O-PAL）来替代传统的含铅和无铅汽油,在澳大利亚当地人社区的原因是因为这样能明显减少汽油气味的吸入量和效果（参见《澳大利亚周报》2007年3月17~18日）。研究报告也支持上述观点（参见Gray et al. 2006; Shaw et al. 2004）。上述计划是以情境预防原理为基础的,也即通过移开目标和阻止收益来减少回报。这种计划不仅改善了个人和社区的健康水平,同时还促进了从此前的气味嗅探器向社会和社区支持项目的转变。

　　此外,另一个运用情境预防的成功例子涉及对当地社区发生的与汽油气味有关的问题的处理（参见资料盒4.3）。以上这些以及其他例子表明,情境预防的理论和观念在应用当中能催生应对犯罪的创新性方式的产生。明确具体情境中导致犯罪发生的致罪因素以及思考应对这些情境的方法（如通过重构监管这一方式）就能认识到，情境预防是如何以与本书对犯罪预防的理解相适应的方式予以运用的。只要运用适当，情境预防不会加剧不平等现象。相反，情境预防能通过减轻犯罪在弱势群体和地区的集中，以及改善针对控制机制遭到破坏的地区的社会控制体系来减轻不平等现象。

四、基于环境设计的犯罪预防（CPTED）：物理环境的运用及其效果

基于环境设计的犯罪预防（以下简称 CPTED）关注的是广泛的城市规划和建筑设计问题，它是在情境预防的理论和实践中发展起来的。CPTED 的主要目标是要影响人们关于建筑环境（built environment）的观念认识以及界定和使用公共空间（public space）的方式。对于建筑环境的物理外观的使用应当如何界定以及该物理外观影响人们行为的方式是 CPTED 的核心主题。CPTED 的目的是要研究如何通过提供客观上以及主观上都安全的建筑环境来实现对空间的正确使用（non-problematic uses of space），以及如何通过有形的和象征性的屏障和改变（physical and symbolic barriers and modifications）来形成有效的社会控制和监管机制，从而防止对空间的不当使用（如犯罪和违法行为）。当然，如何对空间进行界定是一个社会过程中的问题。做这样的理解就能够排除那些被认定为不受欢迎的群体。然而，正如本书第 7、8 章所表明的，不应当是这种情况。这也再一次表明，问题不在于 CPTED 的理论和观点，而在于其实施的方法。总之，就该问题进行思考的能力是犯罪预防计划和评估中的重要组成部分，而这将在此后的章节中予以探讨。

（一）CPTED 的先驱

说起 CPTED，就不能不详细介绍其两位先驱，也即杰尼·雅科布斯和奥斯卡·纽曼的研究工作。1961 年，雅科布斯出版了《美国大城市的死与生》*（The Death and Life of Great American Cities）一书。作者在该书中认为，无节制的商业和工业发展是美国城市日益成为犯罪和其他社会问题高发的所谓"落寞地带"（desolate zones）的主要原因。雅科布斯还认为，由于土地使用被允许分割成特定的集中区域（如商业区和住宅区），她那个时代的城市规划者竟然在不经意间使得城市成了为犯罪"量身打造的"（custom built）的栖息地。在中心城区没有居民，这就意味着人们晚上要赶往郊区，从而使得这些地方变得落寞。而这些地方反而吸引了那些不希望自己的行为被一般公众看见的人（如毒品交易者和使用者、妓女和嫖客），而多数居民小区到了白天由于人们要工作或者上学因而缺少任何形式的监管。这就反过来为犯罪和其他形式的违法行为提供了机会（如入室抢劫和打砸抢）。

雅科布斯的建议对策是通过城市规划来加强自然监管（natural surveillance）（如为人们在日常活动中发挥社会控制作用提供机会），并且确保城市建筑的设计特征能促进这一过程的实现。雅科布斯认为，增强环境的自然监管能力是遏制犯罪和增加其被捕风险的方法之一。雅科布斯提出的一个主要对策是通过土地综合利用模式（mixed land uses）、提供生活福利设施（如商店、酒吧、旅馆及公园）以及开展活动，以在白天和夜晚把人们从家中吸引到中心城区来。自然监管（natural surveillance）旨在拥有"更多的街区眼睛"（more eyes on the street），

---

* 该书是美国 20 世纪最有影响也是最具争议的著作之一。——译者注

它已经成为CPTED中的关键词之一。

奥斯卡·纽曼的研究焦点是通过公共住宅内部以及周边的建筑设计来解决犯罪问题。这一研究起因于纽曼在20世纪70年代对美国一些犯罪多发公共住宅区的观察和分析（Newman 1972，1975，1996）。纽曼对现代主义的公共住宅设计持批评意见，认为这种设计痴迷于经济规模（如强调把大量的人们塞到高楼大厦之中）。这就使得居民难以对他们的居住环境进行有效的功能性控制（functional control）。这样就会产生许多相互之间不知道谁是谁的匿名社区（anonymous areas），如公共空间和私人空间之间没有明确的区分、便利设施不够、缺乏自然监管和灯光照明、进入通道太多、行人活动没有限制、存在监管死角、狭长的人行走廊以及设施维护不够（如电梯经常不听使唤而且其中布满了乱涂乱画的痕迹）等。上述物理特征使得这些地方"螺旋式地沦落"（spiral of decline）到犯罪和违法的地步，同时增加了居民对犯罪的恐惧从而导致他们退守在屋子里不敢出去，此外也增加了人们对人口拥挤的公共住宅区敬而远之的可能性。以上因素导致了人们对公共住宅区的骂名。

纽曼认为，将相关土地划分成更小块的区域就能减少公共住房之内及附近的犯罪。这样做的目的是确保其物理环境能根据人的需要进行管理。纽曼认为，这种建筑方案能使居民获得地盘性和社区感觉（也即捍卫自己的空间的愿望以及归属感），以及促使居民更好地承担维护治安和良好居住环境的责任，从而使居民更好地发挥功能性控制作用。这就产生了纽曼所说的"可防御空间"（defensible space）问题：

"可防御空间"，也即在居住环境中通过社会组织以有形方式实现自我防卫以阻止犯罪的一种模式。"可防御空间"这一术语能涵盖一系列的方法，如真实的和象征性的障碍物、界定清晰的强力影响的区域以及为监管提供更多的机会。以上方法结合起来就能打造出置于所有居民所控制的居住环境。（Newman 1972, p. 3）

纽曼的研究一直以来就受到了批评，原因是其忽视了影响犯罪率的重要社会性因素。例如，事实上公共住宅区里的贫困率、失业率、单亲家庭以及少数民族人群的比例更高（Bottoms 1974；Mawby 1977；Merry 1981）。尽管存在这些批评意见，纽曼关于运用设计减少犯罪的理论已经运用到一系列更为广泛的环境当中，如停车场、办公空间、学校、公园以及住宅区中的街道（Crowe 2000；Feins, Epstein and Widom 1997；Poyner 1983, 2006；Smith 1996）。特别指出的是，纽曼的"可防御空间"理论（theory of defensible space）为许多当代的CPTED方法奠定了基础。

（二）CPTED的主要方法

当代CPTED实践领域拥有众多的专家，其中每个人所阐述的方法都各不相同（参见Cozens, Hillier and Prescott 2001b；Cozens, Saville and Hillier 2005；Crowe 2000；Poyner 1983）。然而，其核心理论是一致的。CPTED中的四种基本方法：一是区域强化（territorial reinforcement），二是监管（surveillance），三是进入控制（access control），四是活动支持和形象管理（activity support and image management）。以上四种方法之间是相互联系的。也就是说，协调配合地运用以上方法就能够巧妙地影响有助于阻止和减少反社会行为的人际互动方式。

第一，区域强化。区域强化是"可防御空间"理论中的核心概念之一，其旨在建立和强化一定空间的正当使用者的业主权和所有权意识（a sense of proprietorship and ownership）以及阻止非法使用者的意识。区域强化要求明确和保持空间层次（spatial hierarchies）以及确保公共领域和私人领域之间的明确划分。通过使用有形的和象征性的屏障，可以将空间划分为四种类型：公共空间、半公共空间、半私人空间（庭院）和私人空间。屏障能够包括公共领域和私人领域之间的篱笆和围墙、标识（如警告性标语"您正在进入私人空间"）、植被或者某种形成"过渡地带"（zones of transition）效果以提醒人们正从公共空间进入私人空间的外观变化。"过渡地带"使得居民和其他管理人员更容易注意到某个区域，而且使得他们更有正当理由对付那些似乎要闯入该私人空间的人（Cozens, Saville and Hillier 2005; Colquhoun 2004; Feins, Epstein and Widom 1997; Newman 1996; Crowe 2000）。

第二，监管。 监管包括正式监管和非正式监管两种。监管的主要原理是通过提高在特定区域实施违法的发现机会来增加潜在违法者的感知风险（perceived risks）。监管的目的是增加干预、逮捕和追诉潜在违法者的机会。非正式监管包括自然监管（natural surveillance），而自然监管既可以适用于内部空间（如办公室、商店、超市以及地下停车场），也可以适用于外部空间（如街道、公园、停车场、公交站点以及火车站）。自然监管涉及当个人在着手进行日常活动、走在路上、走向商店或者住宅的时候，能够存在清楚的视线从而邻近的住户能够看见。此外，还涉及在区域安装良好的灯光照明以及建设吸引人们出来活动的设施以增加人们利用户外空间（如阳台、院子、人行道和自行车道）开展活动，同时也吸引那些可以充当看守人和守门人的人们出来活动。正式或有组织的监管（formal or organized systems of surveillance）旨在通过指派特定的第三方承担监管责任来提高保护和现场管理能力。此种情况下，监管职责就成为特定第三方的日常工作的组成部分（如公寓管理人、酒吧员工、私人保安、服务员以及店员）（Cozens, Saville and Hillier 2005; Crowe 2000; Eck 2003; Smith 1996）。像闭路电视（CCTV）这样的机械设备监控方式通常属于情境预防中的方法而不是CPTED中的方法。

第三，进入控制。进入控制这一方法旨在对活动进行鼓励、限制或者引导，其目的是阻止潜在犯罪人进入目标。进入控制包括正式控制、非正式控制以及机械设施控制。非正式控制方法包括有助于改变空间界定的自然特征（如对地面高度、庭院和路障的改变、在公共空间与私人空间之间设置醒目的提示性标志以及对人们在道路中的步行进行引导）。正式的控制方法则是一种更有目的性和组织性的方法，而且像正式的监管一样是由日常职能是阻止人们进入特定区域（如保安、接待员、守门人、秘书和检票员）的第三方来实施的。机械设施控制方法包括利用门和屏障的方法（如进入电话、胡同门和路面护柱）（Crowe 2000; Poyner 2006; Queensland Police Service 2006）。

第四，活动支持和形象管理。活动支持包括安置旨在改善自然监管的专门设施和生活设施。而且，在现场还可以增加一些有助于吸引普通群众的活动安排和相关设施，因为普通群众出现在现场也有助于防止犯罪的发生。这方面通常是指在区域建设包括住宅、休闲、娱乐和餐饮酒店等在内的综合设施。这样做的目的是使这些地区无论白天还是夜晚都有活动安排，从而使这些地区不至于荒凉化。此外，还应当给不同的居民群体（如父母、孩童、老人和青少年）提供适合他们的"专属空间"（dedicated spaces），并且通过对这些"专属空间"的适当设计和管理来促进对这些空间的使用，从而减少居民之间在空间使用方面的冲突。这是因为如果不解决这方面的问题，而是让居民自己去面对空间使用方面的问题，则可能会增加冲突甚至犯罪发生的机会。以上这些措施的目的正是为了使那些可以为犯罪预防做很多事情的人们不至于抛弃这些地区。此外，适当的活动支持措施还可以通过吸引空间地域的合法用户来改善该地区的形象。形象管理措施涉及应对有损安全形象的不文明行为和导致犯罪的苗头性行为（如故意毁坏财产、乱涂乱抹、遗弃车辆和乱丢垃圾），从而树立起该区域情况良好这一正面形象。当然，这些职能可以由指定的第三方，如保安或者物业管理机构来执行（Feins, Epstein and widom 1997; Newman 1972, 1996; Crowe 2000）。

（三）CPTED 对政策和实践的影响

在澳大利亚，CPTED 已经得到了警方、各州、地方的犯罪预防单位以及地方政府的普遍运用。同时，也已经制定出了大量的关于 CPTED 的政策和指导原则。例如，在维多利亚和澳大利亚西部地区，CPTED 一直就被联邦政府相关部门以及地方各州政府部门作为一个独特的优先领域纳入到当地的规划建议（planning advice）当中（参见 Crime Prevention Victoria 2003; Western Australian Planning Commission 2006）。此外，澳大利亚西部的犯罪预防办公室有一个范围广泛的旨在为地方政府实施 CPTED 计划提供资金支持的名为"在设计上消除犯罪"（Designing Out Crime）的项目（请浏览澳大利亚犯罪学研究所 the Australian Institute of Criminology 网站）。还有，新南威尔士和昆士兰的警察当局已经制定出了 CPTED 指导原则并且将其作为对社区组织、各州及地方政府官员进行培训的基本内容（参见 Queensland Police Service 2006; NSW Police Service 2001, 更为安全的设计项目）。所有这些项目措施的目的不仅是为了促进当地犯罪预防的发展，而且也是为了影响各州和地方政府官员的规划决策，从而确保 CPTED 成为主流的规划过程的一部分。

许多国家也一直在努力使 CPTED 成为主流城市规划设计实践中的组成部分。无论是英国的"设计安全"（Secured by Design，简称 SBD）战略还是荷兰的"安全住房标准"（Labelling Secured Housing）计划，其目的都是为了鼓励开发商和建设者在住宅楼和商务楼的设计施工中采用 CPTED 原则。符合 CPTED 标准的设计施工项目将得到政府的认可，而且这些项目的开发商可以在广告和其他市场开发中作为亮点指出。"设计安全"（SBD）是由英国治安部门首倡的标准，其主要目的是鼓励建筑行业在公共住房和私人住房的设计和施工中采用推荐的犯罪预防指导原则（Colquhoun 2004）。建立警察建筑联络办公室促进和执行这个规划。经过官方确认，遵守安全规划指导方针的开发商和企业可以为他们的产品设计获取安全标志证书，作为警察尝试过和偏爱的产品标识（Cozens，Pascoe and Hillier 2004）。"设计安全"指导原则的重点是强调有效的现场管理（site management）、进入控制（controlling access），同时确保私人空间能得到很好的界定以及鼓励在公共空间和进入通道改善自然监管（Colquhoun 2004；Schneider and Kitchen 2002）。

荷兰的"安全住房标准"也是由警方推动制定的标准，而且该标准关注的是更为广泛的城市开发问题。同样地，该标准也为住宅、建筑和小区的设计颁发证书，同时还制定了关于门、窗户、框架、铰链和锁的安全标准。根据"安全住房标准"所制定的指导原则重点关注土地的综合开发、住房的多样化和高度、进入通道、休闲设施、现场管理、抗涂画的表面材料、限制进入住宅区、公共空间和私人空间之间的划分、良好的视线、围栏，以及为住房、商店、仓库和车库选择有利于进行自然监管的位置（Armitage 2000；Colquhoun 2004）。对英国和荷兰的标准实施项目进行的评估表明，采用了以上标准的地区的犯罪和犯罪恐惧都得到了减少。此外，以上两个标准都规定，企业可以因为宣传报道这方面的成绩而得到认可和奖励。这就使得这些企业在那些安全意识较强的客户面前具有竞争性优势。因此，以上英国和荷兰的两个标准就这样借助于市场化运作，通过将CPTED予以商品化这种手段使得这种预防方法对于潜在客户而言更具魅力（关于"激活"犯罪预防的更多方法，请参见Farrell and Roman 2006）。

尽管CPTED受到了欢迎，但它也存在缺陷。例如，增强居民的地盘意识（如合法居民和空间使用者具有的关于空间所有权以及鼓励他们对空间进行控制的态度）的努力可能只有在那些住房自有率高的社区才会有效。而一些在人口统计方面具有不同特点（如高的居民租房率）的地方，必要的业主意识也许不复存在，并且因此CPTED也许就不那么有效了（Cherney 2006a）。玛丽（Merry 1981）曾就文化、邻里关系和个人层次等因素可能影响地盘意识的方式问题进行了探讨。此外还应当注意的是，自然监管的有效性很大程度上取决于当发现犯罪时人们是否愿意干预和挑战违法行为，或者至少应当举报犯罪。然而，在多数的复杂社会里，旁观者在发现犯罪时愿意进行干预的愿望和能力以及向警方举报的比例也相对较低。

马修（Mayhew 1979）讨论了不同的社会变量（social variables）就CPTED方法是否和为何有效这一问题产生影响的方式。犯罪学家也已经表达了这样的怀疑，如环境特征人行道的材质改变（表明是公共空间进入私人空间的过渡地带）能否真正阻止犯罪动机强烈的人实施犯罪？以及犯罪动机强烈的人是否会注意到那些旨在强化自然监管的环境修饰（environmental modifications）？这种观点与此前对情境预防的批评十分相似。作为回应，应当再次指出，并不是所有的潜在犯罪人都是由相同的因素决定的。研究表明，事实上许多潜在犯罪人会注意到环境提示（environmental cues），而且这还会影响到他们对风险和回报的认识（Cozens, Hillier and Prescott 2001b; Cromwell and Olson 2004）。

针对 CPTED 的一个经常性批评是认为 CPTED 有一个倾向，即它忽略了社会过程与物质环境之间的相互作用并由此影响如何界定和使用物质环境的方式（Merry 1981）。如何界定和使用物质环境会因为性别、年龄、种族、社会经济地位的不同而不同，并且还决定于一个地方的感受上的和事实上的犯罪率高低。由于对社会因素的关注因而出现了所谓的"第二代"CPTED。"第二代"CPTED 强调的是风险评估（risk assessments）（如测量真实的和感受上的犯罪水平）、社会经济和人口统计分析以及社区协商（community consultation）和社区参与（community participation）这一过程（Cozens, Saville and Hillier 2005; Saville and Cleveland 2003a, 2003b）。"第二代"CPTED 认为，十分重要的是犯罪预防的实践工作者也应当了解社区邻里的社会特征（如居民是否参加小区的社交生活），同时还认为应当使 CPTED 与更为广泛的社区发展协调统一（Saville and Cleveland 1997）。

本章强调的重点是，犯罪预防的决策者和实践工作者应当对社会环境影响 CPTED 计划的实施和效果的方式这一问题进行思考。例如，对居民区进行硬件方面的重新设计以提高居民的地盘意识和改进自然监管，这种方法对于那些居民之间互不相识和互不信任并且因此害怕白天或夜晚在街上行走的社区而言收效甚微。这就是为什么"第二代"CPTED 强调社区协商和社区参与的原因。"第二代"CPTED 旨在促进有助于物理环境的设计变化发挥有效作用的社会过程。

（四）CPTED 的运用

与情境预防一样，CPTED 也需要在对问题进行深入分析的基础上得到启示和支撑。实地调查（site survey）和安全审计（safety audit）方法已经用于帮助对问题的深入分析。这些基础性工作是必要的。CPTED 中进行实地调查的主要目的之一是要对影响一个地方的问题的种类有一个详细的了解。没有这种了解，就不可能制定和实施有效的 CPTED 项目。此外，实地调查对于帮助相关空间的用户和所有人弄清楚究竟需要做些什么来提高他们的安全感和对物理环境的认识这一问题，也是必要的。

在进行实地调查和 CPTED 安全审计当中，已经有了可以采用的各种各样的方法。其中有时候需要采用 CPTED 检查清单（checklist）这一简单方法，该方法需要对视线、光线亮度、步行进入的路径数量、圈套地点（entrapment points）和自然监管水平进行评估和记录（Crowe 2000；新西兰司法部 2005）。其他的方法要复杂一些。例如，由新南威尔士警察局首创的一个实地调查方法要求空间使用者对该环境的社会特征（如该地区的犯罪水平和社会经济状况）和物理特征进行评分。这些指标的评分加在一起形成一个总体上的"风险指数"（risk index），而该"风险指数"反过来又用于提出特定的 CPTED 干预建议（新南威尔士警察局 2001）。然而，所有类型的 CPTED 实地调查当中的一个主要问题是，这些实地调查结果的运用要受到调查人对特定的环境特征的主观性解读的影响（McCamley 2002）。此外，针对特定地点的风险评估（risk assessment）还会因为性别差异和个人经验的不同而呈现出很大的差别。这就会对实地调查所获得的数据结果的普遍有效性产生影响。

任何 CPTED 实地调查中都必须考虑的两个主要问题是：

1. 环境的物理特征是否对地区实施 CPTED 的潜力（如公共空间与私人空间之间的不合理划分会有损于可能的地盘意识）产生了消极甚至是破坏性影响？
2. 事实上是否存在有助于促进 CPTED 且能够予以强化的环境特征（如是否存在能够改善当地的便利设施以及社会环境的基础设施）？

提出以上两个原则的原因是，实施以 CPTED 为基础的预防项目并不一定要求对一个地区进行整体规模的重新设计。CPTED 既可以在预备规划阶段采用，也可以在问题出现时作为一种对环境进行"翻新改进"（retrofitting）的方法。犯罪预防实践工作者应该认识到，城市规划设计师和建筑师通常注重的是环境的美学效果而不是犯罪预防，这一事实是 CPTED 存在的基础和理由。事实上，许多建筑和城市规划在设计之初并没有考虑到犯罪预防。CPTED 的理念与许多当代的城市规划设计和建筑实践是一致的，这就意味着一方面在规划和设计阶段就采用 CPTED 原则是最佳的做法，同时另一方面，当出现犯罪问题时通常有可能对此前的建筑环境进行改进。

CPTED 也得到了地方的犯罪预防和社区安全工作人员的支持，原因是 CPTED 赋予了他们在城市规划和开发过程中的地位和发言权。事实上，CPTED 通过改变物理环境而不是代价昂贵的社会干预措施就能够减少犯罪这一可能与前景，使得 CPTED 也受到了公共和私营组织（如警察局和地方企业）的欢迎。然而，尽管它受到了普遍欢迎，但 CPTED 在实施当中还面临着挑战。事实上，在规划阶段就考虑到 CPTED 原则必然会明显增加各州及地方在基础设施上的投入成本。一些商业企业很可能会对这种成本增加采取抵制态度。各州和地方政府基于不要因为增加私人部门的成本负担而妨碍投资这一压力，从而有可能不愿意把 CPTED 评估规定为项目审批程序中的常规内容。

威尔松和威尔曼认为，最终的结果可能是"CPTED 通常似乎像慈祥的母亲一样，每个人都尊重它但却不愿意付诸行动"（Wilson and Wileman 2005，p.326）。然而，毫无疑问的是，如果澳大利亚能在硬件基础设施的规划阶段就贯彻"可防御空间"意识，那么该国许多最为恶劣的住宅、商务和公共住宅区中发生的犯罪和违法问题就能得以缓和。因此重要的是，基层的犯罪预防实践工作人员应当对成为 CPTED 的狂热派保持警惕，同时能对 CPTED 的缺陷和局限性始终保持清醒的认识。

五、结论

确保大规模的犯罪预防计划中包含环境预防方法，有着坚实的伦理基础和现实原因。从伦理角度看，与社会预防比较，情境预防和 CPTED 都是主观判断成分少得多的预防方法。

情境预防的重点是"阻止人们实施有害的行为"（如顺手牵羊、乱涂乱画、盗窃汽车），而不是试图"改变"人们所固有的那些与自由和包容社会的观念相一致的基本属性。情境预防的基本原理是，虽然某个具体行为可能是无法接受的，但该行为的责任人并不一定需要就此成为严厉的"矫正性"（correctional）干预措施的适用对象。CPTED 强调的是创建有秩序的和容易控制的空间环境，也即具有犯罪预防潜力的用户友好的（user-friendly）环境。只要运用适当，CPTED 干预措施就能打造出吉登斯（Giddens 1991）所称的"本体性安全"（ontological security），或者说关于我们所在环境的信心和信赖。

从实践角度看，环境预防提供了属于组织实施能力范围（如警察、私营单位、社区和公民个人）的多种选项。与社会预防一样，环境预防能够而且应该通过提供关于控制那些导致不安全的因素的知识和能力来造福于社区（Cherney 2006a）。社会预防计划和项目是基于这样的理念，也即应当仅仅解决贫困、社会排斥（social dislocation）和弱势群体等"根本性原因"（root causes）。然而，这种观念事实上带给当地社区的是沮丧，因为这些社区缺乏应对犯罪问题所必需的资源。与此不同的是，环境预防的重点是减少犯罪机会，这就为制定当地组织和居民直接发挥作用的预防项目提供了基础。

我们的目标不是将环境预防当做"禁忌"看待，而应当是确保环境预防能通过一种包容和公正的方法（如不是将犯罪问题简单地由富裕地区向贫穷地区转移）加以采用。毫无疑问，某些情况下环境预防需要社会预防来补充和加强。这是一个公认的最佳实践性原则（best-practice principle），其目的是实现一种适当的平衡。

第五章

犯罪预防的评估

一、引言

本章将探讨以下几个方面的问题：一是关于犯罪预防中各种评估方法的优缺点；二是关于采用多种不同类型的评估方法的必要性；三是阐述在犯罪预防评估中应当掌握的与环境相关的因素；四是提倡一种基于事实的对待犯罪预防政策及实践的方法；五是关于如何提高犯罪预防评估以及犯罪预防实践的能力；六是关于对"预防政策"的评估。

前面各章的阐述清楚地表明，评估工作以及职责承担是犯罪预防中的重要组成部分。如果犯罪预防中的一个关键问题果真是促使政府支持从"法治秩序"到发挥地方创造性这一转变的话，那么证明预防计划和项目对"替代性"犯罪预防措施的投入是"产生成效的"（producing results）这一点就显得十分重要。同时，评估也为能有助于促进政策发展的实证方法（evidence-based approach）奠定基础。然而，评估又是一件相当棘手的工作。关于预防评估应当如何影响和引导犯罪预防计划，以及何种类型的评估方法属于实证方法，学界持有不同的观点（Davis 2004；Pawson 2006；Pawson and Tilley 1997；Sherman et al. 2002, 2006; Spencer et al. 2003)。

需要指出的是,犯罪预防的一些类型(尤其是社会预防)只有当"渗透到"(embedded)其他一些直接目的并不是预防犯罪的计划(如教育、家庭补助、提供就业等)之中时才会产生最佳效果。由于通过其他指标的方式(例如减少逃学旷课率、减少家庭破裂以及紧张的家庭环境、增强对社区联系的认同感、减少教育预算赤字等)要比通过直接减少犯罪这一方式更能体现这些措施的成效,这就使得预防评估更为困难。

本书作者认为,犯罪预防应当是实证性的(evidence-based),同时有必要针对"什么办法有效"(what works)这一问题展开深入的探讨。可是,实证方法(evidence-based approach)要求清楚地理解犯罪预防的目的究竟是什么,也就是说它不仅仅是指预防犯罪,还包括人们关于社会控制的不断变迁的观念及态度。

本章将简要阐述预防评估中的不同方法,同时重点阐述效果评估方法(impact evaluation)和过程评估方法(process evaluation)。预防评估中的一个关键问题是,评估方法与环境相关,没有哪一种评估方法一定能适合所有的环境。了解各种评估方法的优点和不足,对于制定全面的评估方案而言十分重要。对各种评估方法的优点和缺点进行分析,使我们受益匪浅。这方面的了解能为证明"法治秩序"的替代方案的确实有效提供支撑。

为了实现犯罪预防政策的可持续发展,预防评估的目的之一应当是考察犯罪预防计划是否使得人们更加普遍地认可和接受这样的观念,也即与其他社会计划相融合的社会性及环境性预防措施事实上有助于减少犯罪和改善治安状况。从这一角度说,关键问题是不仅要考察犯罪以及对犯罪的恐慌是否减少,还要评估预防措施是否得到了多数地区以及广大公众的认可和支持。这种认可和支持对于犯罪预防在政治上的可持续性（political sustainability）而言是至关重要的。

二、评估的不同方法

其他西方国家批评澳大利亚等国的犯罪预防政策，主要是指这些国家没有对预防项目进行评估（Homel 2005）。也就是说，在澳大利亚等国，项目计划当中很少包括项目评估（program evaluation）这一组成部分，而项目评估对于将来吸取教训而言十分重要。通常情况下政策制定者和实施者的迫切愿望是"尽快获得成功"（quick wins），也即使项目"实施和运行"（up and running）。这就使得项目评估成了被人遗忘、直到项目实施完毕后才会被想起的事情（after-thought）（Cherney 2004a；Wikstrom 2007）。然而，项目评估中的一个最佳实践原则是，项目评估是一个不断进行的过程，而且应当成为提前规划好的犯罪预防计划的组成部分。

应当指出，项目评估是一项有难度的工作。在评估的计划当中，应当确保能够收集到合适的数据资料。通常情况下获得数据资料会相当困难，因为各个部门都倾向于保守数据资料且不愿意将这些数据资料提供给外部的单位或者独立的第三方。这就是为什么在英国"数据分享协议"（data-sharing protocols）一直就是制定犯罪预防政策中的一个焦点问题（Moss and Pease，2004）。使该问题更为复杂的是，即使可以得到数据资料，但转换数据资料（transferring data）仍然需要时间，而且为保证数据资料是可用的形式，对数据资料的形式进行整理和处理也可能需要大量的时间。如果要得到原始数据资料，那么进行调查和采访不但需要时间而且也很浪费资源。

以上工作不但很浪费时间，而且还分散了落实预防计划这一中心工作。这样，项目评估可能仅仅增加了制订和实施犯罪预防计划的成本，也即将这些资金用于对犯罪的干预措施有时可能更好。此外，项目评估既需要知识和技巧，也需要程序和过程（如进行历时性的分析、选择样本的规模或者实验及对照组等），而这些方面对于没有经过专业训练的人士来说比较困难。最后，政策制定者以及实际工作人员可能将项目评估视作威胁（threatening），尤其是当他们对一个预防项目已经投入了大量的时间和资源（或者当他们将自己的声誉系于该项目），因为该预防项目有可能被证明是一个失败和资源浪费。

考虑到它所遇到的困难和挑战，因而项目评估常常被忽视也就不足为奇了。然而尽管如此，项目评估通过传播运用不同的犯罪预防方法所获得的成功经验或者失败教训这一方式对开创一种学习文化（culture of learning）起到了关键作用。当然，这种学习文化不应该避开对综合性、严谨的项目评估方案的采用。的确如前所述，只要拥有犯罪预防计划，就会为预防政策方案中运用各种不同的评估方法提供了机会。以下简要探讨这些不同的评估方法。

三、结果评估法

结果评估法（outcome evaluation）是指考察干预措施的实际效果，也即回答"什么办法有效"（what works）这个问题。这就需要查明，针对犯罪的干预措施事实上是否导致了犯罪或者犯罪恐慌（fear of crime）的减少。查明干预措施的实际效果可能是多数项目评估的中心内容。然而，查明犯罪的某种规律性的减少是否是某种具体干预措施的直接结果，可能是件困难的事。实际上，许多其他干预变量（intervening variables）也会影响到犯罪预防计划的实际效果。例如研究表明，存在一个促使青年人克制自己不去实施犯罪的所谓"成熟效应"（maturation effect）（Laub, Nagin and Sampson 1998）。但是，将年轻人克制自己不去实施犯罪这一结果归因于某一特定干预措施可能是错误的，因为这主要是他们进入成年期这一进程以及与之相伴随的生活变化（如结婚、交友圈的变化及全天工作）所带来的结果，而不是干预措施本身的直接结果。此外，犯罪率的波动和犯罪的减少还可能仅仅是季节性或者随机性减少趋势的结果。

此外，目标群体（target groups）也许在某个具体干预当中不予配合，这也会影响干预措施的有效性。如前所述，通常情况下犯罪预防计划需要采用"伙伴参与"这一方法（partnership approaches），参与的伙伴越多则对相互间的协调要求越高。如果其中一个伙伴方未能完成具体预防计划中所一致要求的工作任务，这就意味着具体预防计划中的某一部分未能实现，从而会对预防项目的最终结果产生消极影响。这种情况符合所谓的"一致性理论"（a coherent theory）这一原理（该理论基于事实依据而且已经证明在其他领域同样有效），也即由于一个伙伴方的作为或者不作为从而使得整个计划未能产生预定效果。所以，项目评估是一项艰巨的工作并且需要全面、细致的计划，其中各种不同的评估方法旨在对影响干预措施是否有效的相关因素进行检验和说明。

（一）实验性方法

犯罪预防领域中被视为黄金标准（gold standard）的评估方法就是所谓的实验性方法（experimental method），尤其是采用所谓的"随机性对照实验"（randomised control trials）（Sherman and Strang 2004；Welsh and Farrington 2001）。实验性评估方法涉及将人员（也即目标人群中的成员）随机分配到干预组（treatment groups）和对照组（control groups）当中，并对两组在干预期（the intervention period）之前与之后的结果进行比较（Welsh and Farrington 2001）。其中干预组要接受干预，而对照组则不接受干预。由于两组中的人员都是随机组成的，这就避免了出现所谓"内部效度"（internal validity）方面的缺点（也就是说两组中的人员都不是自己决定到干预组或者对照组，每组代表着相同的人群，没有明显差别且接受相同的测试）。这样，干预组与对照组之间的任何明显差异毫无疑问地要归因于具体的干预措施，因为只有干预措施才是两组中唯一的变化原因（Pawson 2006；Welsh and Farrington 2001）。实验性方法的一个例子是在美国实施的所谓"大兄弟大姐妹项目"（Big Brothers, Big Sisters program），参见资料盒5.1。

> **资料盒5.1 实证性评估的例子**
>
> - 大兄弟大姐妹项目是一个针对来自贫困及单亲家庭的青年的有指导的实验性项目。其目的是通过将青年人置身于社会化之前的模式（也即大兄弟大姐妹的志愿者），以测试其对那些被称为具有越轨"危险"的儿童的行为和态度的影响。
> - 年轻人被随机地分配到干预组或对照组。参与到该项目的年轻人的年龄是10～16岁之间。8个机构参与了该评估项目。在整个项目研究期间，对照组被置于候选人名单当中。来自8个单位的1138名年轻人参与到为期17个多月的项目研究当中。研究中在三个时间点上对年轻人、父母亲以及案例经理进行信息收集：也即对人员随机分配之时、年轻人与志愿者配对之时以及后期跟踪之时。然后针对对照组以及参与到该项目的人员进行比较研究。
>
> （资料来源：Tierney, Grossman and Resch 1995）

实验性方法是以医学模式（the medical model）为基础的方

法，它强调在干预组和对照组之间进行比较研究（在医学研究中，对照组的人要接受无效对照剂的注射）。由于处置实验环境以外的人类行为有着很大的不可预见性且难以控制，因而这种方法运用到犯罪预防领域中比较困难（但不是不可能）。同时，对人进行随机分配又会产生种族难题和反对意见，尤其是当其中一组因为没有得到干预措施中的帮助和支持因而处于不利地位之时（Posavac and Carey 1997）。艾克认为，实验性方法比较适合于重点关注某一特定人群的社会预防项目，而就情境预防（SCP）和环境预防（CPTED）等关注特定环境或物理空间的预防项目而言，随机分配干预组及对照组就难以做到（Eck, 2002b）。对以地域空间为基础的（place-based）预防项目的评估，则一直采用实验性方法（Mazerolle，Price and Roehl 2000；Green 1996）。在某种情况下，由于没有足够的例子来支持随机分配，因而采用这种方法也比较困难（Eck 2005；Nagin 2001）。因而，这种情况下不得不采用其他的评估方法。

（二）半实验性方法

与实验性评估方法相似，半实验性评估方法运用处理组（treatment groups）和比较组（comparison groups）进行实验。但是，这两个组的选择却并不是随机的，而是根据相同的特征按着彼此匹配的原则进行选择。例如，对改善街道灯光照明的评估（见资料盒5.2）就采用了这种半实验性评估方法。具体涉及两个相似的地点：在其中一个地点把灯光安置于公共住宅区，另一个则是没有安置街道灯光，然后就两地的犯罪以及对犯罪的恐慌这一结果进行比较。以上两个地点的选择不是随机性的，而仅仅是因为它们具有相似的特征。这样就始终存在着对照组（control groups）和干预组（intervention groups）之间差异的可能性。这就出现了一个问题：预防项目所产生的效果究竟是因为干预行为还是因为干预组与对照组之间的变化（如年龄、社会经济地位或者家庭支持）？这种可能性会影响到半实验性评估结果的有效性。因此，应当努力使干预组和对照组的特征尽量对等，以减少上述问题的出现，同时评价结果指标（outcome measures）（如犯罪率、逃学率或财产犯罪率）也应该在干预之前或者干预之后的一段时间后进行测量（Posavac and Carey 1997）。

就一些特征十分突出的地点的犯罪干预（highly location-specific interventions）而言，半实验性评估方法可能更为合适，因为与当干预行为涉及某一特定人群或者危险人群相比，这种情况下找到可以区分为干预组和对照组的彼此相当的两个地点要容易得多。此外，半实验性评估远没有实验性评估那样需要周到、细致的评估设计，它只需要依赖大致收集的数据资料（Eck 2005）。另外，半实验性评估也更容易整合到主流的评估程序当中，因为它与实验性评估不同（该方法需要细致的监控以及更高的内部有效性），它对评估的管理和控制工作要求不高。

> **资料盒5.2　半实验性评估的例子**
> - 这种评估的目的是要评价改善的街道灯光照明对犯罪以及犯罪恐慌的影响。
> - 两个相邻的公共住宅区被用做干预区和对照区。
> - 就公共住宅区（干预区）的街道灯光照明进行改善前后的犯罪和犯罪恐慌进行评估，以及公共住宅区（干预区）的街道灯光照明没有进行改善前后的犯罪和犯罪恐慌进行评估。
>
> （资料来源：Painter and Farrington 1997）

（三）非实验性方法

与实验性评估方法以及半实验性评估方法不同，非实验性评估方法既不需要进行随机分组，也不需要进行分组比较。非实验性评估是最为简单的评估方法，它包括对项目标本的前期评价和后期评价两个部分，比如评价犯罪是否因为干预措施的介入而有所减少，或者目标人群的行为及生活状况是否因为干预措施的介入而得到改善。然而，这种评估方法被认为相当没有说服力，因为我们不能确定发生的变化是否能直接归因于干预行为。

当然，这并不意味着非实验性评估方法就没有价值。该方法虽然没有高的内部效度（internal validity），但却有高的外部效度（external validity）（以下将进一步探讨）。非实验性评估方法容易操作，是一种快捷、简单的评估方法，尤其适合那些时间不多且任务繁忙的地方工作人士采用。至于说到以社区为基础的全国范围实施的综合性预防措施，前期评估和后期评估可能是最为现实的方案，尤其是基于历时性的数据资料来对一个政策的长期影响进行评估这一情形（Connell et al. 1995；Eck 2005；Posavac and Carey 1997）。尽管非实验性评估方法没有前述评估方法严谨、缜密，但它究竟比不进行评估要好。资料盒5.3描述了一个对在挪威实施的针对学生中欺负行为的预防计划的非实验性评估的情况。

资料盒5.3　一个非实验性评估的例子

- 挪威的学生欺负行为预防计划是一个全国性的项目。
- 在超过两年半的时间里对四组学生进行了跟踪研究（每组共500～700名学生）。
- 采集的数据资料是关于学生被欺负或者欺负他人的次数、学生们对待欺负行为的态度、教师们针对欺负行为的反应、学校里欺负行为这一问题的严重性以及教师对班级里欺负行为严重程度的评价。
- 在该项目实施前四个月里对这方面的数据资料进行了采集,在该项目实施期间采集了两次,学校完成项目后也采集了两次。

(资料来源:Olweus 1993)

(四) 系统性评估方法

系统性评价(systematic reviews)是结果评估方法当中的一种形式。该方法不需要研究人员或者专家亲自进行评估的协调和管理工作,而是一种对现有评估方法进行再次分析的评估形式。系统性评价主要涉及两个方法:一是再次分析(meta-analysis),二是文献综述(narrative reviews)。

再次分析这一方法已经在犯罪预防领域得到了相当普遍的运用,这主要归功于卡姆贝尔犯罪与司法联合研究体(Campbell Collaboration Crime and Justice)以及该方法的其他许多著名支持者的推动(Petrosino and Farrington 2001)。正如帕森所言,这种系统性评论方法:

其关注焦点是"什么办法有效"(what works)这个问题,也即仅仅收集来自于权威、可靠的关于某一特定类型的干预措施的实际效果的第一手研究资料,然后在全面衡量的基础上得出关于该干预措施是否确实有效的统计结论。(Pawson 2006, p.39)

再次分析方法用于对整个系列项目(program family)(如热点地区的治安警务、基于地域的犯罪预防、青少年意识提高计划或者街道毒品执法)进行考评。它对现有关于犯罪预防方法(如警察打击犯罪、犯罪情境预防、监狱访问或者警方解决问题的项目）的评估及研究成果进行综合分析，然后在此基础上推断出每个具体预防方法的相对影响（参见 Braga 2001；Mazerrolle, Soole and Rombouts 2006；Petrosion, Petrosino and Buehler 2003）。通过对系列项目中每个子项目所起到的平均作用进行比较，就能发现其中最为有效的预防方法。这样，再次分析被认为是政策制定者以及实践工作者寻找最佳方法（best buy in）的简明路径（Pawson 2006）。再次分析中的主要内容涉及一定统计方法的运用，这些统计方法使我们能够对不同采样规模的研究项目进行比较分析，从而得出最有价值的结论（Wilson 2001）。

　　再次分析就像系统性评论中的初次评估一样；因而对于以上系统性评价所应当包括的各种评估类型，应当有一个特定的衡量标准。著名的舍曼报告（Sherman report）（参见 Sherman et al. 2006）使用了一个科学的评价标准来评价系统性评价中各种评价方法的严密程度。这些被称为"最佳标准"的评价标准使用随机方法分配干预组和对照组。威尔士和法伦顿（Welsh and Farrington, 2002）认为，只有那些对处置地区和对照地区进行干预措施之前和干预措施之后的评估研究才可以被纳入到系统性评论当中。卡姆贝尔犯罪与司法联合研究体完成了一项研究，该研究成果制定了一个严格的排除标准将那些依赖非实验性方法、没有说服力的评估研究排除出局。因此，实验性方法通常被认为是再次分析当中最为有效的评估方法。资料盒 5.4 描述了一个关于惊吓与青少年意识项目的再次分析的情况（Petrosino, Petrosino and Buehler 2003）。该研究成果的意义将在以下章节进一步阐述。

> **资料盒 5.4　一个关于惊吓的再次分析**
>
> ● 关于惊吓与青少年意识的研究项目涉及发现那些被认为将来有犯罪危险性的儿童,并组织这些儿童到矫正机构接受处置。该研究项目提供了关于监狱生活的第一手观察资料以及从犯罪分子获得的第一手资料。该研究项目的思想是:将儿童置身于这样的真实场景,将会防止他们将来实施犯罪行为,因为这样表明了"将得到什么样的后果",从而使他们产生改掉现在和将来的越轨行为的动机。
>
> ● 该项目仅仅涉及青少年(17岁以下)或者青少年及年轻的成年人(13~21岁)的标本的研究,以对监狱的采访作为其主要内容,这包括累犯的结果,该研究还涉及一定程度的随机分配以及一个没有进行干预的对照组。
>
> ● 最后的结论是:关于惊吓的研究项目不但没有能够阻止犯罪,而且事实上导致了更多的犯罪行为。

文献综述(narrative reviews)方法与再次分析方法在总体目标上是相似的。然而,两者在从原始研究中调取数据的类型、获得研究成果的质量以及在不同干预类型之间所进行的比较分析等方面存在差异(Pawson 2002)。文献综述的描述性特点更加突出,同时文献综述还可以成为再次分析的组成部分,尤其是最后的再次分析缺乏严谨的评估研究的情况之下。文献综述旨在揭示研究项目的目标、内容、过程(也即项目的实施)以及所取得的全部效果。可是,文献综述并不采用再次分析所使用的统计方法。文献综述能对各种犯罪预防方法进行述评并指出哪种方法最为值得预防项目采用。同时,由于文献综述主要关注项目的实施过程并描述项目的构成要素,因而文献综述方法能够就特定项目配置的有效性提供深入独到的分析。然而,由于其过于注重描述以及缺乏严密性,文献综述方法也受到了批评(Welsh and Farrington 2001)。

就项目描述而言，文献综述方法针对示范性项目而提出的建议由于未能强调将该项目在另一环境进行复制所可能出现的问题，因而存在过于简单地看待具体项目复杂性的实施过程这一缺点。这个问题在前述章节中已经详细阐述。文献综述方法要想成为有用的方法，它必须阐明项目的原理，因为该项目原理有助于创建一个普遍项目推广理论。这样就能对具体犯罪预防计划或者方法所努力探索的犯罪预防机制进行深刻的揭示，从而有助于相关政策的制定。这不但能帮助决策者理解如何缓解一个具体犯罪问题（如缓解犯罪的策略问题），而且能理解为什么干预措施能缓解犯罪问题。当这种认识与有关预防项目有效性的经验事实相结合，决策者就能就采用某个犯罪预防方法的可行性作出更好、有根据的决策。

四、成本效益分析法

如本书第 3 章社会预防中所述，佩里学前项目（Perry Preschool Project）的最大成功之一就在于令人信服地表明：该项目实现了与刑事司法以及福利支出方面的开支节省。考察犯罪预防项目在经济成本和效益方面的效果，已经在澳大利亚等国学界及政府部门引起了日益广泛的关注（Australian Institute of Criminology 2003；Dhiri and Brand 1999；Farrell, Bowers and Johnson 2005；Welsh, Farrington and Sherman 2001）。

评估犯罪预防项目的成本与收益，有不同的方法（参见 Australian Institute of Criminology 2003；Welsh and Farrington 2000），其主要目的在于衡量起因于实施具体犯罪预防方法的成本节省情况（包括经济收益及减少损害两个方面）。成本效益分析考察的是通过犯罪预防项目产生的效益（比如减少了犯罪）是否超过了该项目中所投入的资源（Welsh and Farrington

2000）。也就是说，通过犯罪干预所产生的收益是否超过预防项目的实际支出。

例如，假如警方想要知道一个盗窃犯罪预防项目"目标加固"（target hardening）的经济收益是否超过了其项目实施成本。他们也许这样估算：盗窃犯罪的平均效益为400美元每100户人家。这包括了所盗窃的财物的平均价值以及警察调查案件的成本。然而，每100户人家加固住房的成本平均为800美元（例如安装门锁、安全门、栏杆以及警报）。这样，犯罪干预中每投入1美元，则警方就损失2美元，就是100%的亏损。此种项目的成本效益就很低。

以上只是一个说明问题的简单例子。实际上盗窃犯罪的经济效益不太可能仅仅是400美元每100户人家。许多研究证明了犯罪情境预防（SCP）如目标加固在成本效益方面的明显收益（Welsh and Farrington 1999）。可是，以上例子反映了与测量犯罪预防的效益相关的困境：也即似乎明显应当进行犯罪干预，而且它比刑事司法反应要合理得多，但也许进行犯罪干预在成本效益上并不合算。可是如下所述，关于犯罪预防在成本效益方面的结论要受到其分析中所设参数的狭义和广义的重要影响。

对犯罪预防成本效益分析的一个主要批评之处在于：尽管它自己声称是对犯罪预防项目的客观评估，但这种说法很值得质疑，因为在成本效益分析当中进行经济价值上的确认本质上是一项主观性的工作。哈格梯就对以成本效益分析为核心的"犯罪科学运动"（crime science movement）持批评意见，认为任何基于对打击犯罪措施的成本分析的决策，"在本质上都是取决于大量的有关何种成本应当包括在内，以及如何对这些项目成本进行价值判断这些问题的大可质疑的判断"（Haggerty 2007, p.86）。这尤其是指关于无形财产的价值评估，比如对被害人的痛苦和伤害或者是与犯罪使得恐慌增加这一间接影响相关的成本。

尽管人们已经就制定成本和效益评估的规则做出了种种努力（参见 Farrell, Bowers and Johnson 2005），然而选择何种项目作为测量成本和效益的参数变量的重要性不容低估。那金指出，早期的犯罪干预项目所采用的成本效益分析或者是成本有效性分析中的分析单元（也即个人、社会及政府），对于项目的结果具有重要影响（Nagin 2001）。对于那些赞同早期犯罪干预的人士而言，意识到这一点尤其重要，因为他们认为犯罪预防比刑事处罚更加可取。那金还认为，与刑事处罚相比较，早期犯罪干预中的一些发展性预防项目（developmental intervention programs）的成本效益并不高。然而，由于发展性预防项目旨在实现全方位的效益，因而其效益也就不应该仅仅用减少犯罪这一狭隘术语来衡量。此外，发展性预防项目的效益也不应该仅仅局限于经济影响方面。

应当明白，成本效益分析是一种因情况而异的、开放性的、可磋商的操作实践（Haggerty 2007, p. 87; Posavac and Carey 1997）。由此，我们所需要的是一个对个人、第三方、社会以及政府均为有益的全面性的方法。而这不能仅仅用狭隘的经济收益或者控制犯罪这一结果来衡量。那金认为，在衡量发展性犯罪预防项目的效益时，评估内容应当包括该项目是否已经影响到父母关于抚养孩子，以及对他们自己的小孩或其他小孩的投入优先领域的决策（Nagin 2001）。这种情况同样适用于对情境预防这一旨在减少犯罪机会的预防措施的效益进行评估的情形。如本章前面所述，在评估犯罪预防的效果时，有必要对人们是否认可和接受"融合了社会预防与环境预防的预防措施是有效的"这一观点进行评估。这些可能体现为他们就犯罪干预措施所做的优先选择,以及这些预防措施是否会得到他们自己或者政府在意愿和行动上的支持。不难看出,以上这些都是超越经济价值的更加广泛意义上的效果。

在对成本效益分析的评价标准进行取舍时应当十分谨慎,因为可能存在这样的风险:一个预防项目所产生的收益越大,该项目产生反弹及损失的机会也就越大(Welsh and Farrington 2001)。虽然这点也许会被认为是一个好的结果,以及促使政府支持犯罪预防的明智策略,但也可能会过于夸大某个具体方法的有效性。

重要的是,任何关于评估犯罪预防的成本及收益的尝试努力都应当有一个明确的标准来规范。我们认为,这种标准不应该仅仅以经济考量为基础,还应该包括关于犯罪预防的社会需求性以及我们在政治上对犯罪预防的规范性期待这一标准。这是因为,犯罪预防在本质上涉及的不仅仅是犯罪控制这一问题。既然承认了犯罪预防,也就必须承认关于社会控制的多种多样的方法。虽然成本效益分析需要高水平的专业能力,但它绝不是一件纯粹客观性的工作。

五、过程评估法

过程评估涉及对决策的贯彻实施进行考察。它不是关注结果,而是着眼于考察推动决策贯彻实施的内部机制,以及评估该机制是否促进还是阻碍了决策的实施。过程评估所关注的是与一个计划中不同机构部门所起的作用、支持政策制定的决策过程以及决策实施中所遇到的障碍等相关的范围广泛的一些因素。过程评估所涉及的问题类型见资料盒5.5。该表所列的问题并不是固定的,而且对其中任何问题的回答都可能会衍生出更多的问题。

> **资料盒 5.5　过程评估中需要考虑的问题**
> - 是否对目标人群提供了专业咨询？
> - 是否对被盗的房屋进行了目标加固？
> - 是否将有危险性的青年人纳入到该项目当中？
> - 目标人群是否参加班级授课？
> - 父母亲是否采纳了保健工作人员的建议？
> - 获得的数据资料是否在项目伙伴当中进行分享？
> - 项目工作人员是否采纳了关于最佳工作方法的建议？
> - 是否所有的项目伙伴都完成了关于对该计划的承诺？
> - 该计划实施是否获得了足够的资金支持？
> - 该计划实施是否得到了足够的专业支持？
> - 该计划实施是否得到了中央和地方的政策支持？

无论如何，确保犯罪预防评估包括一个项目实施的过程评估十分重要。一个结果评估也许会发现某个具体干预计划并没有达到目的并由此认为它没有效果。可是这并不意味着该干预计划的内在原理或者目标是错误的。相反，该干预计划没有成功可能说明，该计划项目可能没有得到很好的实施。犯罪预防及社区安全领域中的多项研究中都强调了项目实施中的失败可能会与项目本身的结果相混淆（比如 Cherney 2003；Homel et al. 2004；Hope and Murphy 1983；New Zealand Ministry of Justice 2003）。

许多犯罪学家都认为有必要建立一个关于项目实施过程的更加系统的基础理论（Homel 2005；Laycock 2006；Tilley 2006）。其中的原因之一是，项目在实施过程中的失误是一个困扰犯罪预防政策和实践的普遍性、经常性的国际性问题（Homel 2006）。同时，对项目实施的评估不应当简单地局限于与是否实现了决策部署的主要结果这一问题相关的实施过程中的逻辑和管理问题。此外，有必要考虑决策部署实施中的更加广泛的政策与背景问题。

许多研究表明，就预防项目实施失败的原因而言，政策方面的因素往往是比预防实践工作人员或者项目管理人员的失职更为重要的原因（Crawford 1997；Hough 2006）。例如，切尼就曾经对"维多利亚安全城市和郡县"（the Victorian Safer Cities and Shires）计划进行过考察，结果发现该计划在实施过程当中由于国家层面政策支持的撤销而处于挣扎状况（Cherney 2004）。这导致了连锁反应，地方一级的相关单位部门也开始就自己对当地社区安全的项目伙伴责任进行推诿。

在进行过程评估中可以采用不同的研究方法。可以采用的方法有定量方法和定性方法，其中包括关注和考察项目参与者群体参与项目的情况、使用对实施效果进行量化的项目清单、对负责管理项目的官员进行访谈、对项目工作人员进行参与式观察（participant observation）、对方案计划进行文书审查、对犯罪预防委员会及伙伴的书面记录进行分析。其中比较普遍的方法是就政策实施中的障碍问题对政策制定者、项目工作人员以及当地执行人员等主要信息灵通人士进行采访。这些主要信息灵通人士对该项目及其实施环境最为熟悉，因而最能了解该项目为何表现为特定的形式，其管理得如何，实施中遇到的问题以及该计划实际上有何成果等。

这些方法的确存在被批评为本质上是主观性的风险，因为它们依赖于对决策者、项目员工、利益相关人以及目标人群的主观记述和判断，而他们也许不愿意承认计划没有得到顺利实施。然而，犯罪预防领域的经验表明，他们通常对自己的经历比较开明和诚实（Cherney 2003；Homel et al. 2004）。就以上方法而言，采样的规模没有影响，因为重要的是国家和地方层次的犯罪预防工作人员各种各样的观点都能得到尽可能广泛的搜集和细查，这样任何评估都能得到验证。当项目主要信息灵通人士之间的回答和判断存在明显的一致时，我们就有信心证明，对项目的实施过程的描述就相当准确，我们也因此能够就此作出结论（Putt and Springer 1998）。

六、夯实评估的实证基础

评估的主要目的之一就是要建立一个引导政策发展的实证性基础。评估一方面能引导现行以及将来的犯罪预防项目的设计，另一方面有助于进行关于采取何种犯罪预防方法的决策。如本章前面所述，关于应当采用何种方法构建犯罪预防的实证性平台，一直存在很大的争议。一些犯罪学家主张采用随机对照实验和系统性评论方法；而另一些犯罪学家则主张采用其他的方法如规定具体项目的条件、机制以及结果细分等现实主义方法（Laycock 2002；Tilley 2006；Lum and Yang 2005；Pawson and Tilley 1997；Petrosino and Farrington 2001）。前一个方法的主要目的是获得大量的证据（依据），以便就已经检验过的始终具有强大有效性的项目进行科学上的有效观察；而后一个方法的目的则是提供关于有助于解释一个项目为何能起作用的因果解释的系统知识。

随机对照试验（randomised control trials）等评估方法是能够减少对照组和干预组分配偏差的最好的方法之一。然而，它们却并不是犯罪预防中唯一有效的基于事实的评估方法。我们之所以提出这个问题是因为在制定和反复实施犯罪预防当中，试验方法并不一定能提供决策者和实施者所需要和期待的智识和答案（Laycock 2002）。

在犯罪预防领域进行随机对照试验的机会不多（Eck 2006；Laycock 2002）。这是由于一些现实的原因如资源的缺少、项目时间的局限、技术上的不足、项目资助人对评估人的关于尽快产生效果的压力、民族问题以及在获得数据资料和随机分配对照组与干预组当中的问题等。正是由于以上原因，犯罪学家往往不得不选择一些可信度不高的评估方法，如半实验性的方案、十分随意的对照试验等（Lum and Yang 2005）。但这并不能否认这样的事实：随机对照试验可能是检验新的干预措施以及通过提高实验过程以促进创新的最好方法之一（Sherman and Strang 2004）。可是，就犯罪预防在实践中的运用而言，犯罪学家、决策者以及实际工作者应当注意他们自身在推动政策和实践中的局限性。

例如，随机对照试验虽然具有较高的内部效度（internal validity），但却有着较低的外部效度（external validity），也即它们的成果不能加以广泛推广。正如艾克所指出的（Eck 2002b），实验性评估当中旨在抑制任何干扰变量（也即损害评估内部效度的变量）的严格的对照实验，可能不能反映出日常实践所出现的情况，因而就能使得实际工作人员避免感受到压力和约束。反复实验有助于提高随机对照试验所获得的结果的有效性。可是，如果想要让该结果适用于不同的条件环境，则其他机构必须使用完全同样的方法对它们进行实验。然而，在正常的实际条件和环境之下，这是不现实的（Eck 2006）。反复实验这一问题将在下面继续深入讨论。

正如埃克布罗姆所指出的那样，不应当将干扰变量视为实验中必须抑制的"麻烦事"，而应当将它们当做现实中的评估这一游戏规则的组成部分，因为评估方法应当揭示出那些影响犯罪预防计划成功或者失败的干扰变量的不同类型（Ekblom

2002a）。这就涉及要弄清楚项目实施的具体条件是如何影响该项目的结果。这些具体条件包括弄清楚所涉犯罪问题的独特性质，中央和地方处理该问题的能力，以及项目实施所处的组织、政治、经济、社会和地理环境。就如何将支撑干预措施的理论原理运用到现实的行动计划而言，上述条件将会产生影响。歌德劳在论及发展性犯罪预防时清楚地指出，社会环境（比如那些对犯罪提供渠道和出路的条件）与所采用的预防措施的形式有着直接关系（Goodnow 2006）。明白以上因素有助于研究者和决策者认识到选择具体预防措施的相关条件，从而影响到该预防措施的成功实施。

许多学者认为，另一些评估类型，如半实验性设计以及案例研究在揭示影响项目结果的背景条件的类型方面要做得好得多（Eck 2006；George and Bennett 2005；Ekblom 2002a）。案例研究评估方法的运用将在下面详细探讨。即使是库克和卡姆贝尔这些实验性设计的早期实践者和前辈也认识到，在政策评估当中有必要采取包括定量方法和定性方法在内的灵活多样的方法（Cook and Campbell 1979）。

随机对照试验所得到的数据其真实性不够，这就导致了对系统性评估（systematic reviews）的作用的怀疑，尤其是运用再次评估（meta-evaluations）这种方法以指导政策制定（Pawson 2006）。问题的关键是，再次评估通过不同的研究方法获得的数据总和来计算出效果规模（也即实现的犯罪增加或减少的幅度），而忽视了能支持项目结果的环境条件和方法。也就是说，虽然综合分析法（meta-analysis）能就特定预防方法的有效性进行统计意义上的计算，但它很难就具体干预细分措施的实施方法和实施条件进行深入分析说明。综合分析法仅仅能就与决策有效性相关的某一方面进行分析，对于决策者和实施者关于该特定干预措施是否与犯罪问题的性质或者实施该干预措施的环境相关，则不涉及。

当然，这并不是说，系统评估就不能就具体犯罪预防方法的总体结果提供深入的分析。系统评估有赖于一系列的研究，而不是简单地从一个研究结果中得出结论，因为其中一个研究也许无效，但将该研究与其他的研究相结合就能明显表明特定干预措施的总体效果。许多综合分析的结果表明，犯罪预防的效果因不同的目标群体和环境的不同而不同（Cherney 2006a；还可参阅 Welsh and Farrington 2004，该研究涉及街道灯光和闭路电视在伦敦和美国的不同效果）。此外，综合分析评估法已经能够就质疑那些受到政府普遍欢迎但总体效果仍然值得怀疑的犯罪预防项目（如前述资料盒中所述的惊吓紧张项目）提供强有力的证据。这种系统性评估的结果证明了犯罪预防评估的主观性和政治性，因为尽管发现结果对目标群体而言是否定的——在前述惊吓紧张项目中的结果甚至是有害的（也即导致犯罪行为的增加），但该结果会被政府组织和政治家们所忽视、质疑甚至抵制。

尽管依赖于个案结果的做法（也即一个具体项目的结果）存在问题，但当决定实施某一特定犯罪预防方法之时，个案研究能够提供重要的知识。描述性的案例研究能说明，不同的行政辖区是如何应对某一具体的犯罪问题，同时还能促进观念的更新和预防措施的完善（Yin 2003）。

案例研究评估方法是指对一个具体项目或者政策进行分析，以发现不同变量影响和决定项目结果的方式。探索并描述各个变量之间的联系，就能发现为何预防项目在一定条件下会产生某种结果，以及支持某一战略决策的理论假设如何在实践中得以验证（George and Bennett 2005；Yin 2003）。这包括对一些与伙伴组织之间合作水平、项目全体人员的技能以及该项目的计划质量等相关的因素进行考察。

其他需要评估的问题可能包括目标群体对行为变化的接受程度、中央政府的支持程度（如对能力训练的帮助情况）、数据资料的提供情况、组织和社区对计划的予以支持的领导能力。对那些希望采用同样的干预措施的实际工作者而言，明确这些变量究竟是否存在是有帮助的（Ekblom 2002a；George and Bennett 2005；Pawson 2006；Yin 2003）。艾克指出，在犯罪预防过程评估当中运用案例研究方法将会提高来自于这种评估的认识水平（Eck 2006）。

上述讨论所强调的问题是评估应当得到理论上的支持，就是说要弄清楚行动计划（策略部署）能够导致某种变化（通常情况下如犯罪的减少或者行为的变化）的内在机制。犯罪的环境预防以及社会预防均得到了某种创新性理论的支持（Laycock 2002；Weiss 1995）。情境预防的创新性理论涉及改变犯罪机会，通过环境设计的犯罪预防（CPTED）则是关注于改变监督以及非正式社会控制的形式，发展性犯罪预防旨在通过提供替代性的途径来改变风险和保护性因素。这就要求评估人将创新性理论与前述决定是否产生任何改变的环境因素联系起来。应当将期望出现的结果描述出来（也即支持项目的理论假定），然后将该假定与实际情况加以对比，然后就会得出关于某种结果为何发生或者不发生的结论（Tilley 2004b）。许多犯罪学家已经指出了在犯罪预防领域中有理论依据的评估方法的重要性（Cherney 2006a；Eck 2005，2006；Pawson and Tilley 1997；Tilley 2004b）。

以理论为基础的评估是有实际作用的，因为它要求项目的参与人就他们将努力做的是什么，以及为何要这样做等问题作出清楚的假定。这样会有助于了解不同的参与人是否会注意不同的方法（也即影响项目机制的具体实践）或目的（也即特定的社区安全目标）。就具体干预措施而言（比如情境预防），这种不同参与人之间的差别可能性不大。但是就涉及许多单位参与的综合性的社区项目的犯罪预防而言，确保达成这样的共识对于保证项目的实施能够基于对特定计划的理解就显得十分关键。基于项目基础上的理论思考是能帮助项目实施者和伙伴单位达成以上一致的方法之一（Weiss 1995）。

对项目的成功结果进行评估，这仅仅是推介以事实为基础的评估方法的部分内容。在对项目进行评估之后，其他的问题就接踵而来：如何将成功做法在更大的范围内加以推广并使之成为主流？这是一个富有挑战的任务，因为从原先的条件中提炼出成功的方法并将它们移植到别的环境会存在问题（Parmar and Sampson 2006）。要使好的做法成功地成为主流，当采纳一个新的政策或者项目时，就需要对项目管理进行系统的调整。这就需要努力找出使得原来的项目或政策成功的条件。这也是我们为什么提倡采用前述高效和灵活的评估方式的原因，这些评估方式能帮助我们揭示出这些因素。评估方法的移植运用还需要对移植地点是否存在相同的条件进行调查。埃克布罗姆指出：

"……如果一项干预计划需要好的社区组织体系，如互相帮助的邻里关系，那么任何项目移植的一部分基础工作便是涉及到建立这种条件，如建立良好的邻里关系。"（Ekblom 2002a, p. 161）

此外，在移植某一特定的犯罪预防计划时，决策者和实施者还需要回答一些不同的问题（参见资料盒 5.6）。

> **资料盒 5.6　有助于决策的一些问题**
>
> ● 原来的项目是在何种环境中实施的？比如，是否是在一个存在低的社会经济地位或者特定住房类型的地区？
> ● 要实施的是什么计划？是否是一个针对强化家庭支持的项目？要采用的方法具有哪些特点？
> ● 以前是否采用过其他的评估形式？比如，有助于制定关于是否采取该项目的决策的效果评估或者过程评估。
> ● 干预行动意图影响的是何种事项？比如，项目是否针对犯罪机会或者特定的风险因素？或者是否同时针对社会因素和情境因素？
> ● 是什么因素看起来使得原来的计划归于成功或者失败？是否有功能性伙伴方？伙伴方是否遵循并致力于自己的承诺？是否有资金支持？是否有工作认真的协调人？项目全体人员是否具有稳定性？
> ● 上述提到的条件或因素是否有一些存在于移植地点？比如，犯罪问题的原因是否相同？资金支持的力度是否相同？
> ● 原来的项目的特征是否需要调整？是否需要增加与两地环境差异相适应的其他因素？

七、提高地方的评估能力

预防评估的进行不应该与犯罪预防计划的设计和实施相脱离。如本书第 2 章所述，预防评估应当被理解为犯罪预防计划中解决问题这一方法的重要组成部分。在预防评估当中，犯罪学家应该对犯罪预防评估采取积极参与的态度，而不是简单地作为独立的"专家"第三方"保持距离冷静地"进行评估。这种态度对于在各州和地方层面，犯罪预防措施的展开和进行评估的能力建设而言是十分必要的。

所谓积极参与的态度是指，犯罪学家与决策者及具体实施者紧密合作，在涉及评估中的重要问题之时直接参与到预防计划的设计和实施当中。尽管这样的参与可能被认为是违背了其独立的批判性地位，然而让评估者投身于项目进行的过程能确保在该项目实施中尽早获得重要的启示，从而提高项目的成功机会。

舍曼指出，许多最为成功的犯罪预防项目的实例当中都存在着研究人员和具体实施人员之间的密切合作，并且研究人员无论在项目的实施还是在评估当中都发挥了重要作用（Sherman 2006）。"昆士兰之路"（the Queensland Pathways）项目在澳大利亚开创了发展性犯罪预防之先河，该项目中就存在有犯罪学家和主要服务方之间就项目设计、实施及评估等方面的密切协作（Homel et al. 2006a；也可参阅本书第3章的内容）。事实证明，在项目评估者参与到项目实施过程的情况下，犯罪预防项目更有机会获得成功。来自英国（Matassa and Newburn 2003）以及美国（Braga, McDevitt and Pierce 2006；Petrosino and Soydan 2005）的实例也表明，与那些评估人和项目实施者明显分离的项目评估相比较，评估人与项目实施者密切合作的预防项目的效果更好（Sherman 2006）。

此外，对英国的减少犯罪项目的评估也证明，"不干涉式"的评估方法（hands off approach to evaluation）不利于项目的成功开展（Homel et al. 2004；Nutley and Homel 2006）。该项目当中，英国内政部将项目评估任务委托给了外面的合同方，要求评估团队不能与项目团队联系互动。这就保证了评估的独立地位以及评估结果免于评估团队的影响。然而，正如鲁特利和霍梅尔所着重指出的那样，评估通常能获得有助于利益相关方对执行计划进行重新界定的资料和数据，但是由于英国内政部对公正评估的强调，这就使得评估对项目的直接帮助作用受到了抑制（Nutley and Homel 2006）。于是，许多提高项目成效的机会也就丧失了。

采用前述项目开发人和评估人合作的模式，对于地方的能力建设而言十分关键，因为这种模式促进了项目实施中的学习进步（Sherman 2006；Nutley and Homel 2006）。而这就促进了更为注重实证的研究方法。同时，这样就能确保项目评估成为犯罪预防计划的一个制度性的组成部分，也能提供使得项目实施的主要教训能反馈到后续的实施过程的机会，从而使得对项目进行战略调整成为可能。此外，即使以上方面成功，还需要一定的过程，以确保能以及时和可行的方式对项目全体成员进行充分的信息反馈（Nutley and Homel 2006；Laycock 2002；Tilley 2006）。在这方面，中央层次的机构能起到主要作用。

围绕项目评估进行能力建设可能是中央机构所能发挥作用的最为重要的领域之一。如果中央一级的政策制定单位希望提高其犯罪预防计划的成功机会，这种项目评估的能力建设就尤为关键，因为评估能确保在后续的预防项目中吸取主要教训并避免遇到问题。此外，评估当中所获得的能力提升能够帮助当地的项目执行者对存在的问题进行诊断，同时还会促进解决问题的手段的完善（参见 Ekblom 2001；White and Coventry 2000）。中央一级政策制定单位中的"专家"所能承担的一个最为有用的作用，就是与遇到相同的犯罪问题的地方一级的项目团队和地区一级的项目团队进行沟通，使得他们能够彼此分享经验和专门知识。这些知识不但包括预防犯罪的具体方法，还包括制订和实施犯罪预防计划的最佳方式。

项目实施人员之间的沟通联络能够通过促进吸取教训和分享经验这一过程中的反思来促进对文化知识的学习（Fung 2004）。他们能帮助传播在一定环境中（如一个当地的犯罪预防计划）尝试不同方式和方法当中所得到的成功经验或者失败教训。就丰富有关如何在计划实施当中应对和处理偶然事件的理论知识而言，获得这些实践经验十分重要（cherney 2004a; coote, Allen and Woodhead 2004; Tilley 2006）。项目制定人和评估人之间的合作以及基于积极吸取教训的沟通，有助于中央和地方一级的项目实施人在实施犯罪预防项目时能够拥有更多的方法。

八、评估中的政治因素

以上论述的主要目的之一就是要揭示出阻碍犯罪预防战略实施的诸多政治变量。揭示出这些因素对于犯罪预防而言十分重要，因为犯罪预防政策有赖于不同组织机构之间的某种形式的合作，无论是州一级还是基于社区治安合作伙伴的地方层次。当犯罪预防政策需要依靠许多伙伴时，确实可能出现问题，这通常是因为各个组织机构之间在日常工作以及优先事项上的冲突抵触（Cherney 2004b; Crawford 1997, 1998; Crawford and Jones 1995; Gilling 1997; Homel 2006）。

然而，正如我们已经指出的那样，犯罪预防中的政治因素包括努力改变个人、社区以及政府的观念和行动，使之从"法治秩序"向对犯罪的宽容性反应方式转变，此外还包括改变关于犯罪控制的社会规范。衡量犯罪预防当中的象征性因素是十分重要的，因为仅仅在理论上证明犯罪预防比"法治秩序"更为有效，这对于论证犯罪预防作为一个切实可行的犯罪控制的新模式而言是不够的（Cherney 2002; Ekblom 2002a; Freiberg 2001; Sutton 1997）。正如劳博（Laub 2004, p. 18）所言："多数的政策问题实际上是不能由理论来回答或者通过研究来解决的道德问题，那种认为单纯学术理论及知识就能决定政策制定的观念是过于天真的想法。"此外，艾克布罗姆（Ekblom 2002a）

也认为,犯罪预防专家比较忽视犯罪预防中的象征性因素,他们应该对此承担责任。

针对犯罪的反应措施包含着人类的情感以及感性因素,而这对于社会团结而言蕴含着特定的意义(Freiberg 2001)。理解犯罪预防是如何洞悉并运用这些因素对于评估其有效性而言十分必要,因为这决定了特定的犯罪控制措施能否得到广泛的支持。这些方面对于犯罪预防战略在政治上的可持续性具有直接影响。切尼(Cherney 2002)就此阐述了犯罪预防中具有重要象征性意义的诸多方面,如他论述了关于在早期干预环境中加强保护性措施的建议与强化对儿童以及保护儿童组织的投入这一理念存在内在的契合性。许多犯罪预防方式的主要目的就是通过对邻里、家庭、学校、志愿者协会、运动协会以及教堂的投入来促进形成更加守法、安全的环境。其理念就是要培养幸福、安全的观念以及促进对于联系、归属这些观念的认同。正如"强硬"方法所明显意味的那样,社会预防以及环境预防要求我们对个人以及社区做些事情,而不仅仅是针对个人做些事情。所有以上强调的都是支撑、整合以及对最为弱势的群体的保护。

存在的问题是,尽管社交的基本原理支持着许多犯罪预防方法,政治家们关注的焦点则在于对"法治秩序",如"三振出局"(three strikes)(也即对三次以上违反刑法的犯罪人必须定罪量刑)的投入,这主要是由于社会上普遍要求实施强硬政策的呼声。然而,对惩罚性措施的关注,事实上对这种扭曲了的观点已经起到了推波助澜的作用,并使人们对产生于犯罪预防投入的社会效益视而不见。

实际上,关于公众对惩罚性和非惩罚性犯罪控制的倾向的比较研究表明,公众十分支持非惩罚性犯罪控制并认识到犯罪预防相对于惩罚的优点,尤其表现在对于青少年犯罪的处理方面（Cohen, Roland and Steen 2006; Nagin et al. 2006; Roberts 1992）。这种研究已经不只是包括关于公众舆论的调查，而且还包含着公众对两种犯罪反应方式的倾向性意见。有研究者发现，关于纳税收入应当如何用于刑事司法这一问题，公众倾向于支持犯罪预防以及药物治疗，而不是监禁（Cohen, Roland and Steen 2006）。这种研究结论对公众支持惩罚性措施这一说法提出了质疑，同时也表明公众对犯罪预防的支持比原来预计的更为普遍。

这方面评价的一个主要目标应该是运用定性和定量研究方法来判断公众对犯罪预防的支持程度，这不仅是指公众支持的广泛程度，而且还涉及有关人们对特定犯罪预防方法的支持的掌握。正如艾克布罗姆所指出的，政策制定者以及实践工作人员需要学会如何协调犯罪预防中的现实因素和理性因素，以及道德伦理和刑事司法中的符号性因素和价值性因素（Ekblom 2002a or b）。犯罪预防战略的成功实施有赖于对以上两个方面条件的满足。

除了要检验预防项目是否已经有效地促进公众对于犯罪和社会控制的观念转变以外，在政策层面说犯罪预防还应当检验项目的目标群体的倾向偏好是否实现了转变。在发展性预防的背景下，弗朗斯和霍梅尔（France and Homel, 2006）认为这种预防项目中应当对群众个体就可能的进入和退出犯罪生涯的方式的观念变化进行检验。他们还认为，这种情况下有必要将青年人的意见纳入到发展性预防战略的计划当中，这样研究人员就能弄清楚应当如何解读这种干预措施所提供的良机（France and Homel, 2006）。这些建议涉及政治方面的内容，也即要求评估性研究包含对目标群体的观念的考察，因为目标群体的观念对项目的结果有着积极的影响，而不是将这样的个体仅仅视为项目的被动接受者。

九、结论

评价犯罪预防项目是一项复杂的任务,因为在评估一项犯罪预防战略的有效性时要考虑许多不同的因素。尽管如此,不应该忽视评价工作。研究人员、政策制定者以及实践工作人员有必要明确如何开展评估工作才能充分满足他们的需要,选择最适合于实现这些需要的评估方法。本章的要点是,在进行评估时,我们不应该对评估项目结果的最佳评估方法的选择采取生硬的或者教条式的态度。也许某种形式的评估方法被认为具有优势(比如实验性设计方法,参见 Sherman et al. 2006),但其他形式的评估设计或者评估方法也不应该被认为是不适合而被弃之不用。

正如本章通篇所强调的,为了对项目结果以及实施过程进行评估,评估设计中应当采用包含多种方法的综合性方法。以减少犯罪中所达到的结果为基础来评估犯罪预防这一方法应当是一个主要的优先性的方法,然而本质上说评估犯罪预防时除了单纯减少犯罪以外,还有很多其他因素要考量。犯罪学家能够在其中起到关键作用,一方面通过提高评估方法和技巧,另一方面还通过启迪政策制定者和执行工作者,评估时应当关注犯罪预防的政策性、符号性和情感性维度。从更加开阔的视野理解评估将有助于提高犯罪预防所依赖的专门知识,促进犯罪预防的推广并使犯罪预防能扎根于更加宽广的基础之上。而这只会对政策制定和贯彻落实起到促进作用。

第二部分

实　践

第六章

犯罪预防：从理论研究到政策运用

一、引言

本章将要讨论的内容是法国、荷兰、英国和澳大利亚的犯罪预防及其未来发展之路。

包括决策者在内的当代政治家们讨论的一个议题就是"重新发现"犯罪预防的价值。正如本书第 2~4 章所述，犯罪预防已经有了悠久的历史。然而，犯罪的社会预防和环境预防的概念及原则已经不需要"重新发现"。好比制造工具和演说一样，人类也可以在适当的条件下就犯罪预防问题进行实践和提高。

如果说有人忽视了犯罪预防的话，那指的就是政治家和决策者们。为了维护和提高他们的正统地位，各政党及其领导者需要展现其在保护公众利益方面所发挥的引领作用。可是，犯罪预防往往就是在不那么张扬之际效果最佳：在犯罪预防巧妙地融入到日常生活和活动当中。家庭、幼儿园、学校、运动俱乐部和职业培训中心均有助于减少犯罪。然而，它们能起到的作用绝不仅仅限于这些，因为这些工作一旦被贴上犯罪预防的标签就会产生适得其反的效果（参见本书第 3 章）。此外，主要的预防效益还来自于完善的城市规划和环境设计，以及针对购物中心、娱乐中心、商业中心等设施的妥善管理（参见本书第 2、7 章）。其次，也没有必要将相关的实践活动都贴上犯罪预防的标签。同时，过分强调目标加固等明显的安全措施往往只会导致犯罪恐慌的增加。

这就有助于解释为何晚近以来多数的民主国家通常主张"法治秩序"而忽视犯罪预防。越来越多的警力布置以及更为严厉的刑罚措施可能并不是效益最高的反应方式，而且这些措施本身确实与犯罪发生有着直接和明显的关系。从象征性意义上说，采取这些措施有助于政府发出一个简单而清晰的政治要旨：他们将采取果断措施以保护公众免遭犯罪和其他破坏性力量的侵害。

然而，自 20 世纪 80 年代以来，各西方国家政府已经开始认识到了"法治秩序"这一政策所面临的困境。招募更多的警察"值班巡逻"以及建造更多的监狱以容纳刑期越来越长的罪犯，在当今需要政府努力减少纳税负担以确保国家和地区的全球经济竞争力的时代背景下，这些都涉及预算开支的大量增加。一些左翼政治家已经表达了对于关押越来越多的来自于弱势群体的违法犯罪人所导致的人力资源问题的担忧。在澳大利亚，由于"调查监管中土著人死亡的皇家委员会"（the Royal Commission into Aboriginal Deaths in Custody）于 1991 年的调查发现以及后续其他的研究发现（如 Cunneen 1992；Walker and McDonald 1995），证实了本地人在逮捕和监禁的澳大利亚人中占有很大比例之后，这样的担忧再次引起了人们的重视。面对犯罪预防工作"管用"以及成本效益高这一事实，各国政府一直在努力寻找（尽管这种努力带有尝试性而且不够坚定）制定以犯罪预防为基石的政策措施。这就是这些民主国家"重新发现"犯罪预防的原因。

然而，在官方政策中再次引入犯罪预防并不容易。其中的问题不仅仅局限于这一点：犯罪预防只有融入其他的社会实践当中才会发挥最佳作用。从本质上说，与"法治秩序"相比较，这种"替代性"议题需要广泛得多的社会成员的参与。其中，参与人的不同群体都有着自己的价值观、利益、技能和考虑重点。如在澳大利亚这样的联邦制政府当中，各利益相关方之间有着不同的甚至是相冲突的政治路线和科层式的绩效责任（bureaucratic accountability）。就此而言，促使中央、地区和地方政府认识到采取"全能政府"这一方法的必要性要相对简单一些。而真正的挑战则是要努力找到将"原则性的"共识意见转变成为超越政治和管理对立并且需要在基层进行合作的计划和项目。

近现代国家当中，最早和最为雄心勃勃地孕育、制订和实施国家和地方的犯罪预防计划的是那些政府体制比澳大利亚的联邦模式相对简单的国家。可是，这种情况绝不是偶然的。例如，法国于20世纪80年代早期实施了所谓的"博勒麦松"（Bonnemaison）项目，荷兰司法部于20世纪80年代中期制订和实施了所谓的"社会和犯罪"（Society and Crime）计划，英格兰和威尔士也于1999～2002年实施了"犯罪减少计划"（Crime Reduction Programme）。

二、法国的犯罪预防：政策观点

"博勒麦松"项目的命名来源于吉尔伯特·博勒麦松，他是一个调查犯罪及其反应方式的全国委员会的主席，而该委员会是由1981年5月选举产生的法国社会党政府掌权后不久设立的。作为在野的反对党，此前的社会党人士对前任政府过于依赖"法治秩序"的镇压政策一直持批评意见。然而，在执政以后法国社会党政府很快就面临着自己的挑战。在1981年整个暑假期间,在里昂和法国其他的主要城市发生了范围广泛的犯罪和混乱现象,包括骚乱。来自下层社会的青年人(包括一些移民背景的青少年)实施了一系列的非法行为,其中包括乘坐盗窃来的汽车飙车,以"使他们自己开心"。期间,他们与警察之间的激烈冲突接连发生(De Liege 1988)。

博勒麦松领导的全国委员会的成员由法国各主要城市的市长以及国家各主要部门的代表组成。该委员会拥有很大的政治影响力。例如,博勒麦松本人就是国家议会中的社会党副主席,同时也是巴黎附近一个城市的市长。该委员会的最终报告"正视犯罪:预防、打击和团结一致"(Bonnemaison 1983)的指导思想是由此前的专家小组提出的,但却在政治和政策环境中得以运用。

这份报告强调了三个关键性概念:"团结"、"整合"和"地方"。一个被排斥于主流社会生活之外的人更有可能实施犯罪行为。基于以上理论假定,该报告认为犯罪预防计划应当重点针对心怀不满的年轻人、移民、失业者以及其他危险人群,并且努力使他们融入到当地社区之中(Crawford 1998)。就在该委员会发布其最后报告之前,于1982年实施的应对犯罪的直接反应措施就是制订了一个针对18周岁以下的年轻人,且旨在确保那些哪怕是最为弱势底层的人们也能够参加到暑期有组织的娱乐活动当中的夏令营计划(a summer camp scheme)。在该夏令营计划实施的头一年当中,共有1万名年轻人参加了该夏令营,同时还有10万名年轻人参加了各种形式的有组织的项目(King 1988)。该夏令营计划特别注意针对北部非洲移民社区,同时采取招募来自这些社区的青年领袖(为他们支付报酬)来帮助执行这些项目并鼓励同龄青年人参与。

该夏令营计划的支持者认为,通过积极的方式释放年轻人的不满情绪有助于显著减少青少年的犯罪现象。然而，博勒麦松所关注的远远不只是形式多样的夏令营以及其他一些特定的活动。该委员会发布的报告还建议，要建立一个旨在致力于持续推动犯罪预防制定和实施的全国性的基础设施网络。

以上基础设施的建设是在三个层面上开展的：一是国家层面。如法国政府成立了一个由80位成员组成的"犯罪预防全国委员会"（National Council for the Prevention of Crime），该委员会由政府总理任主席，成员包括各大城市的市长以及政府各相关部门的代表。二是地区层面。也即成立"犯罪预防区域委员会"（Departmental Councils for the Prevention of Crime），由各地区的主要行政首长牵头，其主要职能是在中央和地方的犯罪预防组织之间进行协调。三是地方层面。也即鼓励在所有的城市和大的城镇成立"犯罪预防地方委员会"（Local Council for the Prevention of Crime）。该委员会由市长牵头，成员包括国家、地方政府以及社区组织的代表，其主要职能是负责制订和监督犯罪预防计划的实施。该计划当中不仅要就城镇的犯罪和安全问题及其产生原因进行系统评估，同时还要就有助于解决这些问题的机构和资源等问题进行系统评估。

地方的犯罪预防计划所关注的对象是事实上以及可能的犯罪人，同时还包括犯罪被害人的需要。其重点是基于专业机构的犯罪预防（参见本书第3章），主要表现为学校、住房管理机构以及就业及青年人支持中心等单位与警方进行合作，以发现那些处于漂流状态或者向着社会边缘发展的人群，并由此找到将这些人群从社会边缘拉回的创新性的方式。起初，城市计划为期12个月，但后来延长为3年。如克劳福特（Crawford 1998 p.222）所言，博勒麦松方法（Bonnemaison approach）强调的是基层工作的灵活性，以及在这种背景下努力确保传统上高度集中的国家管理体制能将资源和决策权力下放给地方的利益相关方。为了促进这方面的工作，"预防措施合同"（prevention action contracts）这一制度应运而生。这种合同由中央政府与各种各样的地方犯罪预防委员会签订，这也成为一个再次确认预防计划的指导思想，也即通过减少社会排斥（social exclusion）和城市的种族隔离（urban segregation），以及改善机构之间的合作和提高地方层面的反应能力这一操作原则来打击犯罪这一思想的主要机制。

需要指出的是，博勒麦松预防项目的实施是基于这样的认识，也即犯罪是经济上、社会上和文化上被边缘化的结果。因而，博勒麦松预防项目强调的是社会预防。法国的犯罪预防项目还包括关于公共住房以及一百多个遍布法国各个城镇的、旨在致力于帮助16~25岁年龄段的失业和低技能的人们应对住房、资金管理、文化以及就业等方面挑战的"青年人中心"的社区发展项目。"青年人中心"是一个富有创新的、旨在资助小企业和以公共部门为基础的预防项目（如协助教师重构流浪人群与教育体系之间联系的项目）的机构。然而，值得注意的是，地方的犯罪预防计划在情境预防以及其他形式的环境预防方面同样拥有很大的空间。例如，住房管理部门可以改善防盗门以及报警系统的安全级别，还可以加强针对一些地区的老年人的保护性措施。

从一开始，博勒麦松就不仅仅被视为一套有关制订地方的犯罪预防计划的程序。它也是一个政治纲领：努力提出一个前后连贯的、令人信服的"法治秩序"的替代选项。犯罪预防委员会、犯罪预防计划以及犯罪预防合同都不过是为了证明这样一种理念：社会包容（social inclusion）而不是社会排斥（social exclusion）应当成为减少犯罪中的核心问题。值得注意的是，在

第六章 犯罪预防：从理论研究到政策运用

20世纪80年代以前，战后法国的犯罪政策一直是强调镇压（repression），也即学者所称的"警察和司法部门严格执行刑法典以及监禁的广泛适用"（De Liege 1991, p.125）。而且，针对年轻人以及其他人群的社会福利项目一直就被当做完全孤立的事情对待，与维护社会秩序毫无关联。

在针对教育、福利以及其他服务的拨款当中，基层的利益相关者通常不会反对这种分担，这是因为他们对自己的工作被贴上犯罪预防这一标签之后的消极后果（参见本书第3章）保持着警惕态度。博勒麦松方法的优点之一就是有助于克服这种消极作用。此外，犯罪预防合同以及犯罪预防计划程序能够保证，当学校和就业中心等地方单位能够将更多的资源用于针对"危险"人群采取更多的预防措施之时，他们能够以一种不带来污名的方式从事这样的工作。社会预防能够融入到主流的组织体系以及日常工作当中，因而没有必要成为项目制定者和项目实施对象特别关心的事情。唯独在地方的预防计划制订这一层面，有必要就这些另外的措施是否有助于减少犯罪以及其他违法行为进行评估。

地方的预防合同以及预防计划的另一个优点就是，它们有助于确保以一种缜密和系统的方法对那些专门用于犯罪预防的资源进行分配。如本书前面章节所述，"犯罪预防"这一概念包含了从安装和运用闭路电视监视系统（CCTV）到加强针对弱势儿童及其家长的支持力度在内的范围广泛的措施。负责犯罪预防项目实施的地方利益相关者不得不就优先和重点事项作出选择，但正如美国的实践经验所表明的（Skogan 1988），就这些问题达成共识比较困难。的确，就为了获得政府资源这一问题上的竞争也会加剧地方上的冲突和意见分歧。博勒麦松项目基于其明确和稳妥的指导思想，以及由主要政治人物牵头成立的国家和地方的犯罪预防委员会这一基础结构上的特点，并且从一开始就制定了所有各方都必须遵循的限制性规定，从而有助于减少这种消极后果。

一些评论员认为，博勒麦松项目的政治色彩太浓，而且其实证基础不够扎实。由于该项目的实施，法国此前一直处于增长状态的有记载的犯罪率开始趋于稳定甚至下降。那些有了犯罪预防计划的地区的预防效果似乎最好。由于缺少能够证明预防计划有助于减少犯罪的实证依据，致力于犯罪预防这一独特的替代政策的努力长期以来难以为继。到了20世纪90年代末，甚至社会主义者也采取"法治秩序"这一政策取向，而犯罪预防只是作为后台任务（background task）再一次受到冷落。

三、荷兰的犯罪预防：一个真正的替代政策？

对政治的重视有余而对实证基础以及评估的重视不够，这种批评意见很难适用于荷兰的预防方法。荷兰发布的"社会与犯罪"（society and crime）这一政府白皮书奠定了荷兰政府于20世纪90年代后期制定的"犯罪预防战略"的基础。荷兰政府制定的"犯罪预防战略"得到了犯罪学理论的启发与支持。该政府白皮书首先回顾了荷兰自二战以来举报的犯罪（reported crime）不断增加以及警方的破案率（clear-up rates）不断下降的趋势。与多数消费者社会（consumer societies）一样，荷兰也经历了财产犯罪大量增加这一趋势，但这一趋势并不是起因于警方以及其他刑事执法机构等资源的增加，也不是由于被逮捕和起诉的犯罪人数量的增加。"社会与犯罪"这一政府白皮书认为，那些不够严重但却是多发性的犯罪类型的增加，其主要原因是犯罪机会的增加（是由于人口流动的增加所导致的结果）以及传统的社会价值观及其约束的弱化。由此，该白皮书得出这样的结论：孤立使用的刑事司法反应措施绝对不足以应对这些问题，而必须有其他的措施予以补充。具体说，该白皮书提出了三种主要方法：

- 改善城市环境中的物理设计，以提高监管的机会；
- 重新确认人们针对那些犯罪多发的环境（如住宅区、公共交通、公共休闲场所以及购物中心）负有进行专业性或者"功能性"监管的责任。这些人包括守门人、火车和公共汽车的服务员、运动教练以及青年工作者等。
- 努力寻找在家庭、学校、休闲活动以及工作等环境中加强年轻人与社会之间联系的方法。

与其他国家不同，荷兰政府就普通公众是否理解和积极应对政府的犯罪预防计划进行了认真的评估。荷兰司法部的调查报告就质疑了普遍存在的如下观点：公众舆论支持的仅仅是镇压政策（也即更多的警察、更严厉的刑罚）。有这样的表述：

> 关于采用预防模式还是矫正模式对付犯罪，荷兰人并没有特别的倾向。被调查的多数人都赞同这样的观点：以上两种应对犯罪的模式都有价值。将近70%的人认为，适用更加严厉的刑罚是应对犯罪的有效方法。然而，更高比例的人认为，应当要求犯罪人承担赔偿责任，而且要加强针对公共汽车、有轨电车、住宅区、学校以及商场的监管（比例分别为84%和74%）。被调查者中多数人主张增加对公共交通、商场等场所的监管，即使这样意味着成本的相应增加。（荷兰司法部1985，p.25）

为了就预防计划的具体实施进行协调，荷兰政府设立了"国家犯罪预防内阁常务委员会"（National Interministerial Standing Committee on Crime Prevention）。该委员会由政府主要部门的代表组成，其主要职责是负责把约3000万澳元的资金分配给为期五年（1986~1990年）的国家和地方项目。其中，所有的预防措施都将由荷兰司法部或者专家学者进行评估，而用于评估的资金为总数的10%。

上述基金支持的项目包括在公共住宅区引进"门禁管理"系统以减少损害和违法行为，以及遏制诸如破坏和进入这样的违法犯罪行为、针对财产损害和涂鸦的项目以及备受好评的针对鹿特丹市主要购物中心中的青年人行为的项目。上述最后的项目涉及一百多个商家加入一个由商家、警方、控诉部门以及当地政府的代表组成的当地犯罪预防委员会。该委员会的主要任务是促进当地零售商和年轻人之间的理解和善意、执行法规以及促进年轻人参与建设性的休闲活动。此外，委员会中的代表还会说服年轻人帮助制定和宣传关于购物中心中的行为的规章制度。为了达成这样的协议，专门留出两个地方供委员会中的谈判代表使用，而且该委员会专门拨出资金用于组织体育活动以及其他休闲活动。此外，该委员会还聘请办事公正的青年工作者（youth worker）组织开展活动并帮助那些经常光顾购物中心的青年人处理他们的就业、教育以及其他问题。

"国家犯罪预防内阁常务委员会"重点支持的另一个举措就是所谓的"中止项目"（Halt program）。该项目是一个在全国范围内实施的针对法院案件的转移性措施，涉及当地警方、控诉方以及社会工作者等多个方面的广泛合作。作为进入法院程序的替代措施，那些被指控实施了不够严重的犯罪的年轻人应当为犯罪被害人提供直接或间接的赔偿，如修复被损害的财产或者擦掉涂鸦。此外，"中止项目"还涉及帮助年轻的犯罪人应对教育、就业以及流浪等问题。

荷兰的研究结果还证明，学习成绩不佳（school failure）与

第六章 犯罪预防：从理论研究到政策运用

青少年违法犯罪之间存在着密切的联系（Van Dijk and Junger-Tas 1988）。受此启发，另一个旨在中学阶段减少逃学以及提高学习成绩的全国性项目也随即得以实施。该项目首先在一个较大的学生旷课率高的中学学校实验，其第一步措施就是改善学生上课记录系统以保证学校方面能够掌握那些"危险"学生的旷课情况，从而及早与学生家长联系。此外，还聘请了一位做学生及家长工作的专家。最后，还要对学校的课程设置进行调整，以使这些课程更能为这些学生所接受。

此外，还应将实验现场的结果与同样规模和学生构成的对照组之间进行系统的比较。每个干预组的效果应当进行分别评估，然后将调整过的预防项目在全国范围内予以实施。比如，对一个基于全国交通系统的预防项目进行了仔细评估。该项目招聘了约3000名"安全、情报和管理"（SIC）人员对三个城市的电车和公共汽车进行巡查。招聘的主要对象是那些弱势家庭背景的年轻人、少数民族人士以及妇女。其指导思想是，赋予人们更多的正式监管责任将有助于减少财产破坏、威胁或暴力行为以及逃票行为（fare evasion）。评估表明，其效果并不理想。与该项目设计者的期望相反，这些SIC项目并没有显著提高交通乘用人员的安全感。然而，这些SIC项目的确显著减少了逃票行为。约1/3的项目成本能够通过增加的车票收入得到补偿（van Andel 1988）。

在制定SIC项目当中，荷兰的决策者认识到，此前旨在提高交通系统的效率和降低其成本的努力通常涉及"剥离"那些其在现场的存在与安全紧密相关的工作人员，如售票员以及信息员等。警方试图弥补这一不足，但其自身一直受到要求合理分配人员和资源的压力。从实践中看，这就意味着并不是所有的公共场所以及半公共场所都能由日常巡逻所覆盖。面对这种趋势，企业界也就越来越依赖私营保安公司。

最先于1989年在多德雷赫特市（荷兰西南部港市）试点，后来推广到超过26个城市的"城市卫士"（City Warden）项目（Crawford 1998, p. 233; Hofstra and Shapland 1997）就是这一发展趋势的体现。该项目的主要目的在于构建有助于强化公共场所日常监管的第二层公共治安网，同时提供快速发展的服务行业的就业机会。该项目的招聘对象主要针对青年人以及长时间的失业人群。城市卫士的主要职责是就预防轻微犯罪（如乱丢废弃物和扰乱秩序行为）进行干预、在现场巡视以安定人心，以及作为"城市使者"（ambassadors for the city）发挥作用。

城市卫士并不享有正式的警察职权，但他们装备有无线对讲机而且在某些情况下可以要求警方提供支持。城市卫士要接受正式的培训，而且经过为期12个月的培训后就有资格参加公开考试，通过考试后就有资格担任私营保安公司的初级岗位工作。截止到1994年，荷兰全国共招聘了650名城市卫士。评估（Hauber et al. 1996）表明，该项目事实上有助于提高公众对安全的认识，同时也有助于减少犯罪行为如自行车盗窃以及妨碍公共安宁等。实际上，多数城市卫士在此后两年内就在私营保安公司中找到了工作（Van Dijk 1995, p. 9）。

"社会和犯罪"项目通常是作为"法治秩序"的补充而不是替代这一意义上被制定出来的。如前所述，该项目关注的重点是那些公共场所中发生的比较轻微的犯罪行为，而相对忽视了家庭暴力等犯罪行为。一些人士如斯瓦琳根（Swaaningen 2002）认为，地方的组织体系（这涉及市长与警方和检察官之间的通力合作）的运作特点限制了预防计划应对社会问题（如失业和社会排斥）的能力。在20世纪90年代初期至中期制定的项目如"综合安全政策"（Integrated Safety Policy）、"大城市政策"（Major Cities Policy），其目的就是为了解决这些问题。"综合安全政策"涉及五个国家部门在社区安全这一问题上的合作：内务部、司法部、福利及就业部、交通及公共事务部以及住房和环境规划部。其中，每年要就公众对犯罪的恐慌以及公众关于安全的观念认识进行评估，以有助于这些部门与地方政府一道实施安全项目。"大城市政策"晚于"综合安全政策"出台，该项目要求每个大城市都要就所面对的犯罪与安全问题作出清晰的描述并进行总结，同时针对这些问题制定出对策方案。基于这些方案，各个大城市然后就与政府各部委协商签订一个可以得到另外的基金资助的"安全协议"（safety covenant）（van Swaaningen 2002, pp. 268~269）。

由于采用区域协调计划，因而"大城市政策"彻底抛弃了"社会与犯罪"计划所采用的从项目到项目的方法。这就体现了这样一种观念，也即有必要确保犯罪预防能够融入到主流的社会制度和社会化过程当中。尽管取得了以上成绩，但凡·斯瓦琳根（van Swaaningen 2002）认为，荷兰的犯罪预防仍然没有能够针对并解决犯罪的深层结构性原因。斯瓦琳根认为，一定程度上说是由于中央政府一直不愿意下放资源和决策权，也即"地方政府实际上要用较少的钱办更多的事"（van Swaaningen 2002, p. 279）。这种情况反过来又说明，还欠缺致力于作为"法治秩序"之真正政策替代的政治及政策选择的坚定立场。

四、英国的犯罪预防：雄心勃勃

就英国的犯罪预防与社区安全而言，也存在着类似的问题。如瓦勒（Waller 1988）所言，英国在犯罪预防领域有着很长的历史，英国政府于1966年就设立了一个关于犯罪预防的常务会议（a Standing Conference on Crime Prevention）。该常务会议集中了英国工业联合会（the Confederation of British Industry）、英国商会（the National Chamber of Trade）、英国保险协会（the British Insurance Association）、英国工会联盟（the Trades Union Congress）以及英国警长协会（the Association of Chief Police Officers）的代表。该常务会议的主要作用就是推动商界更多地关注犯罪预防。

推动英国企业安装转向柱锁，减少盗窃汽车所带来的损失25%，制定关于住宅安全的安全规范以及提供维护学校秩序所需的设施……到1986年，该常务会议已经设立了关于汽车安全、住宅区盗窃、商场盗窃、商业抢劫以及针对特许经营商店使用暴力的专门工作组。（Waller 1988，p. 16）

成立于1983年的英国内政部犯罪预防处（the Home Office Crime Prevention Unit）也是在情境预防理论与方法方面享有声誉的先驱。该组织在一系列的报告当中针对旨在减少犯罪（从商场盗窃到抢劫）的实验进行总结归纳。然而，并不是英国所有的犯罪预防都属于情境预防。通过与非营利组织如"犯罪观察"（Crime Concern）以及"全国关心与重新安置犯罪人协会"（the National Association for the Care and Resettlement of Offenders, NACRO）之间的合作，政府也于20世纪70年代中期至后期资助了一系列针对高犯罪率的住宅区且结合运用情境预防和社会预防的示范性项目（参见 Hope and Shaw 1988；Ekblom 1987）。此外，于20世纪80年代实施的"城市安全"（Safe Cities）项目也采用了这种综合运用情境预防和社会预防的方法。

然而，最为雄心勃勃且最具争议的预防项目则是于1999年~2002年在英格兰和威尔士实施的"犯罪减少计划"（Crime

第六章 犯罪预防：从理论研究到政策运用

Reduction Programme，CRP）。根据最初的安排，该计划将得到政府为期10年的支持。当初，该计划是作为一个实证性和政府全面参与的示范性项目而宣布的（Homel 2004）。在英国内政部的一个考察报告证明并列出了那些值得采用的方法之后，该计划得以制订（Goldblatt and Lewis 1998）。该计划于1999年4月开始实施，头3年共获得2.5亿英镑的拨款用于项目开支，后来又追加了1.5亿英镑的拨款用于在城市中心安装闭路电视监控系统（Tilley 2004b）。

计划的制订者希望，"犯罪减少计划"（CRP）能够先行试验性采用那些被认为成本效益潜力高的预防措施。独立的研究人员将对每个实验性项目进行评估，同时预留10%的拨款资金用于该项评估。那些事实证明有效的项目随后将在更大的范围内得以实施，而独立的研究人员仍然要就这些项目的成本效益进行评估（Tilley 2004b, p.259）。

到最初的3年期结束之时，"犯罪减少计划"已经资助了一千五百多个由各级政府的各个部门（中央、地方以及社区层面的合作）负责的预防项目。资助的对象包括那些旨在解决针对妇女的暴力以及减少青年人在社会中的边缘化的项目，其中还包括有一个大规模的旨在减少发案量大的犯罪（如家庭盗窃）的国家级项目（Homel 2004）。然而，尽管有了上述进展，"犯罪减少计划"在结束最初的36个月的期限之后并未得以延期，而且多数评论人士认为"犯罪减少计划"远远没有达到预先的期望。例如，梯利认为，该计划"最终结果使得大多数参与该计划的人员感到失望"（Tilley 2004b, p.255）。此外，马奎尔也这样评论道：

"犯罪减少计划"实际上在其制订和实施的每一个方面都遇

到了困难,而且尽管获得不够明显的教训和收益可能需要一些时间,可是除了少数关于决定性的发现或者针对研究人员所赞同的实践做法在全国范围内予以"铺开"的成功项目以外,要指出更多的成功项目十分困难。(Maguire 2004, p. 15)

项目遇到这样的困难,其原因是多方面的。其中之一就是已经阐明的项目的"实证性"以及只有某种方法经过实验并证明具有成本效益的前提下才予以更大规模地推进实施这一理念,与犯罪预防应当引人注目并被公众解读为他们提供了安全保护伞这一政治需要之间的紧张关系。这种紧张关系首要和最为明显的体现就是政府决定额外预留 1.5 亿英镑用于在城市中心安装闭路电视监控系统。这种决定是在缺乏闭路电视监控系统始终就是应对城市中心所面临的问题当中成本效益最高的对策措施这一研究证据所支持的结论的前提下作出的(Welsh and Farrington 2002)。

"第一阶段进行试点及评估,第二阶段将成功的做法予以大规模推广"这一方法所存在的主要问题是,它使得"犯罪减少计划"的推广这一进程变得十分缓慢。要对"犯罪减少计划"进行准确评估就需要复杂而费时的数据收集与分析过程,甚至即使是进行了这方面的研究,专家们也未必能就研究结果的含义达成共识(Hope 2004)。到该计划实施最初 12 个月结束之时(1999~2000 年),"犯罪减少计划"在当年所预留的预算当中实际上仅仅花掉了 13%(p. Homel et al. 2004)。在面临着究竟是将该计划削减到原来设想规模的一部分还是大幅度地调整资助标准这一选择时,中央政府最终选择了后者。该计划的管理监督机构也由原来的坚持实证方法的研究与统计局(the Research and Statistics Directorate)调整为强调计划快速实施的内政

部中的级别更高的部门。在这一新体制当中:

……存在着削减资助那些具有创新观念和方法的项目的特点,而这有利于那些采用通行方法的预防项目。此外,该计划还过于注重贪婪性犯罪这一导致犯罪记录增加的主要犯罪类型(acquisitive crime)。然而最为重要的是,"犯罪减少计划"成为一个焦点本身就标志着一个从关于"什么起作用"的有力研究证据的必要性到强调尽快获得犯罪减少这一效果的转变。(Maguire 2004, p. 224)

在加快项目实施这一背景当中,"犯罪减少计划"也抛弃了原来的"整个政府"的方法("whole-of-government" approach)。起初,内政部被认为是该计划涉及的一系列政府部门当中的主要机构。"犯罪减少计划"的监管职责一直就是由内政部部长牵头并包括教育及就业部部长、环境及运输部部长、卫生部部长、社会安全部部长、贸易及产业部部长、司法部部长以及财政部部长在内的内阁机构负责。可是,到1999年下半年,该机构会议停止运作,项目管理及资金分配改由内政部负责(P. Homel et al. 2004, pp. 4~5)。

事后看来,多数评论人士认为,"犯罪减少计划"的最初设想过于雄心勃勃。项目要想获得成功,就需要使所有遵守实验性或者半实验性设计方法的项目评估让位于更加"现实的"方法(Pawson and Tilley 1997,也可参见本书第5章)。彼得·霍梅尔是首位对该计划撰写重要评论的作者,他认为对于"整个政府"这一方法的追捧也应当回归理性(P. Homel et al. 2004)。霍梅尔承认,犯罪的原因是"复杂而又各异的",它包括诸如家庭方面的因素、社区方面的因素,以及"社会及结构性因素,如获得保健、教育、就业以及住房的机会"。霍梅尔还认为，要想有效解决这些问题，就需要一些部门的投入和合作。然而：

> 在犯罪预防当中采用"整个政府"方法并不容易，而且它并一定就是最佳选择。这种方法包含过多的日常开销。例如，采用"整个政府"方法需要投入很大精力进行规划、建设和管理基础设施，以及得到持续的支持尤其是中央的支持。因此，采用修改的或者降低了的基于双边有效合作或者各部门共同协作的方法也许更好。（P. Homel et al. 2004，p. 7）

就政府以及犯罪学参与项目设计、实施以及评估的程度而言，英国的"犯罪减少计划"是前所未有的。通过参与这一项目，犯罪学懂得了在将理论研究转换为大规模的计划和项目时所必须作出的调整以及妥协。然而，可以理解的是，那些参与英国"犯罪减少计划"的人士仍然在努力吸取其中最为重要的教训：如果缺乏明确的政治眼光，犯罪学当中的知识从来就不会使犯罪预防计划取得成功。

正如"严厉打击犯罪：针对犯罪原因采取严厉措施"（Tough on Crime; Tough on the Causes of Crime）这一口号所表明的那样，英国政府从来没有明确阐述过这一观念。作为"犯罪减少计划"五个主要目的之一的"制定更为有效的量刑策略"，它就涉及改善刑事司法的公正价值。1998 年《英国犯罪及违法法》（the British Crime and Disorder Act 1998）（该法案提供了上述计划的立法框架）不再强调"法治秩序"的替代政策，这一法案也引进了"反社会行为规则"（Anti-Social Behaviour Orders，ASBOs）这一制度。"反社会行为规则"实际上将刑事司法体系的权力延伸到针对那些被认为越轨的个人以及组织，即使是尚未实施犯罪行为（Hope 2001）。

由于缺乏一个总的指导思想，"犯罪减少计划"从一开始就依赖技术和管理知识来提供权威和指导。关于那个项目应当予以大规模推广这一问题，体现在示范性项目设计及评估当中的科学原理就成为唯一的准则。这样，"协同政府"（joined-up government）以及"保持距离的政府"（governance at a distance）（Hough 2004）这些概念所体现出的管理知识就成为指导项目在地方实施的路径。一旦缺少这些知识体系，预防项目就会失去动力和正当性。

五、澳大利亚的犯罪预防：一同发挥作用吗？

法国的经验已经突出地表明，纯粹基于政治理念以及政治投入对国家以及地方的犯罪预防予以长期支撑是十分困难的。然而，英国的经历也已经证明，仅仅凭借专业知识也不能使预防项目取得成功。大规模的政策以及协作性的项目需要将专业知识和政治眼光结合在一起。那么，澳大利亚能够在何种意义上就此作出自己的贡献呢？

简单地说，澳大利亚的贡献十分有限。澳大利亚政府将犯罪预防和社区安全纳入到自己的犯罪政策当中，至今已有15年了。维多利亚州第一个就此进行实践，该州于1988年开始实施"好邻居"（Good Neighbourhood）项目（Sutton and Cherney 2002）。南澳大利亚州紧接着予以跟进，该州于1989年开始实施了一个为期5年且耗资1000万澳元的"共同面对犯罪"（Together Against Crime）计划。至今，所有各州及地区都制定了相关计划。1996年，澳大利亚联邦政府宣布拨出1300万澳元专款用于资助针对犯罪预防实践方面的研究。自那时起，澳大利亚联邦政府用于犯罪预防和社区安全项目与设施的开支不断增加。

2004年,联邦政府制定的"全国社区犯罪预防项目"(National Community Crime Prevention Program)共耗资6400万澳元。

无论是各州层面还是联邦层面,澳大利亚的犯罪预防政策一直受到国外做法的影响。一些州尤其是维多利亚州和南澳大利亚州一直试图采用法国模式,也即由中央政府制订计划和给予资金支持,但却由基层一级的跨部门的委员会负责实施(Sutton 1997; Sutton and Cherney 2002)。联邦政府一直就受到"什么起作用?"(what works?)这一英国和荷兰犯罪预防的指导思想的影响。除了委托相关专家就一些领域的问题撰写报告,如犯罪恐慌(Tulloch et al. 1998a)、学校霸道(Rigby 2002)、家庭暴力(Cashmore et al. 2001a)、原住民社区的暴力预防(Madjulla Incorporated 2004; Memmott et al. 2001; Blagg and Valuri 2003)、发展性及早期干预(Cashmore et al. 2001a)、预防年轻人与公共空间其他使用人之间冲突的措施(White 1999b)以及住宅盗窃(Henderson, Henderson and Associates 2001)之外,澳大利亚全国犯罪预防局(National Crime Prevention Unit)还依靠澳大利亚犯罪学研究所(Australian Institute of Criminology)的研究成果(Grabosky and James 1995; Grant and Grabosky 2000)。

当然,联邦及各州的决策者从国外实施的犯罪预防计划当中获得灵感这一事实,并不意味着他们就没有结合本地的情况对自己的犯罪预防计划进行调整和变更。但这不是一件容易的事。例如,尽管维多利亚州和南澳大利亚州从一开始就鼓励地方政府在犯罪预防的规划过程当中扮演关键性的协调作用,但实际操作当中却一直由于澳大利亚各级政府在犯罪预防中的"第三层"直接责任已经趋于减弱这一事实而受到阻碍。因此,地方政府希望将资金用于比犯罪预防更为广泛的目的。在维多利亚州,这方面的考虑使得州政府不断抛弃那些已经制订的预防计划，而转而资助其他新的项目（Sutton and Cherney 2002）。"更为安全的街道和家庭"（Safer Streets and Homes）这一于2002年开始实施的维多利亚州最为著名的项目，事实上到2006年也趋于衰落，而政府对犯罪预防的投入也趋于大幅度的减少（Cherney and Sutton 2007）。

在南澳大利亚州，问题出现得要更早些。在基层社区以及中央协调单位当中，有关何为优先事项这一问题的意见分歧早在"共同面对犯罪"（Together Against Crime）这一计划公布之后一年之内就已经出现。这直接导致该计划的首席主任，也即本书作者之一——苏通的突然离职。在对苏通的继任者的工作进行了十分挑剔且富有争议的评估之后，南澳大利亚州政府最终完全抛弃了这一基于计划的方法（Presdee and Walters 1998）。现在，州政府对犯罪预防的支持主要是指为以社区为基础的团体提供拨款（南澳大利亚犯罪预防处2007）。

众所周知，澳大利亚联邦政府参与犯罪预防与社区安全的时间比各州要晚好几年。在最初决定究竟采用项目方法还是计划方法之时，可能就受到了维多利亚州和南澳大利亚州遇到的问题的影响。然而从长远来看，与各州及地区的努力相比，全国性的犯罪预防可能更加令人沮丧。尽管花费了大量资金及时间用于犯罪预防及社区安全的研究，但澳大利亚总理于2004年宣布的耗资6400万澳元的一揽子计划当中却对此予以忽视。相反，联邦政府制定的"全国社区犯罪预防项目"却只得通过由社区团体申请政府补贴这一方法予以推动。当2005年9月为"与安全相关的基础设施"（security related infrastructure）这一计划额外拨出600万澳元专款之时，联邦政府就明确指出其宗旨是追求政治目的而不是基于研究的目的。实际上，上述资金多数用于帮助地方政府以及行业协会在购物中心和城市中心安装闭路电视监控系统（Attorney-General's Department 2007）。如前所述，尚不清楚闭路电视监控系统是否是应对所出现问题的成本效益最好的方法。

在澳大利亚，政府于20世纪80年代后期发起并领导的犯罪预防现今似乎已经风光不再。针对这一尴尬境地，彼得·霍梅尔在评论中做了很好的说明（Peter Homel 2005）。霍梅尔在被借调到英国内政部审查"犯罪减少计划"之前，曾经一直担任新南威尔士州犯罪预防主任一职。霍梅尔认为，澳大利亚旨在制定和实施连续性的犯罪预防计划的努力一直就受到与英国相同的问题的困扰：缺乏强有力的领导以及灵活周全的项目设计，同时地方与中央利益相关方之间的沟通不够。

然而，重要的是不要过于悲观。在一些具体领域如减少汽车盗窃（全国减少汽车盗窃委员会2006）、鼓励和促进针对贫困社区的多部门联合干预（Homel et al. 2006a）以及解决家庭暴力等方面，澳大利亚的决策者以及研究人员已经取得了重要成就。当问题出现时，它们更可能表现在政策及战略层面，而不是在基层。而困难主要是指中央政府如何找到在全心全意致力于犯罪预防的同时，能够确保这种努力能为基层利益相关方、大众媒体以及公众所理解、回应和鼓励的方法。显然，这种努力需要政治眼光、领导能力以及有效沟通。这也是澳大利亚一直以来所欠缺的能力。

六、犯罪预防的前景分析

我们认为，大规模的犯罪预防计划需要计划制订者和实施者的领导能力和政治眼光。也就是说，他们必须超越仅仅就"应当如何做"这一问题进行说教，比如关于"以证据为基础"以及"联合政府"等观念。以上两个原则固然重要，但英国、

第六章 犯罪预防：从理论研究到政策运用

美国、荷兰以及澳大利亚的实践经验已经清楚地表明，仅仅采用技术手段绝不会使犯罪预防获得成功。从本质上说，雄心勃勃的犯罪预防计划需要政府以及非政府部门当中范围广泛的利益团体的参与和投入。仅仅只是告知犯罪预防的计划和方法或者只是指导他们单纯依靠"专业知识"，那么这些参与方好比是没有曲谱和指挥帮助的一群初次凑在一起演出且富有热情的音乐家。这样，他们各自演奏的都是自己喜欢的曲调，因此产生的不是和谐之音而是不和谐的杂音。为了和谐有效地共同开展工作，各个团体组织必须拥有共同的眼光和目的意识。

当然，政府所需要传播的观念不仅是指调查研究，还包括价值判断和政治领域。前述章节已经清楚地表明，我们认为犯罪预防的中心主题就是在没有借助制裁和社会排斥的情况下，使公众认可并加强旨在减少犯罪以及犯罪恐惧的社会控制形式。我们赞同胡格的观点（Hough 2004），也即认为排斥性的"严厉打击犯罪"的夸张辞藻与犯罪预防最佳实践的诸多原则格格不入。这是因为上述观念赞同针对犯罪采用老套的"强硬"反应措施，而不是采取解决问题以及系统分析的态度。上述观念过于简单地理解犯罪原因，从而必然先入为主地拒绝这样的观念：也即家庭、教育及工作等诸多机构或过程同样可能具有犯罪预防作用。如前所述，西方国家政府开始"重新发现"犯罪预防的原因之一，就是因为对日益依赖引人注目的治安警务、严厉的法律以及严格的量刑所导致的人力资源及经济成本的担忧（参见 Crawford 1998，2002；Crawford and Matassa 2000）。

基于已有认识，我们认为政府明确阐述那些同样强调惩罚以及社会排斥的计划并由此获得公众的支持，这无论是在政治上还是技术上说都是可行的。就这种同样有效的预防模式的例子而言，我们可以看看新加坡这个城市国家。这个国家的中央政府绝不会针对以上问题采取模棱两可的态度。诸如"严厉打击犯罪，强硬对待犯罪的原因"（tough on crime, tough on the cause of crime）这样的标语首先诞生于英国，但很快在澳大利亚得到共鸣。这种情况似乎说明了政府的精明之处，因为它使得政治家们在避免给人以对待犯罪"软弱"印象的同时又作出了犯罪预防的姿态。然而，这种政治上的精明却要付出代价：相关预防计划和项目往往成为执行者的难题。

一旦中央政府已经明确提出犯罪预防的设想计划，接下来的步骤就是在其实施方面的跟进，也即使得这种设想计划转变为基层的计划和项目。与霍梅尔（Homel et al. 2004）的观点相同，我们认为其中关键的是合作模式（partnership model）。如英国和澳大利亚的实践经验清楚表明的那样，合作必须灵活和有弹性：这对于避免"放之四海而皆准"方法（"one size fits all" approach）而言十分重要。

与合作模式的要求相适应，以地方为基础的犯罪预防应当采取通盘计划（coordinated plans）这一形式，而不是由单个组织发起的以项目为基础的干预措施这一形式。地方的计划应当采取短期措施（如情境预防）与长期措施（如社会预防）相结合的方法。需要指出的是，法国的"博勒麦松计划"（Bonnemaison scheme）、荷兰的"大城市政策"（Major Cities Policy）以及英国的"犯罪减少计划"（Crime Reduction Programme）的主要特点就是针对地方的犯罪预防进行规划。澳大利亚的一些州也在就地方的犯罪预防进行规划。可是在澳大利亚，由于中央未能针对犯罪预防提供战略指导，这就阻碍了这一进程的发展以及损害了计划的凝聚力。

在已经构思出妥当计划的情况下，地方的利益相关方能够系统地抓住犯罪预防的战略目标。可是，关键的是犯罪预防规

第六章 犯罪预防：从理论研究到政策运用

划为灵活性地解决问题提供了空间。然而，情况并非总是如此。在英国，《犯罪及违法法》（the Crime and Disorder Act）包含了要求地方政府就应对犯罪与违法制订计划的内容。然而，该制定法上的职责并没有成为中央和地方政府以及社区团体之间进行对话的平台，而是似乎已经成为强加确定性目标（例如针对指标性犯罪的具体较少）的途径。在地方一级灵活以及独立自主地发现和解决问题，这种态度并未得到鼓励（Hughes 2004; P. Homel et al. 2004）。

前述章节已经清楚地表明，并不是我们最先指出解决问题是犯罪预防中的关键。隆·克拉克早先就认为情境预防的核心是解决问题（Ron Clarke 1997，也可参见 Clarke and Eck 2003）。社区发展方面的学者（例如 Toumbourou 1999）也同样强调需要一种开明的解决问题的方法。从许多方面来看，通过数据收集以及分析核查方法明确优先事项、找到利益相关方、指明干预的方法、阐明评估方案以及对效果进行评估就是科学理性主义（scientific rationalism）的具体体现。

然而，与标准的经营管理上或者科学理性主义的方法相比较，在大规模的国家或者地区的犯罪预防计划当中解决问题，这有必要采取更为灵活以及反复进行的态度。从对需要解决的问题的先后顺序进行排队到制定和实施解决问题的方案，当地的工作人员将会遇到一系列的挑战（参见 Clarke and Eck 2003; Laycock 2005b）。为了使犯罪预防获得成功，有关组织必须找到将权力以及发现和克服这些挑战的方法赋予这些基层工作者的途径。

针对英国"减少盗窃计划"（Burglary Reduction Initiative）的研究结果也支持了上述观点。梯姆·霍普是内政部任命的对该计划进行评估的一个专家小组的负责人，他研究发现那些更为成功的项目都具有适应不断变化的情况的能力，而不是一味生搬硬套地遵守内政部规定的原则（Tim Hope 2005）。此外，本书两位作者针对以地方政府为基础的犯罪预防以及维多利亚州的社区安全人员（community safety officers，CSOs）所做工作的研究结果也支持了上述观点（Sutton and Cherney 2003）。通过对英国"安全城市及郡县项目"（Safer Cities and Shires program）在地方的实施情况进行考察，我们发现那些拥有能够自由地适应日常管理当中遇到的紧急情况的权利的社区安全人员，对预防效果的满意度要高得多。

自上而下、管理严密的理性主义方法所存在的一个问题是，这种方法认为专门知识总是强于外行的评价。然而，我们的基本观点是，犯罪预防是人类的一种基本能力。正如威恩的研究结果所表明的那样，即使是就那些看起来更为专业和深奥的领域而言，忽视有关具体变化的地方性知识的专业风险评估也同样会令人沮丧地陷入失败的境地（Wynne 1996）。

如果犯罪预防计划要促进和体现创新精神，那么具备将地方性知识与专门知识相融合的能力就显得十分必要。过去30年的经验已经清楚地表明，企图在没有首先进行适应性评估的情况下，将"成功"项目移植到另一个新地方的努力会令人沮丧地陷入失败（Sansfacon and Waller 2001；Hughes and Edwards 2001）。应当指出的是，澳大利亚联邦政府以及部分州政府已经就项目尝试、项目评估以及关于"什么起作用"的认识提高方面做了大量的投入。然而，最大的挑战则是政府及其顾问如何找到方法以帮助基层工作人员提高自身在当地具体环境中运用这些知识的能力。中央政府所采取的过于规范的"菜单式"方法会对灵活性地解决问题以及推进创新产生阻碍作用（参见P. Homel et al. 2004a；Hope 2005；Maguire 2004）。

第六章 犯罪预防：从理论研究到政策运用

犯罪预防中的灵活性方法要求政府乐于与地方的利益相关方进行对话，以帮助发现关键问题究竟是什么。如果中央政府想要在计划实施当中得到支持，那么关键的是政府应当召集并参与到讨论之中，以帮助所有各方迈出至关重要的第一步：就需要解决的问题及其优先顺序达成共识。斯科冈针对美国基于社区的犯罪预防的研究结果突出地表明，当政府忽视上述第一步时通常就会出现问题（Skogan 1988）。当然，维多利亚州以及南澳大利亚州等澳大利亚一些州的经验也表明，过于开放性的对话也具有风险：如果中央政府过于软弱，那么预防计划有可能被地方的既得利益者所笼络或者破坏。就此而言，如果中央政府在对话之前或者对话当中明确阐明自己关于犯罪预防的立场观点并且就对话设立明确的界限范围，这种情况就很少发生。这种情况下，我们认为在中央以及地方的利益相关方之间签订一个正式的犯罪预防协议就具有意义。只要设计合理，正式的协议有助于确保犯罪预防获得明晰的资助资源，无论是就犯罪预防的目标远景，还是就特定地区实现该目标远景的方法措施而言。

上述协议当中所存在的问题之一是，这种协议可能过于正式和规定过多。这种中央政府和地方利益相关方之间签订的正式协议的主要目的不应该是设定目标以及续订该目标项下的资助资金。一个好的犯罪预防计划必须包括长期目标。如果中央政府真的重视创新和学习型的文化，那么这些计划及其实施过程就必须容许失败和成功。决定中央政府是否与某个地区签订一个新协议的主要因素不应该是前述计划所规定的结果是否全部得到实现，而是该计划的实施过程是否体现出有关方面实现其目标远景以及协议中所阐明的理念精神的真正努力。

除非预防计划在基层拥有既能够理解所有各方的利益，又具有通过制定和实施预防计划的复杂性来指导计划实施这一能力的专心致志的工作人员,否则这种努力不会成功。许多在地方实施犯罪预防的努力最终都归于失败,其原因是缺乏具有理解能力和专门知识的地方工作人员(Knutsson 2003;Laycock and Webb 2003)。就确保主要的利益相关方始终保持对犯罪预防的兴趣以及使得犯罪预防能够可持续发展而言,这些人员十分关键(Hedderman and Williams 2001)。如果中央政府想要培养当地的犯罪预防文化,它就应当将培养和支持这样的工作人员当成是自己的利益所在。他们的作用类似于社区安全人员(community safety officer),以及在澳大利亚、英国和欧洲其他地区的地方政府和警察机构当中已经十分普遍的社区安全辅助性工作(Cherney 2004a;Hughes and Gilling 2004)。社区安全人员能够在中央和地方之间起到重要的沟通协调作用。然而,他们的作用不应该仅仅局限于制定和实施项目这些技术意义上的工作。如果将犯罪预防视为一系列的对话理解过程,那么社区安全人员的核心作用就在于促进这种沟通和理解。即使中央政府不厌其烦地阐述其预防计划的目标远景,地方的利益相关方也未必能立刻理解这种目标远景,也不见得会认为其与他们自己的专业及利益相关。

那些对镇压和排斥被界定为越轨和具有破坏性的人感兴趣的人士,很可能乐意将他们的项目称为"犯罪预防"。可是,那些倾向于包容性项目的个人或团体却对此不愿苟同。这些人通常更为支持教育、就业以及其他相关的社会性措施,同时他们还不无道理地担心,与犯罪预防联系过多可能会造成污名以及产生相反的作用。在一个犯罪预防计划的工作环境当中,社区安全人员(CSOs)如能得到适当的训练,他们将有助于克服上述担心。此外,社区安全人员(CSOs)还能够有助于保证中央政府的资助资金用于提高诸如城市规划、教育、职业培训以及娱乐等实践活动的犯罪预防能力，同时使得这些实践活动能够不断"融入"社会主流机构（如当地学校、职业研究中心等）。

然而，在帮助地方的利益相关方制订、实施以及评估犯罪预防计划的同时，社区安全人员还可以帮助确保相关的投入能够在更为广泛的范围内获得认可和支持，从而有助于维持社会秩序以及减少犯罪。对于政治家以及其他利益相关者基于压力针对当地、地区以及州一级的犯罪"做些事情"而言，这种认可和支持显得至关重要。

通过满足中央及当地的利益相关者的需要这一方式来监督犯罪预防计划的制订、实施以及评估，这是社区安全人员以及其他犯罪预防专业人士的中心工作。就此而言，确立并维持上述方面的均衡远比从专业角度参与一个项目更为重要。然而，社区安全人员的上述能力有赖于预防项目的中央主办方就作为"法治秩序"之替代政策的犯罪预防的观念目标进行明确阐述，同时为地方利益相关者之间的对话和讨论制定出基本规则。正是由于犯罪预防有赖于如此广泛的因素，因此地方及其地区层面的犯罪预防常常成为政治问题。看不到这一层面的意义，而是仅仅将犯罪预防作为一门专业看待，将不可避免地导致犯罪预防的失败。

当然，我们并不是说，大规模的犯罪预防计划完全就是政治性的，同时没有就犯罪预防最佳实践进行研究和宣传的必要和空间。恰恰相反，这种专业知识对于确保维持推动犯罪预防开展的动力以及实现犯罪预防的目标而言，能够而且应当起到关键性的作用。例如，中央政府决策部门的主要作用之一就是与可能面临着同样的问题的地方以及地区的团队联系沟通，同时帮助他们共同分享经验和知识。这些知识可能包括犯罪预防的具体方法以及制订和实施犯罪预防计划的最佳方式。此外，犯罪预防专业人员（如社区安全人员，CSOs）所构成的网络能够通过传播关于犯罪预防成功或失败的知识来培养和提升一种学习型的文化（Fung 2004）。

上述学习型文化当中不应该回避复杂和严格的项目评估方案的运用，正是评估方案为项目计划的发展完善开辟了前景和可能。如本书第5章所述，我们需要对过于依赖实验模式（experimental model）这一倾向保持谨慎态度。为了减少对理论工作者所称的"内部效度"（internal validity）（也即一个具体干预措施有助于减少某种具体犯罪形式的可信度）的损害，旨在评估某一具体预防形式的效果的项目通常会针对干预措施的实施过程进行严格的控制。然而，正如艾克所指出的那样，过于严格的控制会导致发生那些日常实践中很少发生的现象（Eck 2002b）。而这又会反过来影响项目自身的"外部效度"（external validity）（也即可移植性）。赞同项目评估的纯粹主义者有必要认识到，对那些希望确保地方的预防计划能够包含"已经融入"的社会预防方法和单个的情境预防方法的实践工作者而言，坚持实验性或者半实验性方案可能会导致左右为难的窘境。面对采用那些他们认为做作而且造成污名和起反作用的方法实施犯罪预防的要求，这些实践工作人员可能希望接受项目资助、但却拖延和抵制进行项目评估的要求。

七、结论

对许多支持者而言，犯罪预防的优点似乎是不言而喻的。对他们而言，在犯罪发生之前进行干预要比依靠代价昂贵的警察治安以及其他刑事司法反应更为可取，这是简单的常识性道理。然而，澳大利亚以及其他国家的经验证明，将这样的"常

第六章 犯罪预防：从理论研究到政策运用

识"转变为政府发起的大规模的计划或者项目却面临着许多重要挑战。从纯粹实用层面来看，犯罪预防的确可能是所做的最为合理的事情。然而，正如迪尔凯姆所指出的那样，当整个社会对犯罪进行规定并努力找到对付犯罪的方法时，它总是比实施一系列产生实效的措施做得更多（Durkheim 1984）。

本章已经概要阐述了当政府希望将犯罪预防作为其犯罪政策的关键部分之时所能够采用的制度框架。我们认为，采用以协议和计划为基础的方法是确保犯罪预防在政治和政策层面获得成功的关键所在。当然，这种方法能够予以实施则仍然存在问题。它需要中央政府向基层的利益相关方下拨重要资源以及下放决策权力，但事实证明政府这样做的意愿不太强烈。此外，尚不清楚政治家们是否具有发起和支持关于主要社会价值观以及社会控制的适当方法（我们认为这是犯罪预防的起点）等问题的对话的能力和眼光。

无论面对何种挑战，犯罪预防均值得我们去做。在法国、荷兰、英国以及澳大利亚等国所实施的预防计划可能会遇到障碍，但它们已经获得了重要收益。现在，我们需要借鉴这些经验。当我们生活在一个已经借鉴了这些经验并将犯罪预防规划作为其犯罪政策之基石的国家或城市，情况会是怎样的呢？这个问题将在本书最后一章（第9章）中予以讨论。在此之前，重要的应当就社会控制的形式和犯罪预防，以及社区安全项目所可能产生的社会秩序问题进行认真思考。

第七章

公共场所的犯罪预防

一、引言

本章旨在探讨公共场所中的犯罪预防问题。具体而言，本章探讨的基本前提是：社区以及社区安全通常以我们生活、购物以及休闲的场所为基础。因此，我们所在的居民区、当地社区的人们对于安全的认识以及购物中心和商业大街的治安如何得以维护，都与生活在其中的人们有着具体而直接的关系。

当我们提到社区犯罪预防与社区组织时，十分重要地是应当明白：对国家而言，"社区"（community）这一概念包含着许多不同的利益、群体、竞争、工作日程、计划和关系（Carson 2004a，2004b；White and Perrone 2005；Hughes 2007）。当我们考虑具体的犯罪预防措施时，应当将上述情况一并考虑。

"社区"最初被理解和描述为一个地区范围。这种意义上的社区可能包括：

- 地理意义上的社区（地方、地区或者国际层面），也即生活在同一地区的人们。
- 权力结构意义上的社区（联邦、州以及地方政府），也即一定的选举区域范围。

- **服务提供意义上的社区**（交通运输、学校等）：也即当地政府等服务提供者。

然而，所谓的"社区联系"（bonds of community）可以包含超越地理意义的更多含义（Currie 1988）。这种联系可以理解为相互关联并深深地嵌入了人们的制度性影响和利益（如职业组织、宗教组织以及社区组织等）或者社会身份因素（如性别、种族以及阶层等）。这种联系与以下一些因素有关：

- **社会特征**（如收入、阶层、年龄、种族、性别、宗教以及公共或者私人住房等），也即具有相同背景的人们。
- **自我界定**（如参加某个俱乐部或者群体），即由拥有共同想法或者共同兴趣的社区团体或者联系网络。
- **行业或职业类型**（如零售商、贸易同行以及工厂等），即从事同一谋生行业的人们。
- **有组织的利益群体**（如居民群体、工会以及商业群体等），即政治游说群体。

因此，当我们谈及社区犯罪预防时，我们需要明白特定时间里所指的社区究竟是何种类型的"社区"，同时还需要思考，这种具体的社区为什么以及如何与犯罪预防计划的制定和实施相关联。

在本章当中，我们试图避免就犯罪预防问题进行一般意义上的背景分析，关注实践中的具体问题。其中，我们要再一次强调：犯罪预防与社会包容这一观念密切相关。这就需要就此进行适当地思考和规划，而且也需要将犯罪预防尽可能多地融入到日常实践之中。良好的犯罪预防应当与人们的日常生活相关联，而且就其自身而言应当是一种良性的关联。

本章拟就当地社区层面的犯罪预防，犯罪预防中的参与方法（尤其是强调社会包容的犯罪预防），公共场所的规划、管理以及购物中心和商业大街中的犯罪预防等问题展开探讨。接下来的一章将就公共场所的社会秩序混乱以及社区生活秩序的突然失调来探讨公共场所的犯罪预防问题。

二、社区参与和社会包容

在专门针对当地居民生活的犯罪预防措施当中,最有影响的可能是"邻里守望"(Neighborhood Watch, NW)。它是有效的,因此,为了阐明与犯罪预防实践相关的政治及社会问题之目的而就'邻里守望'的优点和局限进行探讨是有益的。

通常认为,社区安全和社区犯罪预防有三个主要目的:减少犯罪、减轻对犯罪的恐慌以及恢复团队意识(a sense of community)(White and Coventry 2000)。就犯罪预防一般而言,对邻里守望制度(Neighbourhood Watch)是否真正实现了上述目的以及它实际上起到了何种作用进行考察是正当的(参见Fleming 2005)。一般而言,邻里守望不会优先考虑社会预防这一注重犯罪的社会根源(如贫困、失业和种族歧视)的预防形式。与此相反,邻里守望主要关注的是犯罪的情境预防,尤其是犯罪机会的减少(如采用上锁、监管、财产标记以及更好的照明等目标加固方法)这一问题。事实上,邻里守望主要关注的是盗窃的减少这一问题,因而其应对的是范围相对较小的犯罪和违法行为。

从理论上说,邻里守望旨在让民众参与到监管活动中来,从而可能是能够使得治安警务更多地得到大众积极响应和负责的一种方式。可是,在实践中,邻里守望则往往主要优先考虑警方的想法以及着重强调犯罪控制,从而使得社区只能发挥辅助性作用。与此同时,也未能制定以"当地"的犯罪问题为优先应对领域的真正、直接的社区政策。反过来说,这样又会强化作为政策和行动之中心的"法治秩序"这一观念。从实际生活中看,我们也可以考察邻里守望计划的推出是否导致了犯罪从邻里守望地区转移到了其他地区,或者转变为其他类型的犯罪。此外,还可以就这样的问题进行追问,也即邻里守望计划是否可能导致了当地对犯罪恐慌的增加(参见 Crawford 1998)。

邻里守望的关键词就是增进"社区精神"、"合作"和"参与"。这样的关键词常常掩盖了那些以上关键词所没有包含但实际上由社区参与所蕴含着的精神。正如资料盒 7.1 所描绘的,对"社区参与"可以做不同的理解。邻里守望能够在选择性更大、更为全面的表格中找到自身的合适位置。

> **资料盒7.1　社区参与的类型**
>
> ● **市场调研**(民意测验、电话采访、调查等):以弄清楚人们如何看待某个事情或者社会问题。
>
> ● **约见决策机构**(担任社区顾问委员会职务的社区代表)进行会面:以弄清楚代表们如何看待某个事情或者社会问题。
>
> ● **吸收持反对意见的团体**(邀请不同社区的领导人进入核心决策讨论会):目的是通过将一种反对意见置于多种意见之中从而获得信任,或者消除不同意见。
>
> ● **社会治疗**(邻里整顿运动):社区实际上参与了该项活动,但其所做的工作或提供的服务却是由其他人决定的。
>
> ● **草根行动**(grassroots activism)(街道守望或污染监管委员会):最底层的人们为了自己、依靠自己而行动,而且就如何干预他们身边的事情作出自己的决定。
>
> (资料来源:Sandercock 1983)

当然,社区之间与社区内部有着很大的区别。如克劳福特就观察到:在那些最不需要社区对犯罪进行反应的地区,社区对犯罪的反应最容易产生；而在那些最需要社区对犯罪进行反应的地区，社区对犯罪的反应最难建立（Crawford 1999）。穷人和富人之间的区分是由社会地位上的"保障性差别"（security differentials）所决定的，而这种"保障性差别"已经日益成为财富、权力和身份的显著特征。与成分复杂的工人阶层社区相比较，社区安全活动在同质的中产阶级社区更容易得到支持。经济上的富裕与安全意识相结合，其结果之一就是形成了包括实体围墙、区域控制以及由私人保安经常巡逻和控制的所谓"门禁社区"（gated communities）（参见 Atkinson and Blandy 2005）。就这些社区而言，社区的居民就像被他们自己所积极致力的安全设施禁锢起来。低犯罪率的地区（主要是中产阶层社区）并没有表现出传统"社区"的某些特征，如亲密、联系、和互助：它们通常并不依靠非正式的社会控制机制，而是依靠正式的"外部"控制机制，如治安警察（Crawford 1999）。

另外，那些境况较差的社区却会因为自身所存在的犯罪问题而备受指责。可是，这些地区的居民对待社会问题的观念，将影响他们对犯罪的反应方式。例如，与那些把犯罪问题归咎于社区中存在可疑陌生人的社区居民相比较，将犯罪问题归咎于贫困、吸毒以及失业的社区居民可能不会支持那些"守护监视类型"的预防项目。然而，"一个社区在道义上的发言权"（moral voice of a community），可能往往会被那些"代表社区"而主张清除社区中的不良分子但又不具有代表性的精英分子所主导（Crawford 1999；Carson 2004a）。的确，如本书第 3 章所述，美国的研究已经表明，在基层富裕的"保守派人士"与贫困的"叛乱分子"之间存在巨大的裂缝（Skogan 1988）。

在许多情况下，对"不良分子"（undesirable）的界定通常是基于社区中的特定群体，而且一般是以年龄、种族、民族、社会阶层或者其他社会认同（social identification）的形式为依据。这样，围绕着"犯罪预防"活动所发生的社会交往（social interaction）可能会导致犯罪恐慌的增加（而不是减少）以及种族歧视等其他扭曲的与犯罪有关的观念（Rosenbaum 1987）。于是，这可能会导致社会排斥和分裂（social disintegration and fragmentation）（而不是集体主义的社区精神这一感情）的发生。此外，"我们"对"他们"这种彼此对立的心态也强化了这样的观念，也即犯罪和犯罪分子就是另类的"其他人"，并且"社区"遭受的是来自外部的某种方式的侵害，而很少认识到犯罪人就是社区中的成员，如邻居、丈夫、妻子、儿子或女儿。然而，我们知道，财产性犯罪多发生于贫困地区，而且犯罪人和被害人大多来自同一社区。就像贫穷和富裕之间的分界一样，犯罪也是基于政治和经济上的不平等而在社会地位上的划分（Vinson 2004）。

将安全予以商品化（正如到市场上去买安全门、防盗铃以及保安公司的巡逻）会加剧风险、危险以及对犯罪的恐惧。这有悖于社区的关键词，如联系、信任和团结。这样，由于个体对个人安全的追求可能会损害公共领域的安全以及人们对此的体验感受，因而"感觉上的安全"和"实际存在的安全"之间可能存在着内在的对立，特别是当人们从公共安全领域中撤退之时（Crawford 1999）。对于那些存在高犯罪率的贫穷社区而言，由于被媒体曝光而留下污名，因而这种情况更加严重。

我们认为，作为对以上问题的回应，强调一种既包含直接减少犯罪发生的干预措施，又包含影响"生活质量"的干预活动的更为广义的犯罪预防概念，是十分重要的。就此而言，关注的重点是要构建一个健康的环境。在广义的犯罪预防概念当中，社会吸纳这一议程意味着我们应该将较少关注财政赤字、存在问题和外来人群，而应更多地关注能力建设、解决办法以及参与者。主要的问题是如何通过使人们为了他们自己的生活和社区而重新思考、感觉和行动这一途径，来增强"社会凝聚力"（social cohesion）和增进"社会资本"（social capital）。

我们认为，对犯罪预防应当基于社会吸纳和大众参与这一理念来理解。但是，犯罪预防不仅是将社会吸纳视为目标（如促进确保人们融入多数社会生活领域的政策和实践），犯罪预防也是一个促进社会吸纳的过程。为了说明犯罪预防的现实含义，以下我们将对年轻人（他们通常是街道工作人员强制性干预措施的对象）直接积极地参与犯罪预防活动的方式进行简要考察。

三、让年轻人参与犯罪预防

尽管它尚未得到普遍应用，然而一种不仅尊重年轻人的权利和愿望，而且让年轻人直接参与到许多决策过程之中的积极和创新的犯罪预防实践、项目和计划已经开始兴起（参见 Salvadori 1997；White 1998；Crane 2000）。同时反过来说，许多年长者以前很少认可年轻人的特殊需求和普遍权利，但现在已经将这些视为理所当然的事情，无论他们是商场经理、市政委员会委员还是城市规划人员。

为了应对可能发生以及现实存在的社会问题，构建愉快、安全的社交空间（social spaces）十分必要。这就需要对特定的场所进行细致的评估，同时就可能出现的竞争性目标进行权衡。例如，当公共空间因为过度管制而变得"净化"之时，其光顾的人群就会很少，而这无论对市民还是企业而言都是不利的。而另外，那些没有安全感的公共空间也会很少有人光顾，而且这些空间通常是留给了那些认为该空间只属于他们的极少数人群（参见本书第4章）。

街道上存在的不断蔓延的紧张气氛（年轻群体之间或者年轻人、年长者以及权威人物之间的紧张气氛），可能都与最初是否对当地的特定场所进行过仔细检查有关（参见 Malone 1999；Robinson 2000；White 2001；White and Sutton 2001）。这些类似于本书第 4 章讨论过的基于环境设计的犯罪预防（CPTED）中的现场勘查（site surveys）。简要地说，这些检查的内容可能包括：

- **物理环境**（主要是发现那些不安全或者具有威胁性的场所）。
- **社交环境**（主要是检查公共空间的不同使用者和用途）。
- **监管环境**（主要是治安的类型以及安全保障的方法）。
- **便利设施**的类型（适合青年人使用的或者对年轻人友好的设施）。
- **公共场所中的人群流动**（特定区域中的人群流动）。

以上图示列表的目的是为了获得关于公共空间是如何在不同时间和被不同的群体使用的准确资料。此外，上述列表也能为年轻人参与社区空间的规划和设计提供路径（参见 NSW Department of Urban Affairs and Planning 1999；Malone 1999）。对一个大型社区的不同部分予以不同的认识以及给予不同的投入，这会就如何以一种保证和恢复自信的方式来改变当地的环境提供可行的深入独到的见解。提出的建议措施可能是提供更好的街道灯光照明这样简单，或者是举办有关滑板运动的深入细致的社区讨论会（可参见本书第 4 章）。

在政府部门和商业界，人们日益认识到，使每个人感觉到自己在一个环境中受欢迎对于培养一种社区共同体（communal wellbeing）和共同分享（collective sharing）意识而言是十分重要的。同样，社会包容（social inclusion）指的是为年轻人参与特定场所的决策（如关于场所的使用、管理规则和规划）提供各种机会和方式。例如，近年来，权威人士（如警察和保安人员）与年轻人之间的冲突已经被当做战略层面的问题而不仅仅是战术层面的问题来思考。这就是说，要运用一种以问题为导向的战略性方法来解决深层次的问题，而不是采用特定的策略（如请年轻人走开或者询问他们的姓名和住址）将年轻人排除在街头之外。

当地政府层面的所作所为对于街头生活的秉性有着重要影响。例如，如果当地政府采用一种把年轻人当做问题来强调的政策和认识，那么通常就会采取旨在控制年轻人的行为和活动的强制性措施，如宵禁、禁止玩滑板等。与此不同，如果当地政府把社区中的年轻人当做社区参与者来强调的话，那他们就会确保年轻人在制定和执行当地市政政策中的发言权（即使这些政策包含一些限制年轻人的内容，如滑板运动协议）。在当地政府层面制定对年轻人友好的政策以及促进年轻人的参与，有助于在年轻人和本地社区的其他人群之间培养一种互相尊重的、健康的关系。在澳大利亚，许多地方政府积极努力给予年轻人以发言权，同时让年轻人在当地政府的决策当中发挥作用，这方面已经有很多例子（White 1998；格兰诺奇市议会 2003）。

在当地政府层面制定年轻人友好政策的重要意义在于，其提供了一种就感觉到的以及实际存在的社会问题与年轻人展开对话和协商的氛围。这种对话和协商的场合要考虑到可能出现的不稳定局面在由于误会、过度反应和政治诡计而可能激化之前，采取措施予以"冷却"并为此做好准备。采取开放的对话方式以及致力于社会包容的努力会有助于缓解紧张局面，尽管如此，但对于无论何时何地发生的反社会行为仍然要进行认真评估并作出反应。

总之，就积极方面而言，毫无疑问近年来许多国家在关于年轻人友好的公共场所方面已经取得了明显成绩。这些成绩主要表现在以下方面：

- **特定的计划和项目**（如就对年轻人友好和不友好的环境进行记录归档）。
- **公共空间的长远计划和开发**（由当地政府进行综合性、多层面的开发）。
- **引导年轻人基于自身需要参与规划和现场开发**（尤其是滑板运动场和娱乐区域）。
- **在城市设计和规划的指导原则中特别地考虑年轻人的需要**（由主管市政工程和规划的政府部门落实）。
- **在当地政府层面鼓励年轻人参与以及制定年轻人友好的政策措施**（现在这方面在许多当地的议会体制和程序中体现得比较明显）。

这些发展当中所产生的一些问题包括就如下事项进行进一步的分析：如哪些年轻人进行了"参与"，以及是否实际上把"麻烦制造者"排除在外；这些方法与广义的社会控制议程之间的关系如何，以及它们是否真的导致了重大的社会变革；向年轻人提供物质资源会如何影响他们的参与特性；对抗性的政策和实践（如基于"法治秩序"的强制性措施）对上述可能的积极进展有什么样的影响。

如果要全面地认识社会排斥（social exclusion）这一现象，那么旨在减少这一现象的实践行动也必须是多层面和多方面的。纵观不同国家的情况，受欢迎的措施包括年轻人参与、整体政府方法以及对更为广泛的风险因素和保护性因素的关注。就那些与公共空间相关的具体问题而言，"物业管理"（place management）是一个与社会资本（social capital）、社区重建（community regeneration）等概念相联系的术语。"物业管理"是指：

在一个社区中通过协调和促进政府及私营机构达到对一个地方特别是贫穷地区的社会、文化和经济条件的改善。(资料来源:引自 Lee and Herborn 2003, p. 28)

年轻人的参与被认为是社会包容这一过程的重要组成部分。

四、来自街区的教训

犯罪预防包含着一系列的具体方法和干预措施。如果希望犯罪预防有效,就有必要打造一定的文化氛围和构建相应的物质基础设施。具体说,如本书第 2 章所述,良好的犯罪预防实践需要做到以下几个方面:

- 了解当地、当地社区的需要,存在的问题和公共设施。
- 充分理解当地存在的问题和需要优先解决的事项。
- 承认犯罪预防中的不同方法并选择一种针对特定区域或处理特定问题的最佳方法。
- 围绕犯罪预防目标的实现来协调各种群体、机构和个人。
- 持续开展旨在就当地的犯罪和反社会行为进行评估和讨论的社区讨论会。
- 制定关于社区发展和减少犯罪机会计划的协议和程序。
- 就犯罪预防的方法、观念和干预策略问题对相关人员进行培训和教育。
- 持续开展关于犯罪预防措施和计划的评估。

这方面,所面临的挑战是以一种良好的方法制订出当地的犯罪预防计划和战略。在这一过程当中,应当促进而不是削弱社区的社交生活。

犯罪预防旨在减少犯罪和反社会行为的发案范围。然而,重要的是要认识到,无论是整体的犯罪预防还是特定的预防措施都存在局限性。过于纠缠痴迷于应付感觉上的"犯罪问题",可能会导致采用过度的压制性方法和产生进一步的犯罪恐惧。这对于相关人员而言会产生适得其反的效果。

购物商场和夜生活街道等公共场所从一开始就很吸引人,这恰恰是因为这些地方的松散性和无组织性(这在本书第 8 章已经予以深入探讨)。实际上,这些地方吸引人的部分原因是因为一些场所引起人们的兴趣并使人激动,同时在这些场所偶尔也会出现轻微的不文明行为。对公共场所实施过度严格的管理也会阻碍人们光顾这些场所,这就如这些地方没有适当的管理秩序一样会使人们谨慎对待光顾这些地方。因此,公共场所和社区的犯罪预防总是涉及某种权衡。这就使得我们必须就与其他社会目标相关的犯罪预防中的优先顺序的程度作出决策,如确保人们能够进入他们想去的公共场所和参加公众活动,因为他们赋予这些地方以某种特别意义。这些特别意义包括哪怕仅仅是为了有机会观看各色各样的人群、人们的不同相貌和所穿的各种式样的服装以及参与各种各样的活动。

因此,为了使犯罪预防取得实效,就需要对当地的犯罪问题以及关于犯罪的观念认识、相关的物理和社会环境、人们关注犯罪的敏感程度,以及可能受到特定干预措施影响的人群的权利和优先解决事项等进行深度分析。制订犯罪预防计划所需要的不仅仅是简单地选择合适的方法,因为实践中这些方法从来就不是中性的,这是由于它们会产生一定的社会和经济后果。所以,重要的是要与当地的利益团体进行沟通协商,以便确定他们认为的优先事项究竟是什么,以及采取特定措施之后可能出现什么样的结果。

就各种不同城市环境中如何进行最佳的预防犯罪,已经有了大量的案例研究素材和批判性分析(Bell 1991;Trench,

Tanner and Tiesdell 1992；Schneider and Kitchen 2002）。这些研究设计的范围包括从大型综合性购物中心到高层建筑的住宅区。其中，研究当中已经归纳出可供思考的一系列问题。

五、规划与设计问题

此前，本书第 4 章已经就犯罪预防中的通过环境设计的犯罪预防（CPTED）理论和实践问题进行了批判性的评论。事实上，CPTED 在城市环境中的适用已经帮助我们归纳出了有助于使城市变得更为安全的一系列原则。这些原则包括：

- 提供灯光照明良好、方便使用的活动走廊。
- 确保由信息工作人员和其他辅助人员对公共区域进行实时监管。
- 把公交停靠站点和出租车上下客站点设置于活动场所附近，以便更好地进行监控。
- 鼓励夜晚期间招手即停的公交车服务。
- 在多层停车场的底层为女士预留停车位，并对她们进行监管。
- 改善位于城市中心的目标识别体统。
- 使用能够防止恶意破坏的设备，同时快速修复和替换遭到损坏的物件。
- 种植较高的灌木丛，以在人行走道与建筑物之间进行隔离。

（一）购物中心和商场

无论你喜爱与否，购物中心和商场在 21 世纪已经成为我们生活中的重要组成部分。它们本质上是商业场所，为各种各样的消费行为提供全方位的活动场所（而易趣网等网上市场则提供互联网上的虚拟购物)。购物中心是公共场所,这是因为它们显然是对公众开放的,即使实际上许多购物中心是私人所有或经营的。关于各个地方、不同犯罪和干预行为的良好的犯罪预防实践,许多出版物已经就此提供了有益的阐述。就目前而言,我们将引用来自美国、加拿大、澳大利亚和荷兰的有关购物中心和商场的实例。

(二)规划程序

在美国的圣塔莫尼卡市,当地市政府曾经考虑让一个陈旧且被认为是衰败和不安全的商场焕发新的活力(Sandercock 1997)。该商场被重新设计以便容纳购物、闲逛、开会和社区庆典等各种活动。重新设计后的商场拥有宽敞、充分的空间,可以为公众提供座位以及栽种植物和布置图片广告,这样成为一个栩栩如生的、有趣的环境。此外,该商场还可以容纳走道咖啡馆和街头卖艺表演。这样,来自社会各个阶层和行业的人们都可以来商场聚集。

从开始起,该公共空间就被规划和设计成一个"社区空间"(community space)。该设计强调容纳各种形式的活动、低级别且可以容忍的治安巡逻、鼓励而不是控制街头卖艺表演(他们不必试演)以及改善街道整体景观。这样设计的结果是,形成了一种社会包容的祥和欢乐氛围,而且街头犯罪很少发生。

关于环境的改变是如何能够影响人们之间的互动交往尤其是犯罪和攻击性行为的另一个例子,就是加拿大安大略省购物中心这一实例。在该例中,警方对购物中心的周围和内部区域进行了一个通过环境设计的犯罪预防(CPTED)性质的勘查。结果发现,在购物中心附近存在一个单独的、看起来与购物中心相隔离而且似乎容易成为攻击行为等不文明行为发生地点的"空间死角"。警方建议打开该空间,以便与街道连通并向街道行人开放。随着该空间物理特征上的变化，据报道该空间里流浪、毁坏财物以及其他类型犯罪行为的发案率比变化前降低了。因此，对商业场所的使用可以从建立更为安全的场所这一立场进行调查，同时通过对不安全的场所进行改造来提高监控能力（Schneider and Kitchen 2002, pp. 174~175）。

（三）管理协议

在澳大利亚，布里斯班市议会制订和实施了一项旨在改善主要的人流中心（包括购物中心和商场）之间的联系和安全状况的计划（Heywood et al. 1998）。该计划当中，作为建议采取的做法的一部分，关注的中心集中于人流中心内部的管理实践，如安全管理。

建议要求这些中心制定明确、公平、非歧视性并且适用于所有用户的规则。也即应当就处理一系列问题（如利益相关人士所经历和体会的那样），如中心的管理、店铺老板以及年轻人的管理问题制定协议。这样的协议应当就回应年轻人需求的青少年服务问题作出规定，而这些规定内容将在经理、警察、保安、青年服务和年轻人遇到困难时提供切实有效的指导。除了这些一般性协议之外，建议还要求就保安人员在接触年轻人之时以及对保安人员进行特定训练制定一个具体的"操作规则"（code of practice）。此外，建议还鼓励中心的管理制度由原来严格的"执法"模式转变为更加"以顾客为导向"的安全制度模式。

"迈耶中心年轻人协议"（the Myer Centre Youth Protocol）是为了处理年轻人使用该中心可能产生的问题而于1998年制定的。该协议制定是当地政府、当地一家主要零售中心和青少年部门之间通力合作的成果。该协议的主要内容包括：公开透明和责任义务；健康和安全；机会和平等；年轻人的参与；最低限度妨碍安全的条款；顾客服务；投诉的赔偿（Crane and Marston 1999）。其他一些地区也想制定类似的协议。例如，澳大利亚新南威尔士州已经就购物中心的主要管理、保安、入住或使用人员之间如何达成协议制定了一个分步实施的指导大纲。该指导大纲旨在为当地人制定适合特定社区和购物中心需要的协议提供帮助（NSW Shopping Centre Protocol Project 2005）。

（四）公众参与及服务提供

在荷兰鹿特丹市一个名叫"瑞普林"的购物中心，存在着严重的各种形式的年轻人犯罪和毁坏行为（Hoefnagels 1997，也可参见本书第6章）。事实证明，采用严厉和压制性措施处理上述问题只会导致出现更为严重的年轻人问题。

于是，一个有着广泛基础的社区委员会得以成立来解决这个问题。其主要成果之一就是为"瑞普林"购物中心制定了"行为规则"（rules of conduct），同时这一情况由警察通过当地学校告知了该地区的年轻人。此外，还任命了一位"街道青年工作者"（a street youth worker），其工资的75%由该城市支付，其余25%由雇主协会支付。这位青年工作者的工作独立于警察、法庭和商店雇主。这样，在购物中心之内设立了两个所谓的"忍耐力"场所，而且这位青年工作者为使用该购物中心的年轻人提供帮助和开展活动。同时，每当出现问题时，该青年工作者就会与当事各方直接商讨，从而增进了店主与年轻人之间的交流。采用这些措施之后，商店盗窃和毁坏财物的行为在相当程度上得以减少。

类似的干预措施已经在澳大利亚进行过尝试。例如，在澳大利亚西部的珀斯市，一家郊区购物中心的经理面临着故意毁坏财物、购物者的恶习、保安和年轻人的冲突等问题的困扰。于是，该购物中心经理与当地一个年轻人组织联系以寻求帮助，由此成立了一个委员会来调查该问题。这个委员会由来自购物中心的管理层、当地议会、当地的年轻人服务组织、州和联邦政府部门、当地企业、警方以及社区组织的代表组成。与此同时还进行了一次调查，以更好地掌握情况以及制订适应年轻人和社区需要的计划。最后，该购物中心聘请了一位兼职的年轻工作者，其工资由购物中心和政府部门共同支付。该兼职年轻工作者的职责是与购物中心的年轻用户一起工作，在他们和现有的支持及信息服务之间牵线搭桥，从而成为年轻人和购物中心管理层之间的沟通桥梁。结果是，购物中心的氛围发生了由对抗走向协商的显著变化。此外，这样的调适性方法还导致了一些活动的举办，如每月定期的摇滚音乐会，同时参与购物中心组织的年轻人社交广场的热情也在高涨（White 1998）。

以上实例表明，存在成本相对较低、效果显著的旨在减少犯罪和犯罪恐惧的实际措施。在接下来的部分，我们将深入讨论干预措施的两种类型：一是公共购物中心区域的犯罪预防；二是私营购物中心的犯罪预防。

六、犯罪预防与社区空间

大致说，购物中心区域和商场空间的犯罪预防方法有两种。这两种方法并不必然相互排斥，尽管它们的确体现了相反的预防理念：

- **排斥性方法**（the exclusionary approach）关注的中心问题是如何设法减少那些被认定为潜在"麻烦制造者"的人群或团体的出现机会。这种方法通常会导致保安人员的数量增加、针对商品安全标识的投入，还可能为了确保有更多富有的顾客而对公共交通进行限制，同时会加强对闭路电视摄像头的使用和雇佣更多的商店侦探。

- **包容性方法**（the inclusionary approach）关注的中心问题则是确保这些场所空间能够满足整个社区的需要。这种方法会导致在购物中心之中雇佣年轻人和社区工作者，设立旨在使人们感到自己是社区的组成部分并以购物中心为荣的咨询、福利服务和媒体宣传机构。

澳大利亚和其他国家在最近几十年里经历了快速而又深远的经济和文化转型。许多人对自己的工作和前途以及子女、后辈的前途感到渺茫。于是，将关注点转向维护良好、严格控制和可预见的物理环境，可能是有助于缓解这些压力的努力的一部分。更有甚者，为了激起人们的兴奋情绪，同时也出现了一种希望公共场所在某种意义上不可预测的愿望。

我们还应当认识到，就对安全问题的关切而言，不同的人对此的看法往往完全不同。例如，一些研究已经表明，在公共交通场景中，老年人往往惧怕年轻人（Tulloch et al. 1998a），但是具体针对购物中心中的老年人进行分析的研究表明，这些老年人并不那样害怕年轻人。更确切地说，老年人往往在他们喜欢的时间逛购物中心（通常是早上），而且他们"避开"他们的孙子女们并不是因为惧怕他们，而是他们想以特定的方式聚会（例如，兴高采烈、大规模的群体，不但很占地方，而且十分喧哗）。一旦你悟出了有关避免遭遇的非正式规则（你们把购物中心的上午留给我们，我们会把购物中心的下午留给你们），那么任何犯罪预防的问题也就悄悄消失了（White 2007a）。从这个意义上说，犯罪预防作为一种日常活动涉及空间的包容和排斥问题，因为这两者都是不可避免的现象，而且都依赖于紧密相关的社会环境。自我排除（self-exclusion）是一种自愿但却是消极的态度，它是构建能够真正满足各种年龄层次需求的公共场所这一进程中的一个重要方面。

（一）公共购物商场

资料盒7.2描绘了一个作为公共所有和管理财产的购物商场的理想环境。如前所述，指导原则就是引导地方政府中的相关部门实现从原来的仅仅把自己的角色简单地视为商业促进者和管理者，转变为倡导和支持混合企业以及所辖区域社区的参与这一角色定位。这里的基本思想就是，购物商场的任何发展（尤其是在公共所有的情况下）都应该以欢迎并支持多样性和差异性的包容性策略为基础，与此同时努力维护公共空间的所有用户对安全的期望（对安全的希望）。对那些有兴趣将公共空间转变为"社区空间"的人而言，这里所述的原则和做法至少已经是一个关于该领域中将来很可能需要考虑的事情的例子。

资料盒7.2　理想的露天购物商场

购物商场应当被理解为社区空间，而且当地政府能够促进以社会包容为主题的活动开展，也即包含尽可能多的当地不同行业的人们的参与。

未来的规划应当强调，购物商场应当被当成一个社区资源和社区集会场所来使用。商场使用的统一主题是，购物商场能够提供社会性质和物理性质上的联系，也即不同的年代、性别、种族、城市区域以及不同社会背景和个人利益的人们之间的联系。

在这种情况下，在购物商场内设置一个或多个"社区"设施（如一个公共图书馆、一个年轻人聚会中心、一个成人教育设施）应该是非常受欢迎的。此外，也可以在商场内设置一个独立的区域作为孩子们的指定的游乐场所。与此同时，还应当鼓励出于社区目的（如定期"星期天市场"和免费音乐会）经常使用购物商场。

作为一个社区空间，商场应该对范围广泛的活动开展和利益团体开放，无论是表演性质还是其他性质的活动。棋牌俱乐部、小区议事堂、社区的少数民族协会和俱乐部、涂鸦艺术家、滑板运动等活动都可以将商场作为培训和表演的舞台来使用。

购物商场的社区使用和商业使用之间应当是相互促进的关系,而不是相互竞争的关系。将商场成功打造成为一个人们喜爱的聚会场所(在一些地方人们积极主动地选择在商场聚集),也会促进人们对商业性小店的需求(如小吃店、咖啡馆和精品店)。

商场应当成为更为惬意的聚会、散步和歇息的场所,通过针对商场的物理环境设计,当地政府就能够确保商场向社区各界人士提供一种安全、诱人的氛围。

商场的物理结构和设计会对人们如何使用这些场所,以及人们关于该地区安全的看法产生影响。优先考虑的是要对商场的要素(如屋顶或帐篷)提供全面的保护。通过这种方式把商场包围起来就能够增强安全感和舒适感。这种半控制形式的环境能够给用户提供一种与"硬顶封闭式"建筑所提供的环境不同的放心的感觉。

为了保证对环境的自然监管和和专业监管,确保清晰的视线是必要的。此外,栽种适当的低矮灌木和不间断的树木也能够保证现有的人行道有一个凉爽、绿色的分支小路。同样,策略性地在商场各处布置的鲜艳旗帜和横幅也能够增添一种活力和喜庆气氛。

商场中应该有综合性的关于便利设施的标志,其中至少一些标志不仅是用英语书写,而且还应当用最近迁到当地的移民的母语书写。总之,应当有意识地努力确保街道设施、雕塑等固定设施都能反映和促进当地的文化多样性。

应当造就一个适应多种目的的表现舞台。所有设施和特定用途的材质都应该使用耐用和防涂画的材料制造。同时,应该对设施、道路和覆盖物进行全时段的良好维护。普遍的经验表明,预防公共场所中的破坏行为和其他形式的反社会行为的最有效方法之一,就是确保相关的环境得到了良好的维护或者看起来得到了良好的维护。犯罪预防这一基本原则要求,维护和清理商场内部和周围环境这一项工作将会处于优先地位。

无论是基于现实情况还是通行的观念,都应该运用低调、友好和包容性的方式经营和管理购物商场,而当地政府也应该主要通过"社区信息员"(community information officers)的使用来确保商场环境的安全。

健全和充满活力的"社区"商场中最为成功的例子往往就是那些一方面能被有效监控，同时另一方面又能对各种活动、各种群体以及对公共场所的各种用途保持宽容态度的情形。总之，安全应当是实实在在的，但也尽量不要张扬。实施干预（包括被动的和主动的）的要领是促进和谐的社区关系，而不是就可能违反规则和法律这一危险提请在场的人注意。

　　可以主要通过"社区信息员"的使用来处理商场的安全问题。"社区信息员"将会为商场用户提供信息和帮助，与警方、私有保安服务商、医疗救护人员和其他紧急情况（如吸毒、丢失孩子）服务机构保持联系，与维护人员和清理工人一道工作以确保快速和有效地解决损害等问题（如发现不干净的地方、不安全的设备），还包括提供关于当地社区设施和服务的信息（如学校、社区居委会等）。此外，他们也可以帮助安排和管理商场辖区内的特别活动及经常性的展览会。

　　可以在当地招募"社区信息员"，同时应当表现出地方政府致力于社区安全的努力以及商场在维系不同群体和社区当中的作用。比如说，"社区信息员"的成员应当包括年轻人和年长者、英裔澳大利亚人和少数民族、男人和女士，等等。尤其重要的是，应当积极鼓励年轻人申请和担任"社区信息员"岗位，因为事实证明同龄人引领的安全是减少年轻人和其他公共场所使用者之间冲突的最为有效的方式之一。

　　还可以成立一个正式的管理委员会来管理和监控商场内的安全状况，其组成人员可以是来自当地警方、企业、社区组织和使用商场的年轻人。该管理委员会将成为一个经常讨论和思考商场安全问题的主要论坛，同时确保以合作的方式对待犯罪预防问题。此外，还可以定期召开管理委员会与社区信息员之间的会议，以就目前的状况、已经存在和可能出现的问题，甚至是关于未来优先事项的规划和建议等问题进行反馈和讨论。同样的道理，从减少犯罪恐惧以及确保对商场所发生的事件有一个符合实际的公众评价这一角度来说，管理委员会就购物商场之内的生活问题与当地媒体保持良好的沟通也是有益的。

（资料来源：White and Sutton 2001）

另外，许多购物和聚集场所都是私人基于商业目的所有并管理的地方。这种情况下，很可能就要求对犯罪预防和社区安全采取一种不同的态度。考虑到从管理角度看，购物中心存在的主要问题通常与年轻人密切相关，因而以下部分主要探讨购物中心环境当中针对年轻人的积极和非强制的犯罪预防方法。

（二）对年轻人友好的购物中心

现在，已经有了越来越多的记录在案的、以对年轻人友好为特点的开明的商场管理方法。如本章前面所述，这些方法通常主要是指包括年轻人在内的不同利益群体之间的积极对话，针对青年服务组织和青年工人的支持帮助以及依靠低姿态的包容性质的管理措施（参见 White, Kosky and Kosky 2001；Crane and Marston 1999）。为了厘清不同环境中犯罪预防的复杂性，以下我们集中讨论一个具体案例：

2000 年 2 月~5 月，"MCS 购物中心年轻人项目"（MCS Shopping Centre Youth Project）对位于昆士兰和维多利亚的几家购物中心的年轻人与社区中心之间的关系进行了考察（White, Kosky and Kosky 2001）。当时，MCS 房地产有限公司在全澳大利亚拥有 24 家购物中心，其中多数是中等规模、主营食品的近郊或小区购物中心。该项目的目的是：考察购物中心之内年轻人与社区之间的关系；探索旨在构建商场中对年轻人友好和社会包容性的空间环境的积极主动的方法和实践；研究如何才能使这种方式不仅能够提供有益的社区空间，而且能够通过减少费用和增加营业额这一途径为购物中心带来实实在在的利益。

通过对位于凯恩斯市（澳大利亚港口城市）郊区马诺拉的 festival faire 购物中心的实例研究，项目组就该购物中心在管理当中是如何构建起一种强烈的社区参与（community engagement）意识（特别是对于当地的年轻人）的过程进行了纪实性报道。

此外，研究还发现，festival faire 购物中心针对一个潜在的年轻人问题进行了妥善处理。具体说，针对那些经常发生的且被认为是无足轻重的事情（如学生赛跑或兴致勃勃）或者不严重的事情（如商店盗窃），festival faire 购物中心通常都会以一种大多数顾客不注意的方式加以低调解决。

在近郊主营食品的购物中心（SRFB centres）中所普遍存在的青年人问题，也反映了由购物中心所组成的当地社区所存在的问题。在过去10年中的不同时期里，festival faire 购物中心中先后出现的年轻人问题主要有如下几种类型：

- 破坏财产的行为。
- 盗窃。
- 不守规则的行为。
- 入室盗窃。
- 短时间的年轻人之间的群殴。

年轻人与购物中心管理之间关系的性质在任何时候都是由一系列因素所决定的。在 festival faire 购物中心案例中，房屋租赁的具体特点对于看待年轻人的方式、年轻人与购物中心其他用户之间的相互关系，以及如何处理年轻人的反社会行为等都有着深刻的影响。其中，关键因素是当地的人们对于使用购物中心的年轻人的了解认识。这种了解认识要受到存在于购物中心所在区域的"替代性学校校园"（alternative educational campus）的激励和影响。此外，这种了解认识还会受到与社区联络员合署办公的警察局大院这一现象的维系和加强。"巡警"（Police Beat）办公大楼是昆士兰类似设施中的第一个，它是由行动值勤室和联络员所组成。

在购物中心的其他用户看来，有个性的年轻人容易得到认可和拥有一定的社会地位，这是由于当地人通过现有的购物中心网络（包括替代性学校）增加了对本地区家庭生活的了解。教师与购物中心中的社区警察之间的合作意味着，要发现某个年轻人在某个时间参与了哪种活动通常会比较容易。低级别的干预手段是针对购物中心的最佳管理方法。例如，保安人员通常会让那些曾经偶尔有过闹事经历的年轻人知道他们已经被监视着。这种监视是以一种友好的方式来实施的："早上好，我们知道你在这里，所以请检点自己的行为"（伴随着微笑）。采取这种主动而又温和的方式，有助于在最大限度减少冲突的前提下，预防和防止反社会行为的发生。

保安人员应当熟悉购物中心用户的社会关系及家庭成员，包括跨越辈分的家庭成员（如父母、孩子、祖父母）和亲属关系成员（如阿姨、叔叔、侄子、侄女）。重要的是，对文化的敏感性（cultural sensitivity）被视为是从事保安工作的一个关键性要求。在适当的情况下，应当吸收家庭成员参与对不法行为的监控。例如，在某种情况下应当咨询老年人并请求他们参与。同时，当年轻人长大后，他们通常也会对下一代起到正式的监管作用。这种情况在习得性安全记忆（institutional security memory）的传承当中体现得尤为明显，也即在孩子们明白"可接受"与"不可接受"行为之间的清晰界线之前，给他们讲述"曾经是什么样"的关于安全的故事。

侮辱行为和公共危害行为（如辱骂、吐口水和过度的噪音）通常是保安人员关注的目标。重要的是，对他人表示尊重被当做是一种正确和良好的核心准则来赞美，无论是年轻人还是成年人都是积极地看待这一准则，并且将它视为自己周围值得鼓励的优良行为。诸如上述明确和合理的基本规则有助于建立良好的联系并且使人们在购物中心里感到安全和舒适。在如何运用非正式控制（informal regulation）方法应对某些具体事件（如涂鸦或破坏行为）当中，对年轻人的熟悉程度就会在其中发挥作用。由于权威人士和其他年轻人已经熟悉年轻人的特点，因而发展趋向便是在没有警方正式干预的情况下，使他们改掉自己的失常行为。

在商店如何对待商店盗窃行为这一问题上，这种态度也会反映出来。实际上，许多商家（以及购物中心的保安人员）采取的方法是运用体贴和谨慎的方式来应对年轻人，如资料盒7.3所示。

一般来说，上述商家应对盗窃行为的反应方式体现的是一种磋商和策略性思考（strategic thinking）的文化精神。其指导思想就是与年轻人建立一种持续的良好关系，而且只有在对年轻人发出多次警告之后才会交与警方处理。

资料盒7.3　应对商店盗窃行为

- 以尊重的态度处理被当场抓住的实施商店盗窃的年轻人；
- 以透明的方式和稳妥、公正的方法处理违法者；
- 如果年轻人不再实施商店盗窃，对他们进行"帮助"；
- 多次进行警示；
- 禁止屡教不改的违法者（persistent offenders）进入商店；
- 只有在严重的和反复实施的商店盗窃的情况下，才能诉诸警方。

然而，商家处理包括商店盗窃在内的"年轻人问题"的准确方式却发生了变化。有时，一些商家倾向于将安全问题以及其他"年轻人问题"的处理置于自己的掌控之中。但是，如果处理方式包含强制性的干预措施（如使用强力手段抓住年轻人、对周围的孩子和年轻人强词夺理或者要求他们离开购物中心），这些处理方式就不会得到管理部门的支持。也许有人认为，这

样的反应方式是一种针对特定和紧急情况的"自发的"（spontaneous）反应。然而，这些措施却通常包含了与此种情况不相适应或者说不周全的措施。商人们常常不能正确认识到他们采取的具体行动的消极后果。

如果要谨慎和合法地处理年轻人问题，那么商家和治安官员之间的密切联系，以及针对治安问题进行教育就显得十分必要（参见 Sarre and Prenzler 2005）。当商家进行干涉时，他们应当认识到：

- 他们的行为将会被所有在现场的顾客所看见和评论。
- 如果他们抓住了一个小孩或年轻人并且指令他们离开购物中心，实际上他们并没有权力这样做，而且进一步说他们实施这样的接触行为可能就是在犯罪。
- 商家的任何具体行为都会给其他商家和购物中心造成不良影响，从而导致营业额的下降和良好关系的恶化。
- 咄咄逼人的个别行为背离了购物中心管理者所采用的周全、策略和谨慎的控制性措施这一初衷，同时也有损于保安人员作为顾客和商家之间的居中缓冲者和仲裁者这一角色。

对购物中心进行管理和控制的可取方式是预防，而不是反应。这就涉及一系列的参与者，如保安人员、商人、老顾客和其他人。例如，在大多数时间里，在购物中心的公共区域会有两名清洁工人在工作。他们拥有对讲机并随时与购物中心管理办公室保持着联系。因此，他们能够就任何可能发生的事件提供"早期预警"（early warning）。

在其他情况下，犯罪预防实质上往往更加被动。例如，由于购物中心中"替代性学校"（alternative school）的存在，意味着学龄青少年即使旷课也不会希望在购物中心"闲逛"，因为这样他们就很可能被购物中心的其他用户发现并报告。由于积极的夜间巡逻所发挥的威慑作用，打砸抢等财产破坏行为似乎已经不再成为问题。这种夜间巡逻包含了对经营场所的随机检查。在夜间巡逻的同时，还会采用覆盖所有空间的报警系统，这样就能在下班时间里将那些闹事的年轻人驱赶出购物中心的空地。

有趣的是，涉及财产破坏和涂鸦行为的具体事件常常通过非正式的方式予以处理。也许保安人员或者警方未能逮住一个违法者，然而当地的年轻人很可能知道违法者是谁。那些参加"替代性学校"的年轻人拥有一种对购物中心的强烈的归属感和依恋感。这是因为：这些学校坐落在购物中心之内；年轻人通过成为购物中心的多种形式的老顾客这一途径与社区建立了广泛的联系；这些学校制定了相关的专门性条款（如处理健康、卫生、家庭暴力等问题）；年轻人普遍存在对这些学校和购物中心的积极的认可和感激态度。

上述年轻人的积极经历和感受所产生的最终结果就是，通常是社区中的年轻人（包括来自替代性学校的学生，也即那些被一般公众认为是执拗、粗野和麻烦的年轻人）发现和指认出那些对购物中心的墙壁和财产实施破坏的人。一个典型的例子（如针对涂鸦行为而言）就是一个年轻人或社区的其他成员发现了涂鸦的源头，并将此事报告给社区工作者、老师、年长者或警方联络员。随后，年长者或社区工作者很可能会安排违法者向购物中心管理部门道歉，并清除了墙壁上的涂鸦痕迹。通过这种途径，该问题以非正式的方式加以有效解决，而且在没有动用警方或法庭资源的情况下使损害得到了修复。

尽管在针对购物中心环境的治安和管理工作中所强调的是使用低级别、非强制性的干预措施，然而这种情况并不总是可能和令人满意的（视具体情况而定）。当经营场所遭受大范围的破坏或者年轻人持续地参与到团伙性质的违法行为时，这就会对购物中心各个年龄段的顾客造成严重威胁。

这种情况下的临时性应对措施就是加大治安巡逻的力度。采取这种临时性措施的目的是为了制止购物中心所发生的严重破坏和团伙侵害行为。上述措施只是作为一种"断路器"（circuit breaker）式的策略被使用，其目的是确立清晰的行为边界，其所指对象则是那些已经知悉的肇事团伙。

问题的根源就在于当时普遍缺乏一种关于安全的战略性思考。所采取的一种"不干预主义"（non-intervention）的政策导致了"犯罪团伙"的形成。与之伴随的则是购物中心内冲突的升级以及犯罪团伙将借以控制大多数经营场地的团伙规则强加给购物中心。作为应对，于是就采取了一种对各种行为和活动进行严格限制，以及保持强有力的治安存在的对策。如前所述，这种政策的基础就是更为广泛的治安存在（如招募更多的治安人员），以及目标直指购物中心之内的最具破坏性的群体。贯穿这些运动的重点就是注重以常识性礼仪（如禁止吐痰、禁止说冒犯性的话）为基础的明确规则。一旦解决了当前的犯罪团伙问题，购物中心的治安就会恢复到此前的更为宽松和非强制性的风格。这样，在严格限制措施结束之后紧接着采取的便是预防性、友好的宽松方法。

事实证明，Festival Faire 购物中心的管理层在本研究进行期间所采取的对年轻人友好的方法，不愧是一种富有远见、符合现实和有效的方法。通过这种谨慎和包容性的购物中心管理方式，由此构建起良好的社区关系。由此产生的结果是，社区中的年轻人和老年人的归属感增强了，公众对社区安全和舒适的认同感提高了。这就是人们想要的地方。

购物中心之内的社会风气对于人们如何看待和使用该中心

有着重要影响。如果中心管理层和特定用户群体之间持续发生冲突，这将对购物中心的形象、商业交易、社区与购物中心之间的关系以及购物中心的安全成本带来消极影响。基于社区的视角来看待和处理公共场所中的问题，通常是（具体是指购物中心的管理层）基于这样的观念：培养和促进一种积极的社会关系对于日常生活中安全、健全的关系和实践而言十分关键。为了树立起强烈的社区意识，重要的一点就是要善于倾听客户的意见和建议并就此作出积极回应。例如，这会导致就停车场配置更好的灯光照明，对树篱进行剪修以加强顾客的安全感。

购物中心的管理层在促进如下的观念认识方面应当发挥强有力的领导作用，也即对购物中心的使用是建立在社区包容的观念之上，同时还应当适应当地社区各类群体的需求和愿望。例如，购物中心可以定期举办"老年人周"，老年客户在此活动期间可以获得针对酒水和其他商品的各种折扣，由此鼓励老年客户在中心内消费。此外，老年人客户还将获得一种"老年卡"（senior's card）。同时，购物中心也为13岁以下的儿童开设非常成功的儿童俱乐部，叫做"基特迷儿童俱乐部"（Jitter Bug Kids Club）。另外，购物中心每月都要出版一期以猜谜、填色比赛（colouring-in competitions）、给俱乐部成员送折扣抵用券（在中心商店里兑换）为特色的通讯简报。

在圣诞节期间，购物中心还可以聘请当地年轻人作为"礼仪员工"（courtesy crews）在手推车、行李打包以及礼品包装等方面协助顾客，由此培育社区意识和关心顾客的意识。具有讽刺意味的是，在该计划实施的开始阶段，"礼仪员工"的出手相助有时竟然使得老年顾客很紧张，因为当年轻人试图帮助他们提包到停车场、公共汽车或出租车车站时，他们却认为这些年轻人是想拿走他们的东西。

对于打造一个祥和的环境以及对顾客友好的氛围而言,社区年轻人和老年人的社区归属感是其中的核心问题。正是这种社区归属感决定了人们如何使用购物中心、为什么会出现问题、出现了什么问题以及应当如何处理所出现的问题等。

七、结论

对于本章所提出的问题,并没有简单的解决之道。然而,在制订犯罪预防计划和构建社区安全网络当中,的确有理想的范例和案例研究可资借鉴。正如本章通篇所述,只要强调的是对话和尊重不同利益而不是分歧和社会偏执,许多明显的分歧意见(如年轻人和老年人之间的分歧)就会随即消失。支持我们展开讨论的基本思想就是以一种既不是对"社区"这一概念进行简单化的理解,也不是否定"社区"这一概念对于我们如何生活、购物以及娱乐的重要意义的方式构建和维护良好的社区环境。

良好的犯罪预防的实质内容就是以一种既能够提高安全感,又不必然将任何人或组织排除在参与当地公共生活之外的方式,对具体环境实施最佳管理。为此,基于更为宽广的视野和所需要的具体方法这一角度,对现行的管理方法和实践进行评估,是十分必要的。一般来说,构建一个积极、规范的社区环境有赖于社区成员在决策过程中的积极磋商和通力合作。这就要求考虑一系列的实质性问题:

- 在地方政府的战略规划以及商场管理计划中制定社区安全的政策框架,该政策框架必须承认多样性的需求和利益。
- 通过一定的方法如社会影响评估(social impact assessments),在城市规划管理中考虑到具体社区的关切。

- 由地方政府聘用年轻人和年长者，以在磋商和代表选举过程中提供协助。
- 采用多种方法和机制，以满足社区不同用户群体的具体需求。
- 由公众对磋商、谈判和决策的整个过程进行记述。

正如本章所证明的那样，一个参与和包容性质的犯罪预防过程，能够使得预防计划在日常生活实际层面以及构建积极的社会关系当中变得"很有意义"。

第八章

如何应对社会失调?

一、引言

公众对于犯罪的恐慌和担忧很大程度上来源于自己在公共场所中,对混乱状态或者反社会行为的经历和观念。实际上,当人们想起"犯罪"(crime),他们通常指的是"街头犯罪"(street crime),也即那些通常与街道层面的冲突、事件和情景相关的行为。

如本书第 4 章所述,基于环境设计的犯罪预防(CPTED)措施的具体实施通常围绕着公共场所的犯罪预防来展开。这是因为,多数感受到的以及实际发生且是当地政府和警察需要处理的犯罪问题,通常也是与关于公共和社区空间的争论相关。无论是从公众意识还是从犯罪预防的角度来看,公共场所中的社会动乱所占有的突出地位也就意味着这方面的预防措施值得进行更为深入的讨论。

因此,本章旨在探讨如何将犯罪预防进一步应用于公共空间之中,尤其是街道、公共建筑以及公园等城市空间。基于前一章中的讨论,我们试图证明犯罪预防实质上就是关于如何使我们生活得更为安全、更为美好,同时我们也可以就社会背景和社会关系进行系统、全面的考察审视。为了确保社区的福祉，需要对当地环境的物质、社会和文化维度进行考察。就此而言，考察并理解"地理环境"的动力学特征、城市生活的起落兴衰、人们自我表达的文化形式的多样性，以及形成人们在特定地点的经历和享受中"不确定性"的重要性，具有至关重要的意义。

本章首先对犯罪预防中有计划的综合治理方法的优点进行简要介绍。然后，本章就公共场所的含糊不清之性质、涂鸦现象以及青年帮伙等问题进行分析。此后，本章还将证明我们对于犯罪预防的态度，还包含在应对社会骚乱相关问题时的一定程度的宽容。

二、综合治理方法

对于一些人而言，犯罪预防仅仅只是为了找到阻止那些不受欢迎的群体接近你的财产的方法。这种观念所存在的问题是，它可能很适合于特定的社区、特定的犯罪以及特定的目的，然而实际上对于该社区的其他区域而言则往往会将问题弄得更糟。换句话说，对社会上富裕阶层之安全和安宁的保障，经常是以犯罪向贫困阶层的转移，以及将一定人群排斥于主流社会生活之外为代价的。也就是说，某些形式的犯罪预防实际上会导致"不安全"地方的出现，而且也可能会促使那些被剥夺了提供给中产阶级的安全保护的人群从事一些不健康的活动。

让我们稍稍思考一下汽车被盗现象。我们知道，将犯罪的情境预防措施和环境设计措施结合起来运用，能够从根本上减少某些类型的汽车盗窃的发生，以及任一地点汽车盗窃案件数量的减少。然而我们也知道，预防汽车被盗在很大程度上还涉及社会关系和犯罪情境的变化以及物理环境的改变。这是因为，汽车被盗的比例本质上与盗窃人的社会处境、阶层背景、其使用公共交通的机会以及作为年轻人的身份等因素相关（参见White 1990；Walker 1998；Walker, Butland and Connell 2000）。

因此，应对汽车被盗的综合性方法必须结合不同的方面和方法（参见资料盒8.1）。这一点得到了"国家减少汽车被盗委员会"（the National Motor Vehicle Theft Reduction Council, NMVTRC, 2006）（该委员会的职能是制订预防汽车被盗的规划、协调不同的利益群体以及采取犯罪预防的各种方法和技术）的明确肯定。该委员会的成立和运作是澳大利亚政府和保险行业界共同努力的成果。该委员会与警方、保险公司、汽车经销商、汽车制造商、登记主管机构以及司法机构展开积极配合，同时也向当地社区提供信息和知识性读物。"国家减少汽车被盗委员会"（NMVTRC）采取了一系列旨在减少汽车被盗现象的策略，同时随着汽车被盗中新情况的出现，该委员会仍然致力于制订新的对策措施。

资料盒8.1　应对汽车盗窃行为

针对犯罪的情境预防方法：

增加犯罪的实行难度和风险的方法，如安装报警装置、追踪设备、固定装置、转向柱锁以及数据点等。

针对犯罪的物理环境的基于环境设计的犯罪预防方法（CPTED）：

如无犯罪机会的环境设计，如改善灯光照明、改善汽车停车场的设计方案、安装进入路障以及电子门禁系统等。

针对犯罪人的社会预防方法：

针对犯罪人的犯罪动机以及社交环境的预防方法，如发放漫画书等有助于帮助年轻人认识到盗窃汽车的风险、社会后果和法律后果的知识性读物；针对盗窃汽车的青年累犯举办强化的教育培训。

综合治理方法要运用犯罪的社会预防措施和情境预防措施，而且综合治理方法也是本章讨论的主题之一。也就是说，我们关注的问题是要就各种损害和危险需要何种类型的社会干预措施，以及我们所采取措施中的人的因素的适应性进行细致的分析。此外，我们也需要承认，的确存在一些通常被认为具有威胁性或者可能的危险性的某些城区以及某些类型的群体行为。

社会生活和社会秩序这些概念的含糊不清问题是本章讨论的主题之一。也就是说，我们希望探究我们对待犯罪预防的观念是如何决定着我们对待某种类型社会现象（如涂鸦、青年人团伙以及无票闯入行为）的观点，以及我们应对这些行为的社会反应。我们认为，应当在理解和把握社会生活的不断变化、动态发展以及矛盾冲突这些特点的基础上进行分析和采取措施，与此同时，我们还应该通过参与犯罪预防的过程和对话这样的方式来努力"把事情做得更好"。

此外，十分具有讽刺意味的是，我们注意到轻微的"无序"状态事实上可能是"好的"和有利的。许多人将"无序"视为本质上"有害"以及需要进行遏制和处理（通常是采取冷酷和严厉的方法）的现象。与此相反，我们则将某种形式的"无序"和某些类型的文化活动视为城市生活之兴奋点的重要组成部分。承认上述观点也就意味着，应当在比通常的理解更为广义和更为敏感的意义上理解犯罪预防。尤其是对于社会控制的认识，我们认为应当鼓励采用以公共空间的各方用户之间的积极对话为基础的变通性做法。

三、公共空间的不明确性

> **资料盒8.2　霍巴特*的跳舞男子**
>
> 该"跳舞男子"于2003年5月在墨尔本（Melbourne）去世。他的去世在霍巴特这个他居住和跳舞多年的城市激起了人们自发的深切悲痛和爱戴。人们大多不知道他的名字（Anthony James Day）；他们仅仅看过他的跳舞——在城市的主要广场、市民活动以及各种各样的公共空间。
>
> 他离开霍巴特之后不久就去世了。他在由于未能遵守警官要求"离开"的指令而受到罚款后不久就离开了霍巴特。
>
> 人们用粉笔将颂词写在广场上。遗憾的是，这些用粉笔写的颂词当晚就被当地的工作人员清洗掉了。第二天，朋友、熟人以及很多陌生人聚在一起，以在广场跳舞这一形式来纪念该"跳舞男子"的生活。
>
> 以上就是街头生活（street life）的冲突和不明确性。有关滋扰行为的法律（nuisance laws）被用于驱赶街头的人群。当音乐停止时，活力和创造力也随之消失，我们对此感到悲哀。但街道还是依旧的干净，不管是否恰当以及我们是否喜欢。

我们以霍巴特的"跳舞男子"的故事作为本部分的开头（参见资料盒8.2）。这是一个真实的故事，这个故事会触动生活在这个城市的许多人的生活。

我们之所以介绍这个"跳舞男人"的故事是因为，伴随着诸如清洁亮堂、带有空调且安全措施完善的购物中心等新生事物的出现，适合"跳舞男人"这样的古怪人物的地方空间已经越来越少了。我们相信，用一种包含着排斥这类古怪人物的方式来解读犯罪预防，其效果往往适得其反。因为这样不仅剥夺了有趣、奇异人士的社会环境，而且还会滋生有关社区空间的

---

* 霍巴特，澳大利亚塔斯马尼亚州港市、首府。——译者注

统一性以及如何管理这些空间等问题上的不满和怨恨。

许多国家所出现的公共空间的大规模私有化、人们对于公共秩序"混乱"以及如何控制和应对这种"混乱"状态等问题的重新关注，这就是上述"跳舞男人"故事的主要背景所在。国家和私营的治安机构对公共空间的奇人轶事（包括人、行为以及事件）作出怎样的反应，一方面体现了他们关于制度性责任（institutional imperatives）的认识差异（就国家警察而言，其关心的问题是公共秩序和法律实施；而就私人警察而言，其关心的问题则是消费行为和维护秩序）；另一方面也反映了他们对待那些依赖社会背景（social background）和群体归属（group affiliation）（比如"帮伙"）的人们的方式差异。

街头生活的含糊不清体现为人们对公共空间的不同体验：街头是乐趣、兴奋以及娱乐的源泉，同时也可能是恐惧、骚乱以及暴力肆虐的场所。此外，街头生活的含糊不清还体现为关于国家干预的悖论方面：一方面，已经作出了关于在公共空间中吸纳年轻人的共同努力；另一方面，国家已经针对年轻人采取了严厉的措施来"整顿街头"，并且针对年轻人中的特定群体采取特别措施。在我们就公共场所和犯罪预防这一问题展开讨论之前，为何会出现上述情况以及如何应对这一问题同样值得我们认真思考。

人们在公共场所中会参与何种类型的活动，这一定程度上是由这些空间在性质上的含糊不清以及特定空间的具体环境所决定的。例如，关于犯罪恐惧和被害与公共场所中的不文明行为、犯罪和无家可归之间的联系，人们已经进行了许多探讨。然而，关于为何一定程度社会解组（social disorganization）的出现本身就是快乐之源，人们很少进行探讨。那些十分整洁、管理良好的场所（如一些购物中心）与那些结构复杂神秘、社会控制较少的城市环境之间形成了鲜明对比，这使得很多人更愿意光顾后者。例如，当我们说到悉尼，通常会想起英皇十字街区（Kings Cross）*；当我们说到布里斯班（Brisbane，澳大利亚东部城市），我们会想起布里斯班的唐人街（Fortitude Valley）；而当我们说到墨尔本（Melbourne），我们会想起圣凯达海滩（St Kilda）。此外，某些夜间景点会成为吸引人们尤其是游客的焦点，而这恰恰是因为这些地方的不雅名声。

使用某些公共场所能够带来一种真实的、令人激动和有趣的期望和评价，因而街头生活通常也包括一些"负面性"特征。正如缺乏适当的社会规则就会使得人们在光顾某些地方时保持谨慎，反之，过于严厉的管理以及缺乏自由发挥时也会使人们敬而远之。因此，公共场所的含糊不清就成为这些场所之活力和吸引力的重要组成部分。

进一步说，可以将可能的"危险"空间与现代消费者的日常空间做一个对比。大型商场使顾客能够方便地买到各种各样的商品。其自给自足、温度单独控制、严密监控以及维护良好的环境也能够带给顾客一种秩序井然和可预见性（当代社会里，许多人看重可预见性）的感觉。近年来，许多群体已经表现出越来越不喜欢"街头层面的"的交往：中产阶级和更为富有的成年人喜欢呆在更为封闭的"大块的僻静空间"，如办公室、购物中心、有人保卫的住宅（White and Sutton 2001）。某种程度上说，这一点似乎与犯罪恐慌有着关系（虽然与美国比较，澳大利亚陌生人实施暴力犯罪的发案率较低）。

此外，这也反映了富有者和贫穷者之间在象征意义上以及物质意义上的分离。这种分离正日益表现在经济以及居住环境

---

* 英皇十字街区（Kings Cross），是澳大利亚悉尼市最为有名的夜生活区。——译者注

等方面，正如门卫守卫的住宅建设区所表明的那样。（Atkinson and Blandg 2005）。

然而，如前所述，同时还存在一个这样的需求，也即为了引起人们的兴奋，公共场所应当具有某种程度的不可预见性。为了处理这种紧张关系，需要就如何实现"秩序"和"自由"两者之间的最佳平衡进行思考。洁净的场所却也是索然无味的场所。可预见性本身可能意味着老套、呆板以及缺乏激情。如何使公共场所在充满活力的同时又不具有威胁，这是构建最佳"社区"空间中的关键问题。

此外，重要的一点是不要忘记公共场所中的"平常"快乐，也即人际交往、关系网络以及非商业性活动所带来的快乐（参见 Worpole and Greenhalgh 1996）。一些公共场所（例如海滩、广场、街道和购物中心）中的活动并不完全是以消费为导向。各个年龄段的人们都喜欢到这些场所"晃悠"，而全然不顾商业企业的实际规则的存在。

社团的意识、兴奋的感觉以及与他人朝夕相处的欢乐都能在令人愉悦的公共场所里找到。公共场所之所以使人流连忘返，部分原因就在于那里有各种各样的人群以及各种各样的活动。"到人群中看热闹"（people watching）是我们当中很多人所喜欢的消遣活动，而且"到人群中看热闹"又不要花钱。然而，我们看到的却是那些与我们很少或者没有直接联系的人们，除了我们进入当代资本主义国家的商业中心之外。

对于那些想要通过做些什么、何时以及与谁在一起做事（即使他们受到了诸多限制）这种方式找到快乐的人们而言，公共空间（在广义的定义中还包括街道在内）就是为数不多的乐土之一。作为休闲晃悠的去处，公共空间是指范围广泛的地方，也即那些人们有一定空间进行活动以及看热闹或者与他人进行

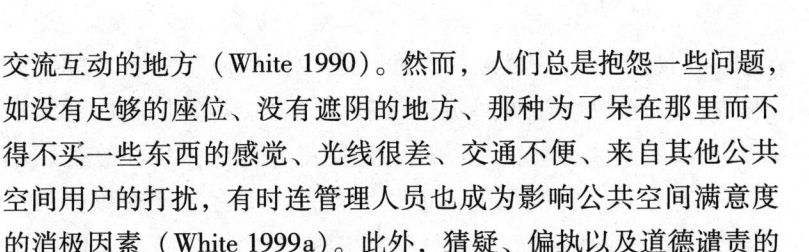

交流互动的地方（White 1990）。然而，人们总是抱怨一些问题，如没有足够的座位、没有遮阴的地方、那种为了呆在那里而不得不买一些东西的感觉、光线很差、交通不便、来自其他公共空间用户的打扰，有时连管理人员也成为影响公共空间满意度的消极因素（White 1999a）。此外，猜疑、偏执以及道德谴责的存在的确也会限制年轻人在公共空间中的社交生活（Malone and Hasluck 2002），即使是当他们尝试涉足这种公共空间中社交生活的界限和边缘。

作为公共空间用户中的具体类型的青年人实际上会如何利用这些空间，这主要要看一些具体情况，如是否能获得相关的资源和便利设施、是否设置了对年轻人友好的地点和区域，以及街道上是否存在年轻人的社交生活等因素。年轻人中的不同群体以不同的方式使用街头以及其他公共空间。他们也会从不同的视角发现这些公共场所所存在的问题。例如，个人安全问题就不仅仅存在于老年人当中。年轻人也同样希望有一个进行社交和开展活动、同时没有暴力威胁（无论是来自其他年轻人、成年人还是权威人物的威胁）的安全环境（White and Wyn 2008）。

年轻人并不是街头空间的消极使用者，他们也不会对公共空间的建设问题保持沉默。年轻人对当地环境的积极介入，使得他们经常引起了包括犯罪预防的决策者在内的权威人物的关注。乱涂乱画（或者称为"涂鸦"）这一与年轻人相关的现象，尤其如此。

四、涂鸦行为与社会失调

城市涂鸦之所以成为一个得到关注的"公共话题"，其原因是多方面的。某种意义上说，涂鸦行为的出现已经与"犯罪恐惧"扯上了关系，这是由于涂鸦行为已经成为社会失调和不守规则的明显信号：它已经对居民的"生活品质"和企业的私人财产构成了威胁。随处可见的涂鸦可能会使得人们不愿意呆在其周围或者光顾某些商店，还可能使得人们感到呆在该社区不够安全。导致这种情况的原因之一是，人们常常将涂鸦行为与犯罪行为联系在一起。其中存在几种形式。例如，具体来说（至少在美国），涂鸦行为所产生的恐惧在一定程度上是因为该行为与青少年犯罪帮伙（criminal youth gangs）直接相关（美国司法协助局1998）。此外，有证据表明，有时在澳大利亚也同样存在着这样的联系，尤其是通过媒体对"涂鸦帮伙"（graffiti gangs）的描述（参见 White 1990）。

从理论上看，通常是将涂鸦行为与更为严重的犯罪类型联系在一起。这就是所谓的"破窗"（broken windows）理论所阐述的道理（Wilson and Kelling 1982）。该理论的含义是，如果建筑物中的一个窗户被破坏，没有被修好而且没有人处理或者掌控局面，这将不可避免地导致更多的窗户被破坏。同样的道理，一些人认为如果像涂鸦这样的行为被忽视，那么这种无视法律的氛围将会导致更为严重的犯罪发生。

与此相关的一种认识是，涂鸦行为所体现出的反权威主义（anti-authoritarianism）本身就是对权威（如制度性权威和警方官员）的威胁，而且由此也是对"普通"守法公民的威胁。因此，需要遏制的与其说是涂鸦行为或者说可能的涂鸦行为本身，还不如说是涂鸦行为通常所表现出的颠覆性因素（参见 Ferrell 1997）。而且，这种威胁不仅针对现行的制度性权利体制，同时还针对那些希望通过体现商业目标和消费理念的途径来打造文化空间的人们。此外，涂鸦行为还可以被看做是对建设公共场所中的惯例式和统一化方式的一种威胁。在这些公共场所的建设中所强调的是有序的购物空间（managed shopping spaces），其建设出发点是基于消费（consumption）而不是表达（expression），是金钱的支出而不是能量的释放。从更为现实的观点来看，制止涂鸦行为还包括清除存在于公共墙壁、火车或者公共汽车上并被一些人视为"看不见的艺术"以及标语、标志所发生的成本。

涂鸦行为表现为许多不同的形式，而这些不同的形式是与各自的功利性目的相关的，这些目的包括政治口号、帮伙地盘、艺术创造以及身份称号等（White 2001；Halsey and Young 2002，2006）。对于一些年轻人而言，涂鸦"帮伙"是他们生活中的一种十分重要的社会关系。这种涂鸦经历代表着一个重要的"行动的身份获得方式"（identity-securing form of action），也即确认了某个人的身份以及他在城市环境中的存在（McDonald 1999）。因此，这种涂鸦行为也就成为对行为人具有意义的主体性标志。

> **资料盒8.3 为何要实施涂鸦行为？**
>
> 涂鸦能给参与人带来许多特别的好处。其中就包括有：
> - 可以获得以低成本的方式在环境中打上个人标记的相关技术（如喷漆）。
> - 通过积极实施其表面意义由行为人所拟定的某个行为，以达到深层次的精神愉悦。
> - 该行为与"自由表达"（free expression）这一观念以及自己掌控的权力这一概念密切相关。
> - 该行为是所有人都有权行使的民主表达的一种方式，而不管他的背景和技能。
> - 与商业行为或者为了其他目的而实施某行为相比，该行为是一种更加真实的经历。
> - 实施该行为通常伴随着由于无所顾忌地实施那些被认为是越轨或错误的行为（但并不是特别有害）所出现的一阵刺激和兴奋。

运用"文化犯罪学"(cultural criminology)的观点对诸如损坏财物和涂鸦这样的行为进行审视,可能是有益的。从这个意义上说,诸如以上这些表面上的反社会行为最好是解读为"违反"常理和给定的规范(Presdee 2000)。在当今多样化和趋同化已经成型的世界里,打破常规、逾越界限以及参与冒险等行为的确是一件令人兴奋和愉悦的事情。对那些被边缘化的人群而言,由于现实给予他们的是如此的吝啬,因而以上性质的违反只不过是他们获得身份和平民感觉的一种方式。违反就是越轨。当然,这并不一定就意味着暴力和犯罪。上述霍巴特的"跳舞男子"打破了这个常规。他究竟做了什么?他只是跳舞。他在哪里跳舞?到处跳舞。他什么时候跳舞?他一直在跳。他非同寻常。

文化犯罪学中的一个主要思想就是:"犯罪的诱惑"(seductions of crime)是指"作恶中的道德和感官吸引"(moral and sensual attractions in doing evil),因而我们应当充分理解"犯罪性的生活经历"(lived experience of criminality)(参见 Katz 1988)。因此:

> 以强调犯罪的结构性因素、环境性因素、遗传性因素、理性选择因素以及超越犯罪的情感性和解释性特征为特点的犯罪原因解释论,往往存在着这样的过错,也即忽视和限制个人的主要情感性因素,如廉耻、狂妄自大、荒诞、玩世不恭、快乐和兴奋,许多情况下这些情感正是犯罪活动中的核心因素。(Hayward 2002, p.81)

在这种理论体系当中,越轨给行为者提供了实现"自我超越"(self-transcendence)的一种手段,一种超越老套习惯和世俗平庸的日常"常规生活"（regular life）的一种方式。例如，年轻人的街头文化（如损坏财物、吸毒、巡游以及同龄人团伙暴力）被视为是当传统朝气蓬勃的激情和事业追求早已消失之后施加控制和提供表达的一种途径。同样，有观点认为涂鸦与愉悦等同，而本质上说愉悦与涂鸦行为中所表现出的强有力的情感性和本能性方面密切相关（Halsey and Young 2006）。

然而，从另一个层面看，年轻人谋求进一步发展的机会以及他们与更为广泛的社会生活之间的关系，都由于便利设施和公共空间的制度性提供商（institutional providers）的行为而受到限制。在一些便利设施的使用、安全装置以及人员的配置、国家警察和私营保安人员对事务的积极干预（不管是否发生了犯罪行为）以及大众媒体的报道等方面，都制定了没有必要的严厉规定，这就意味着在针对事务的重要计划当中，年轻人并没有体现出其真正的重要性和地位。这就可能将那些普通的社区服务设施甚至是专门针对青年人的服务设施，转变为对年轻人不友好的场所。

因此，对一部分年轻人而言，涂鸦行为的违法性质恰恰是问题的关键所在。实施涂鸦行为之时的激动与紧张，是基于"做坏事"时因为打破陈规或者有人就违法行为给官方人员报案时所带来的强烈刺激和快感。我们不应该低估这些逾越传统规则和价值观念的行为所带来的情感上的诱惑力及其所伴随的快感。这种情况无疑会使得涂鸦的犯罪预防问题更趋复杂。

某些形式的犯罪预防旨在探讨通过控制物质环境和社会环境来遏制涂鸦行为的途径。这里强调的是通过改变涂鸦行为发生地的环境这一方法来消除涂鸦行为的实施机会。在这一方面，人们已经采取了很多措施（US Bureau of Justice Assistance 1998；Clarke 1997；Geason and Wilson 1990）。以下举例说明。

（一）涂鸦清除运动

事实证明，对涂鸦进行立即清除在某些情况下［如纽约交通系统（New York Transit System）］会产生效果，因为对于那些希望观众看到自己的涂鸦的违法人而言，这样就消除了涂鸦人的作案动机。涂鸦清除可能会涉及政府有关部门（如运输主管部门）的政策制定。此外，也许有必要制定要求私有财产的所有人（无论是企业财产还是家庭财产）在规定的期限之内清除涂鸦的法律。

（二）目标强化

目标强化是指采取措施增加涂鸦人实施涂鸦行为的难度。具体来说，除了增加表示存在监管的显著标志（如闭路电视和摄像头、保安巡逻等）之外，还可以使用能抵抗涂鸦的材料或者便于清除的材料。此外，深颜色的表面也有助于减少涂鸦行为。同时良好的灯光照明也被视为增加涂鸦风险的措施。

（三）防止涂鸦和替代涂鸦

这种措施的指导思想是，当预见到可能发生涂鸦时就用其他东西将可能的目标盖住，如用风景画将脚印盖住或者是用藤本植物将墙壁盖住。另一个方法则是减少获得涂鸦工具的机会，如限制喷射液体的出售或者将喷嘴与喷射液体的储存罐进行分离。此外，还可以在卫生间设计使用黑白相间的表面材料，这样使得涂鸦人将涂鸦画在指定的区域，从而便于监控和清洗。

以上技术措施有助于转移具体地点和环境中的涂鸦行为。可是，近年来关注更多的是针对违法人和可能的违法人且旨在改变他们对于涂鸦的观念和行为的、以社区为基础的对策。

以社区为基础的对策具有一些不同的特点。在某些情况下，干预的着力点是整个社区层面。其他情况下，干预的着力点则是与涂鸦群体直接面对（参见 Collins 1998；Halsey and Young

2002)。

（四）社区参与

这里强调的是鼓励社区积极参与到应对涂鸦的行动当中。这可能包括以学校和社区为基础的教育培训项目，这些项目突出强调涂鸦这种财物破坏行为的代价以及参与这种有组织的项目的好处。应当引导在更大的社区范围内开展这样的教育活动，以让居民了解涂鸦文化的本质，同时减少对涂鸦的恐惧。

基于社区的对策措施中的一个重要内容就是组织参加涂鸦的清洗活动，或者组织参加旨在提高当地社区安乐祥和之形象的"自豪"活动。后一活动不仅涉及清除垃圾和覆盖某些类型的涂鸦痕迹，而且创造性地支持针对涂鸦的相关活动也有助于提高社区的形象。此外，开展这样的活动还有助于提高业主参与相关活动的兴趣。

（五）涂鸦人的相关问题

在本部分当中，注意的焦点更加直接地集中于涂鸦者本人。这就意味着，熟悉当地的情况对于明确究竟是什么人在实施涂鸦行为以及为何要涂鸦等问题十分重要。进一步说，指导思想是将已经发生的涂鸦行为朝着有益社会、并且远离非法的涂鸦破坏行为这一方向加以引导。与此同时，还可以附之以其他的活动，如帮助年轻人提高技能、提供参与社区项目的机会、增加作者或者艺术爱好者通过参与商业项目来获得收入的机会，等等。此外，通过说明涂鸦行为的"积极"和"消极"方面，还可以培养一种本质上就是自我维护治安的涂鸦文化。这就由此在涂鸦文化以及整个社区当中确立了一个关于哪些行为可以接受、哪些行为不可接受的某种标准。

上述以社区为基础的干预措施的特点不是为了消除涂鸦行为，而是为了牵制和引导涂鸦行为。这种观念认为，对于一些涂鸦人而言，从"绰号"到"榜样"的转变过程深深植根于当地的涂鸦文化之中。因此，我们的目的是通过引导涂鸦行为朝着社会可接受的方向发展（如权威人物所期待的那样），从而改变这种涂鸦文化的性质。

以上所述的犯罪预防措施并不是相互排斥的。实际上，该领域中的多数实践工作人员已经认识到了采取综合治理方法应对涂鸦行为的重要性。然而，就实施应对涂鸦行为的综合治理措施的社会成本以及有利条件而言，问题依然存在。在开始的时候，很多实施涂鸦活动的人对于向合法的活动方向这一"转变"根本就没有兴趣，或者干脆就将涂鸦活动当做"艺术"来看待。最为重要的问题是，涂鸦人试图规避和挑战主流规则，无论是法律规则、社会规则或者艺术规则。在这种情况下，情境预防方法很可能是引导和改变自发的涂鸦行为，以及减少相关成本和损害的最为可行的方法（参见本书第4章）。

反击涂鸦运动的效果也许会如人所愿，如洁净、没有标记的墙面以及精心打理的社区。然而我们还要追问，卫生洁净以及管理良好的空间环境（以及观念认识）是否完全让人满意？即使是"好看的"涂鸦也仍然给人一种千篇一律的单调感。有趣的是，这种类型的环境也许会产生消极的商业效果，以致购物人宁愿选择去那些环境更为生动、宜人的地方。对于后者所述的地方，涂鸦可能起到了积极作用。

首要的问题是应当承认，有关涂鸦的问题绝不仅仅是个"违法"和"犯罪"的问题。例如，我们必须认识到了解年轻人的社会现实（以及对年轻人施加了越来越多的限制）的重要意义，以及让年轻人能够积极和创造性地形成在主流文化、制度和价值观之外的属于他们自己的文化空间的重要意义。自发形成的年轻人文化本质上就是一种生活事实（Forrester 1993）。

第八章 如何应对社会失调?

这是我们在这里要着重指出的。然而,我们究竟如何对待年轻人,这对于我们的社会性质而言(更具体地说,是指社区中的日常交流)具有极为重要的意义。

由于我们已经认识到涂鸦这一现象可以在我们的社会拥有一个重要的社会和政治位置,因而我们对于涂鸦的反应方式就应当得以缓和。针对涂鸦的"零容忍政策"(zero tolerance policies)对执法机构而言非常难以执行。可是,在一些具体情况下如何处理涂鸦,确实需要某种类型的对策答案。从深层意义上说,这种对策措施可能是令人不安、令人烦恼以及威慑性的。它可能会影响我们的社区荣誉感、我们的公共服务、我们的商店生意以及我们的集体认同感。那么,我们应当如何推进这方面的工作呢?

一个好的出发点就是,应当主要在当地层面处理涂鸦问题。在文献当中,这一点已经得到了反复的确认。因此,为了理解一个地方的涂鸦现象,重要的是要努力了解一个具体的社区,包括该社区的人们、基础设施、违法的机会以及应对违法的能力等。作为这一过程的组成部分,准确地指出该问题的性质十分必要。这就意味着要收集相关的信息资料,如涂鸦的类型、涂鸦的范围、涂鸦的直接影响人、涂鸦的地点、涂鸦的方法、涂鸦的发生时间等。此外,我们还需要弄清楚它究竟是否是一个难处理的问题、属于哪种类型的难题以及为何是一个难题。

另外,需要结合具体情况(如学校里被涂鸦覆盖的教室墙壁、种族主义者在墓地里涂鸦)来采取应对涂鸦的措施。在考虑问题的解决方案时,采用一种解决问题的方法(a problem-solving approach)(参见本书第 2 章)是有益的。以上解决问题的方法涉及收集相关资料,而且不仅要收集关于可能的犯罪人以及犯罪原因的资料,还要收集有关被害人的特点以及被害人对问题的解决所能起到的作用（当何时以及可能之时）这些方面的资料。例如，火车车厢上涂鸦的扩大也许是因为当地新出现了一群留名者或者艺术爱好者。但是，这也可能与火车站主管部门或者治安部门独断霸道的管理方法有关。同样，学校中的涂鸦现象可能会反映出一些人的经历，这些人经常光顾或者过去经常光顾该学校，但是感到自己已经失去影响力或者对这一经历心怀不满。这种情况下的应对之策也许就是将学校作为一种社区资源进行开放，同时针对那些能够从不同的学习经历中受益的人士开设技艺课程培训。

针对涂鸦现象的任何反应中的一个重要方面就是，要努力弄清楚是谁在实施涂鸦行为以及为何要实施这种行为。这方面的工作可以通过非正规和非威胁性的方式进行。如果没有其他办法，那么对话是减少忧虑的一个重要方面。最近召开的有关城市规划和公共空间的理论研讨都不约而同地强调了对话和交流的重要性，其讨论话题就包括涂鸦行为在内（Iveson 2000, p. 234）。有人指出，价值观和需求方面的差别应该成为对话和交流中的主要内容，正如社会公平这一原则对于事实上的经济不平等的意义一样。通过这样的交流，我们可能会发现，实际上涂鸦这一现象只不过是我们所遇到的难题中的很小一部分。正如伊文松（Iveson 2000）所言，我们所面临的主要挑战是要找到一个"关键性的差异性策略"(critical politics of difference)。

涂鸦是一种复杂的社会现象，而且关于涂鸦这一现象的产生和消亡以及我们所期望的应对涂鸦的反应方式，还存在很大的不确定性。就此而言，我们可以运用的选项包括：彻底消除它、鼓动采用新的方法对涂鸦的产生进行管理、宽容各种形式的涂鸦以及针对那些已经超越传统主流价值观边界的人推介"替代文化空间"(alternative cultural spaces)。究竟什么合适、必要或者"可行",这有赖于当地的具体情况、涂鸦行为和涂鸦人的特点、分析问题和展开对话的过程及结果以及在任何决策过程都不得不考虑的利益和价值观的多样性。

另外,重要的是必须承认犯罪预防的局限性,与此同时还要研究如何使犯罪预防的体制能够增进和提高社区的安全和福祉。然而,在某些情况下,我们关于危险以及社会危害的观念认识,可能会使得我们采取那种可能损害关系以及加剧那些我们难以对付的问题的"先发制人的策略"(pre-emptive strategies)。这是我们处理青少年的群体行为时经常遇到的问题。

五、青少年帮伙与社会冲突

例如,近年来许多媒体已经开始关注西部地区城市中所谓的"青少年帮伙"(youth gangs)问题(参见 Klein et al. 2001;Gordon 2000;White 2006a)。具有讽刺意味的是,很多年轻人为了安全起见才聚集在一起,然而其中一些大规模的群体反过来却会对其他的年轻人构成威胁。看看下述一个澳大利亚墨尔本的年轻男士对于青少年帮伙的评价,十分有意思:

很多人在这里结成了帮伙,这是因为这些人能够从帮伙那里得到帮助。如果某个人知道自己是帮伙中的一员,他就更不会受到伤害,因为夜晚出行,很多时候你可能会莫名其妙地受到伤害。(White et al. 1997,p. 82)

这就表明,安全和公共安全问题有时看起来似乎是自相矛盾的。加入一个帮伙是为了安全,但是成为帮伙成员之后却会带来担心。换句话说,当没有警察或者私人保安出现时感觉安全,但是这样可能使得其他人感觉不安全。

通常，帮伙在当地社区中占据着多重角色。如资料盒8.4所示，这种情况有着多方面的原因。然而，"帮伙"这一形象很有影响力，但同时也引起了许多消极的社会反应。例如，年轻人在群体中的社会地位以及公众对此的看法对公共空间的管理产生了很大影响。许多年轻人群体（其中一些可能被贴上了"帮伙"这一标记）常常出入购物中心这样的地方。然而，考虑到产生帮伙的社区环境与支撑帮伙的社区关系之间的联系，这似乎表明社区发展进程（community processes）也很可能为它们的转变提供了最佳机会。

资料盒8.4　帮伙在当地社区中的地位

● 帮伙成员常常与所在社区的其他成员之间保持着密切联系，无论是通过家庭、宗教还是文化纽带。

● 帮伙成员并不只是简单地或者单个地实施犯罪活动，而是通过多种多样的日常活动与当地社区的其他成员密切联系。

● 帮伙的成员资格可能是一些社区较为稳定的特点，并由此成为衡量一个人在该帮伙中的正式地位的标准。

● 帮伙活动可能会介入一般而言有利于普通贫困阶层居民的地下或者犯罪经济。

● 帮伙的成员资格可能被社区中的成年居民视为一个相互保护，以及维持对于整个社区而言具有重要作用的某种具体的社会身份（族裔自豪感或者力量的显著标志）的途径。

（资料来源：White 2007b）

以社区为基础的预防方法具有多个维度，其中既包括直接提供服务，也包括努力在基层构建和谐的社会关系。一些预防方法明确针对青年人；而另一些则是作为通过各种方法给当地区域的人们带来利益的整个社区计划的组成部分。专门针对年轻人的预防计划的一个例子，就是聘用做事公正的年轻人和社区工作者来提供有监督的娱乐休闲项目和课外项目。这些工作人员与年轻人在一起，同时使用基于互信和互相尊重的务实、帮助性的方法进行干预。

美国的研究已经证明了，公正的青年工作者项目在影响个体的帮伙成员以及团体历程（group processes）方面的重要意义（参见 Howell 2000）。一些研究已经表明，干预措施事实上能够通过促进集体活动以及普遍认同（common identification）的方式提高帮伙的凝聚力（gang cohesion）。无论是通过福利性项目还是支持性项目，针对街头团伙的直接干预方式所产生的意外效果可能是提高了帮伙的凝聚力。就"凝聚力越强的帮伙会实施更多的犯罪"（Klein 2002, p. 247）这点而言，这种情况存在问题。就帮伙（如塔斯马尼亚州的"格尔诺基黑手党"，Glenorchy Mafia）的发展而言，这种观点对实践工作人员提出了警示。有一个曾经被戏称为 GM 的"残疾少年"运动队，随着时间的发展最后演变为别人模仿的"青年帮伙"。从战略角度看，只有当融入到以广泛的社区发展为特点的预防干预和公民参与活动当中，针对年轻人和社区的预防工作才会发挥最佳效果。

此外，另一个典型做法就是给年轻人提供便利设备，从而使得他们拥有一个可以常去的安全地方，同时也给他们提供一个培养与"帮伙"相对应的替代性的归属感、身份感以及实现自我价值（self-worth）的机会（通过成年人和青年导师）。这是一种吸引年轻人来到预防干预中心（该中心必须满足年轻人的具体需要和兴趣，以吸引各种各样的年轻人）的做年轻人工作的应有态度。

做年轻人的工作（无论是专门针对年轻人还是针对整个社区），我们必须承认社区中所存在的社会阶层差别（social differences)。例如,某些场所和设施(如游泳池、某些用于祈祷的场所)可以只对部分年轻人开放(可以是在指定的时间里),其目的是用一种庄严和包容性的方式使得那些宗教上和文化上的做法得到认可和尊重(White 1998)。

基于社区的干预方法还包括那些大规模的、通常不针对年轻人的干预措施。例如,城市复兴计划(urban renewal projects)和社区赋权项目(community empowerment programs)旨在增加当地居民的就业机会以及市民参与的机会。这些干预措施的直接目的是为了改善特定地方或者社区的实体环境和基础设施(如建设滑板场地),同时改善居民或者其他人对这些区域的观念和态度(如通过促进体育运动、纸牌游戏等参与型活动)。对社区的归属感差、经济上被剥夺、不幸的遭遇以及社区的组织化程度弱等问题使得针对那些容易滋生犯罪的地区的预防干预更趋复杂。所以,任何犯罪预防的对策都必须针对这些问题加以解决。

增加针对某个地方的自豪感对于促进消极态度和反社会行为朝着积极、亲社会的方向改变而言具有重要意义。例如,布里奇沃特(Bridgewater)的形象很差,而且常常与塔斯马尼亚岛的大量犯罪和反社会的行为有着联系,因而被列为澳大利亚最不安全的社区之一。布里奇沃特城市复兴计划(the Bridgewater Urban Renewal Programme,BURP)旨在通过改变社区的环境这一方法改善该社区的面貌。其中采取的措施主要有如下四个方面(Whelan 2001):

1. **营销和宣传**。也即通过创建当地报刊以及聘用公共关系公司等方式对当地进行正面报道。
2. **社区领导和社区参与**。也即通过有意识的社区与州政府机构之间的精诚合作(而不是各自行动)以及采取涉及市民的战略性措施（如建立当地的体育运动队）来实现。
3. **增进自豪感和鼓舞力量**。也即反复强调当地居民应该期望自己能够拥有最好的生活方式，同时强调他们应该就构建引以为自豪的社区环境的责任。
4. **实体环境的设计与重建**。也即通过植树、壁画、美化公园和购物中心、住户粉刷自己的房子以及建设花园等方式进行。

社区的名声（尤其是当它有着与帮伙、犯罪以及反社会行为相联系的污名时）对当地居民的生活有着重要影响。与那些不住在污名地区的年轻人相比，住在污名地区的年轻人更有可能遭受丧失工作机会以及难以跳出当地社区这样的严重后果（可参见 Lee 2006）。有时，一个"坏"的社区名声可能会演变为，当面临一个不友好的"外部"世界时所体现出的以抵御外界和确认价值观为基础的帮伙心态（gang mentality）。通过社区发展（communal development）这一手段改变社区的"坏"名声是应对这些问题的途径之一。

此外，从更广义的角度看，采用以社区为基础的方法应对帮伙问题在某些时候需要解决社会公正和社会不平等问题。解决这些突出的棘手问题不但需要战略眼光和政治意志（参见Canada National Crime Prevention Council 1996），而且还需要战略计划（参见本书第 6 章）。具体而言，地方政府可以从三个方面增强社区对帮伙进行干预的能力（参见资料盒 8.5）：

资料盒 8.5　增强社区对帮伙进行干预的能力

社区目标（communal objectives）　　也即就需要采取哪些措施来打破社区的犯罪和暴力这一循环问题制定打击帮伙的战略，而不是仅仅强调对单个的犯罪人进行控制和惩罚。

> **社区支持**（communities of support）　也即切实重视团结、合作等观念，通过鼓励构建亲社会的社区群体这一途径来改变那些导致帮伙产生的条件。
>
> **社区资源**（community resources）　也即游说政府在当地社区发展方面提供更多的帮助，同时规划和利用现有的有利条件以及包括青年人在内的当地居民的能力和技术。

以上干预措施所蕴含的核心原则是：针对人进行投入是获得社会回报的最佳方式（investment in people in the best way to reap social rewards）。此外，不应该将社区战略（community strategy）和邻域方式（neighbourhood approach）（该方法注重可以在地理上进行界定的物理环境）混淆在一起，尽管这两者之间有着明显的相互联系。正如"伍尔弗汉普顿犯罪和违法协调小组"所指出的："在工作重点的重构当中需要强调贫困社区居民中个人的发展，因为事实已经证明，单纯物理环境的改变对于改善促进社会包容的环境而言影响不大"（Wolverhampton Crime and Disorder Co-ordinating Group, 2001, p. 33）。改善当地的社会环境仍然是我们最终依赖的手段，这就意味着在寻求青年人和社区问题的对策时，除了需要专家和各级政府的支持之外，还需要青年人和社区的介入和参加。此外，十分重要的是，需要特别关注那些可能成为帮伙成员或者已经是帮伙成员的青年人，以便他们在社区重建当中发挥积极作用（参见 Davies 1995；Diacon 1999）。

鼓励年轻人参与这一工作并不是想象的那么容易。当干预对象涉及帮伙时，这种情况尤其如此。比如，谁去做工作以及和谁一起工作就是决定计划或项目成败的大问题。一项针对美国的一个综合性干预项目的评估发现：尽管在该项目中运用了青年人参与和机会增加原则,但主要的困难在于"实际工作人员几乎都是中上社会阶层的白人,他们的工作对象则是社会底层的青少年"(Pappas 2001,p. 10)。对该项目的评估还表明,让当地社区的人士作为组织者和具体工作人员参与预防项目不但十分必要,而且十分重要。此外,上述评估还强调了同龄人导师(peer mentors)在解决当地青年人问题中的重要作用。

最后,需要再次强调的是,真正解决帮伙问题必然是一个复杂而渐进的过程。其中就需要进行各种形式的干预、分析和评估工作,同时也体现为不同的观念视角和思想观点。想要让城市区域变成更为安全的生活和工作场所,就必须解决范围广泛的社会秩序失调以及不文明问题。而这就意味着要努力加强人们与家庭、社区、学校、社区以及工作单位的联系,同时也意味着需要给予所有的人尤其是那些被边缘化的人以应有的社会地位和价值。只有在各级政府表现出政治意愿的基础上,以上目标才能达到。总之,人们应当置于整个过程的中心位置,也即人们应当成为问题解决方案中的一部分,而不仅仅是问题本身(Diacon 1999)。

六、社区的意外破坏

公共空间相对稳定的制度性环境和可识别的管理人员使得系统地制订创新性的犯罪预防计划成为可能。然而,与其他地方相比较,发生于当地社区、林荫大道以及在购物中心的事件有时候更加难以预测和管理。就人群"群集"以及"学生毕业周"等一次性事件而言,这种情况尤其如此。这些都会对社区和邻里造成破坏。从社区安全和犯罪预防这一角度看,这些情况也值得我们关注。

人群"群集"是指许多人突然集聚于特定的公共场所(参

见 White 2006b）。群集的特点既可能是暴力，也可能不表现为暴力。然而，群集牵涉到大量的人群，这些人群有时会演变为"暴徒"。人群聚集的规模也是导致家庭聚会或者私人聚会通过人们突然涌向道路、街道或者草坪这一方式演变成为公共事件的因素之一。大量人群在公共场所的突然聚集既可能是有组织性的，也可能是自发的；这种突然聚集也可能导致暴力的发生，或者成为产生暴力的诱因之一。这种暴力包括骚乱（riots）（是指很多人自发地参与到非法、反社会以及暴力行为当中）和群体暴动（mob violence）（这种情况的关键变量是指"人群"以及人群向暴徒的演变）。

擅自入场（gatecrashing）作为人群聚集的一种特定形式，同样可能引发主要是基于人群集聚的动机而不是出于危害目的的群体事件。从埃德雷德到悉尼或者从墨尔本到珀斯，由于使用新的通讯技术以及更容易找到哪些没有保安维持秩序的聚会地点，数以百计的擅自闯入者聚集在某些社交场所将变得更为方便。当然，并不是所有擅自闯入的聚会都会以暴力收场。是否会发生暴力，这主要是看整个聚会的氛围、聚会人员的身份、喝了多少酒以及聚会的举办方是如何维持秩序等方面的因素。从犯罪预防角度来说，要想就以上突发性事件进行干预并确保其安全，则需要将擅自入场作为一个社会现象来理解其产生的机理（参见资料盒8.6）。此外，就以前发生的擅自入场的实际案例以及处理相关事件的经验进行调研，有助于我们针对这些事件在一定程度上作出预案，即使我们不知道事件发生的地点、人数和时间。

> **资料盒 8.6　作为一种社会现象的擅自闯入行为**
>
> **什么性质（what）**　擅自闯入者是指那些经常没有得到邀请就参加私人聚会的人。
>
> **什么时间（when）**　周末，通常是指某个人的特定场合，如 18~21 岁之间的生日聚会。
>
> **什么人（who）**　14~25 岁之间的年轻人；私立学校学生的积极参加；所有年级以及所有种族。
>
> **为什么（why）**　学校舞会的终止以及对私人聚会的依赖；针对 18 岁以下青少年的夜间经济的可行性及其成本；兴奋与刺激的可能性。
>
> **怎样做（how）**　许多人（可多达几百人）聚集在一起；大量酗酒；通常迟到（在酒吧、夜总会以及瓶酒商店关门之后）；以因特网和短信服务作为信息来源；有时在房屋外面聚会。
>
> **做什么事（what）**　可能会给聚会增添激情；可能与暴力（包括由于遭到拒绝进入或者责令其离开所引起的冲突）有关；可能涉及携带凶器或者有时会造成严重伤害或死亡；可能涉及警察诱饵（也称警察圈套）。

犯罪预防的研究对象是关于通过采用对那些从事犯罪预防工作的人具有启发意义的方法，来解决现实犯罪问题的原则和实践。作为社交聚会之典型类型的人群聚集与计划性活动（如教师周活动、澳大利亚国庆日或者新年的除夕之夜）相比，其本质上具有更为明显的自发性特点。然而，对计划性活动进行分析有助于我们深刻认识人群聚集并针对某些类型的人群聚集作出预先反应。资料盒 8.7 对已经被采纳用于应对某些事件（例如某些地区的教师周）的措施做了简明描述：

资料盒 8.7　以教师活动周为例的计划性活动

"社区安全"而非"法律实施"的基本原理：
- 针对社区进行准备并就哪些措施在过去发挥了作用（但不是对人们进行威慑）这一问题进行评估。
- 增加工作人员（如危机以及保健工作人员）。
- 许多工作人员（不穿制服）针对学生进行帮助。
- 将学生当做事件"工作人员"来使用。
- 培养包括与广泛的利益相关方展开对话在内的合作文化。

强调娱乐方面的安全：
- 使用塑料酒杯。
- 针对健康问题（如不要到河里游泳或者酗酒）发布广告或者资料宣传册。
- 开展注重娱乐而不是喝酒或者吸毒的有组织的活动。
- 减少在特定场所或者服务场所中的人群过于拥挤的现象。
- 提供丰富的食品或者替代性饮料（如不含酒精的饮料）。

确立明确的规则或者行为边界：
- 针对教师进行登记注册和"跟踪"。
- 指定的区域和监管的空间。
- 完善的交通和住宿条件。
- "友好"而可靠的安全保障以及警察巡逻。
- 照明良好的道路，出口及进口值班岗哨。
- 对紧急情况下使用的场所和服务进行标记。
- 强调"可以实施的行为"而不是"不可以实施的行为"。

（资料来源：White 2006b）

153　　要想成功地贯彻上述各种类型的预防措施，就需要理解基于环境设计的犯罪预防（CPTED）、情境预防以及社会预防的原理和原则。其中更为关键的问题则是需要将这些措施纳入到社会控制的总体视野或者基本体系当中。这是因为，无论运用哪种方式或者采取哪些措施，本质上行动的总体性质是由我们期望通过干预措施所实现的目的所决定的。

当然，我们也可以从更为消极的社会控制方式的优点这一角度来获得启示。例如，可以考虑如何针对大规模的集聚场所（如"主题公园"）中的人群进行管理。比如，瑟伦和斯特琳曾就迪士尼乐园中人群管理的体制和原则问题提出了自己的观点（Shearing and Stenning 1992）。根据他们的观点，对于那些进入迪士尼乐园的游客而言，可以通过如下的各种方法对他们的行为进行规范：

- 由管理人员提供建议以及进行指导，也可以通过广播播送提供这方面的信息。
- 通过各种形式的物理限制或者建筑上的控制手段对游客可以去的地方进行限制。
- 在未能遵守规则导致惩罚性措施时，由管理人员进行直接干预。

上述所有措施旨在通过提高人们以一种特定方式（如自律）遵守这些规则的意识、限制游客在迪士尼乐园中的行为选择（也即通过物理环境设计或者建筑设计方式），以及聘用管理人员来督促规则实施（也即直接干预）这些方式来促使人们遵守迪士尼乐园中的行为规范。这些不同形式的规则性权力并不是基于道德宗旨（也即关于行为在本质上是"好"或者"坏"的观念）。实际上，它们纯粹是功利性的，也即旨在强化一种关于社会控制的目的只是为了促进某种特定形式的社会消费方式这一形象和环境。

这些不同类型的措施也同样在购物中心等场所和单位中得到了运用。其主要特点表现为针对有计划的活动（如中学生毕业周)进行管理。通过我们对先前"不守秩序的"活动(例如巴瑟斯特自行车比赛,参见 Cunneen et al. 1989)的了解,同时结合我们关于"什么起作用"这一方法对于有计划的活动(如教师活动周)的促进作用的认识,有助于增进我们关于如何做好针对擅自入场等行为的预案和干预措施这一问题的认识。例如,目前正在澳大利亚全国进行宣传推广的"聚会安全知识手册"(Party Safe Information Kits)就是一个明显的例子。其中所建议采取的措施包括:

- 预先仔细地做好聚会的准备工作。
- 安排好聚会的开始和结束时间。
- 严格实行凭邀请函参加聚会的办法。
- 就举办聚会向警方进行登记。
- 告知聚会参与人员,警方将在现场实施巡逻。
- 提前告知左邻右舍。
- 鼓励父母亲在聚会结束时来接自己的孩子。

此外,有助于保障安全的低级别的干预措施包括:在邻近区域策略性地配置当地警方的"测醉警车"(booze bus)、对互联网进行监控以查明是谁针对该地点说了什么话,以及对与该聚会相关的疏散和活动路线进行评估。事实表明,那些定位于执法而不是定位于犯罪预防的方法实际效果不佳。在事件的开始就部署大量全副武装的警察,很可能只会导致冲突这一结局。因此,实施干预的理念问题从一开始就决定了所采取措施的性质。

七、结论

本章的主题是关于在犯罪预防过程当中应该考虑并融入不同的利益群体和不同的人,以及采取包括基于环境设计的犯罪预防（CPTED）、情境预防和社会预防措施在内的综合治理方法的重要性。在各种背景以及问题当中，"社区"（community）是其中的一个基础性的概念。也就是说，谁应当受到重视或者成为问题对策的挑战或者组成部分，这是一个积极的社会化过程（social process）。这就涉及需要就一些问题，如我们期望培育何种类型的公共空间、如何针对那些可能偶尔演变为不守秩序甚至具有破坏性的事件和情况进行最佳管理，以及如何协商处理那些与公共空间的不确定性相关的紧张局面等作出自觉性的决策。无论是对于涂鸦、青年帮伙还是擅自闯入，都可以采取一方面能够减少无序状态或者可能的社会危害，另一方面又没有彻底摧毁实施越轨（正是越轨行为使得城市生活如此精彩）的机会的温和的干预措施。

第九章

犯罪预防的前景展望

一、引言

通过前面各章的阐述，各位读者一定会认为我们将犯罪预防不仅视为一个伟大的创意（a great idea），更是视为一个伟大的理想（a great ideal）。然而，前面各章已经阐明，在将这一伟大理想付诸政策实践的过程当中，西方国家政府已经面临着巨大困难。

当然，政治家们所阐述的理想与他们实际上所采取的措施之间存在差别，这也是屡见不鲜的。同时，这种差别并不仅仅存在于西方国家的民主制度或者犯罪预防领域当中。十多年前，恰恰就在法国、美国以及澳大利亚等国家开始和结束它们的犯罪预防尝试之时，另一个国家——前苏联也在开始进行一场更加雄心勃勃的尝试，即所谓的"经济和政治改革计划"（glasnost）。米哈伊尔·戈尔巴乔夫（Mikhail Gorbachev）这位前苏联"经济和政治改革计划"的总设计师赢得了国际上的广泛赞誉，这不仅是因为他的远见卓识，而且还因为他锐意推进改革的努力，从而使得前苏联社会变得更为开明。

然而，事实证明，在基层推行"经济和政治改革计划"面

第九章 犯罪预防的前景展望

临着巨大的挑战。由此产生的结果就是,戈尔巴乔夫在前苏联公民心目中的形象与其在西方媒体中的形象形成了巨大反差。在当时的前苏联,大多数普通公民不再尊敬戈尔巴乔夫。相反,随着"经济和政治改革计划"的推进,戈尔巴乔夫越来越成为人们嘲笑和挖苦的对象。下面的笑话比较典型:

在"经济和政治改革计划"以及改革的精神鼓舞下,两个朋友,伊万和伯里斯,在莫斯科排队购买家庭一星期要食用的面包。这是一个星期六,同时还下着雪,他们已经等了3个小时了,但仍然没有在店里买到面包的希望。终于,伊万爆发了:"我受够了!不管了!我去毙了戈尔巴乔夫这厮!"他冲向街道,一边捶胸顿足,一边咆哮。但伯里斯什么也没说,只是静静地排队等候。3个小时后,伊万回来了,伯里斯给他挪了一个位置,两个人又开始排队等面包。最后,伯里斯打破沉默:"那么,你毙了戈尔巴乔夫没?""本来可以,"伊万回道,"可是要毙戈尔巴乔夫的队伍排得比这个队伍还长!"

"经济和政治改革计划"始于20世纪80年代中期,当时戈尔巴乔夫当选为苏共中央总书记。到1991年,"经济和政治改革计划"终于走到了尽头,其总设计师戈尔巴乔夫也被迫辞职。"经济和政治改革计划"以失败告终,这就成为全世界的政策学家和实践工作者驻足沉思的良机。的确如此,当其中一位作者(苏通,Sutton)出席1991年维多利亚州的一次会议时,在向会议提交的一篇关于犯罪预防的论文当中提到了这些情况。

苏通是以南澳大利亚州的"联合打击犯罪"(Together Against Crime)行动计划的主任这一身份应邀参加会议的。该组织于3年前发起成立,同时被某些人视为打击犯罪的前沿阵地。

毫无疑问，会议的组织方期待的是一份乐观的进度报告。正如会议中的发言题目"不要攻击政策制定者"，以及受到戈尔巴乔夫启发的副标题"不需要你，其他人会替你做工作"所表明的那样，会议的组织者听到的却是不同的结果。

到这个报告发表时的1991年年中，南澳大利亚州的"联合打击犯罪"行动计划已经举步维艰了（参见本书第6章）。1991年年底，苏通的职位被他人取代（Sutton 1997），但继任者的工作同样没有起色。如今，南澳大利亚州的犯罪预防计划能够获得的也不过是残羹冷炙了。正如本书第6章所述，澳大利亚其他地方在执行犯罪预防计划方面也同样处于奋力挣扎的无奈状态。

犯罪预防在法国、英国以及澳大利亚等国的衰败命运是否已经不可避免？犯罪预防是否注定会成为前苏联"经济和政治改革计划"在资本主义民主国家中的微缩版本：一个理念与现有基本制度和实践不相适应的政策？

我们不这样认为。正如本书中多处阐明的那样，我们确信，只要充分发挥远见卓识和专业知识相结合的潜力，多数国家的联邦政府及地方政府就能够共同致力于制定和实施可以与"法治秩序"相媲美，甚至是使其相形见绌的基于预防的犯罪政策和项目。他们尚未取得成功这一事实，只是说明了这一目标的艰巨性，但也绝不是不可能完成。

犯罪预防永远不会消失。日常行为（routine activity）理论和情境预防（situational prevention）理论认为，这两种预防一直以来就是（而且以后仍然会如此）根植于"日常生活"（everyday life）（参见本书第4章），这是正确的。同理，社会预防（参见本书第3章）也是这样。因此，犯罪预防计划取得成功的关键问题，并不在于是否采用了如英国的"犯罪减少计划"

（Crime Reduction Programme）中的方法，即首先找出"起作用的因素"（what works），然后采取措施在持信任或反对态度的公众当中加以推行。相反，犯罪预防计划取得成功的关键在于中央政府愿意就相关问题与当地居民和社区展开持久的对话。这种对话的基本条件应该是，普通民众和相关机构总是拥有预防犯罪的能力。

然而，政府应该就其所支持的方式方法确立出优先和重点（例如，就社会控制的方式而言，包容性的方式优于排斥性的方式），同时还应当了解结构性和资源性的问题（例如，物理环境的设计和管理不良；缺乏获得就业、教育以及家庭支持的机会）可能会使得处境不利的当地社区难以有效地实施犯罪预防计划。此外，通过对话，就能够采取与中央和地方的攸关方利益和需要相适应的方法来发现和克服有效预防中的障碍因素。可是，一旦开始进行对话并加以坚持，所有对话各方应当就自己能够对犯罪预防作出何种贡献，以及希望实现何种目标保持诚实和开放的态度。

另外，政府还应该设立一个程序，无论是政府还是当地的利益攸关方都可以凭借这个程序就什么是犯罪预防，以及犯罪预防为什么很重要等问题进行交流探讨。同时，本书通篇都强调，这种程序不应该仅仅是技术性的，它还必须包含有关价值观念的表达。为了获得成功，这个程序还必须包含体现在规划者关于干预措施的构想中的"良好社会"的愿景。我们认为，这种愿景应该以社会包容（social inclusion）这一观念为基础，即以为所有人提供安全保障的同时，允许最大限度自由的"参与模式"（participatory model）为基础。因此，我们关于犯罪预防的构想与"法治秩序"当中的隐晦设想之间是相对照或者相冲突的，因为后者注重的是强制的社会控制并且强调监管和对

157

犯罪的威慑。我们将犯罪预防视为一种表现为较少严厉控制的、较少强制性或者侵入性的社会管理形式。我们认为，犯罪预防的最终目的乃是为了构建积极的社区关系。但是，这就需要很好的筹划和社会协调。

制定和实施这样的犯罪政策，同时还要说服公众接受，这当然是一种需要各方面参与的复杂工作。与所有的复杂事物一样，它只有在战略性眼光的指引和推动下才能取得成功。当波音公司于1970年研发出747巨型喷气式客机（jumbo jet）时，波音公司对大型飞机的设计和制造方法进行了革命性的创造。宽机身的747客机是波音公司有史以来最大的冒险性设计项目，它需要该公司所有的部门来投入和承担。可是，从最终结果来看，该项目已经不仅仅是一项技术成就了。该项目的成功源于公司总裁的眼光和领导能力，即有能力说服波音公司董事会和公司的潜在顾客接受一个简单的理念：未来的国际商用飞机必须拥有特别大的载客量和特别快的速度（Irving 1993）。

只有政治领导人能够制定和传达一种他们希望产生并且同样简明的关于社会形态的认知或者价值观，犯罪预防才能在民主国家的政策层面取得成功。犯罪预防应当奠基于胡格斯（Hughes 2007, p. 23）所称的"乌托邦现实主义"（utopian realism）的思想之上，即在实际的调查研究以及规范性地思考社会的基础上，理解那些阻碍政策制定的经济和政治力量。犯罪学倾向于将犯罪预防描述为以实证为基础的（evidence-based）"法治秩序"的"理性"替代方案。这种倾向使得犯罪学这一学科难以以一种富有想象力的方式理解和探讨犯罪预防政策。总之，在本章节里，我们试图摆脱理性主义者的束缚，而在一定程度上采取一种胡格斯的"乌托邦现实主义"的立场。我们希望读者认识到，澳大利亚各个城市以及各州已经在吸取过去教训的基础上制定和实施犯罪预防政策，同时他们也决心将犯罪预防视为其未来的组成部分。以下，我们的案例研究取材于澳大利亚各州的首府。为方便起见，我们将以下部分称之为"大城市问题"。

二、大城市问题

针对犯罪预防和社区安全问题进行筹划，这在大城市已经有着很长的历史。这种筹划始于20世纪70年代，当时的城市规划者发现了杰尼·雅科布斯（Jane Jacobs）和奥斯卡·纽曼（Oscar Newman）的研究成果（参见本书第4章），然后开始就他们想象中的未来的大城市发展的城市类型展开讨论和辩论。

通过讨论，城市规划者很快就达成了如下共识：大都市不应该追随美国许多大城市的发展道路。他们不希望城市的中心区域仅仅用于商业性活动：白天一片繁忙景象，夜晚却荒凉得如同沙漠。此外，他们也不希望自己的城市成为洛杉矶那样的，由汽车用户的喜好和需求来主导城市发展的"分散型"城市形式。

在20世纪70年代那场大辩论当中，一位具有重要影响的人物就是比尔·斯密斯（Bill Smith）。比尔·斯密斯（他最近刚刚被招聘到城市规划部门工作）在大城市找到工作之前花了一年的时间在欧洲和美国游历。由于他在大学学习期间学的是城市规划专业，同时还因为他在许多城市居住过，因而能够不断积累知识和经验并且了解究竟什么是最好的城市。事实说明，比尔把大城市作为自己的家研究了四十余年，从而最终成为城市设计方面的领军人物。

比尔·斯密斯坚定地认为，大城市应该成为一个包容性的中心，这不仅是指局部地区的中心，而且也是指整个州的中心。

他在规划部门工作期间，曾参与了一系列 5 年计划的制订和实施。这些五年计划的主题就是使大城市成为将商业和居住融为一体的综合功能区域，从而确保大城市虽然每天 24 小时都很热闹，但仍然是一个愉快、安全的地方。与其他的城市规划者一样，比尔·斯密斯的思想与"基于环境设计的犯罪预防"（CPTED）的理论一脉相承，因为他是奥斯卡·纽曼的理论的继承者和发展者。基于 CPTED 原则的指导，城市中所有的公共空间以及半公共空间一直就是以一种就应当如何使用这些空间这个问题提供巧妙而一致的指示的方式进行设计和管理的。坚持 CPTED 中的原则意味着，并不是空间的所有潜在用户感觉到自己在每个地方都受欢迎（例如，一些空间适合老年人使用，而不是青年人休闲的好去处，反之亦然）。然而，大城市作为一个整体而言是为所有各主要群体设计使用的，而不仅仅是为了那些能给城市带来税收的富裕消费者设计使用的。

在为城市的主要私营购物中心颁发设计和经营许可证的时候，也应当适用同样的原则。此外，久而久之，首都悉尼的城市设计和管理中所体现出的包容性方法也会给各州政府的城市规划和开发政策带来影响。事实上，各个州政府中的许多资深的城市规划人员也都是在大城市里开始自己的职业生涯，并得以吸收"都市文化"（Metropolis culture）中的营养。

另外，这种几十年来一直对大都市的规划和设计发挥着指导作用的思想观念，也会对广泛意义上的社会政策产生影响。在城市和各州层面，对相关专业人员的工作发挥着指导作用的、没有明确说明的假定或者说"习惯"（Bourdieu 1977；Hughes 2007，pp. 85~86），一直以来都是强调社会包容（social inclusion）。因此，当各个州政府于 20 世纪 80 年代后期宣布将与地方政府共同制订和实施犯罪预防计划时，各大城市立即表现出了兴趣，这就不足为奇了。

　　州政府将在今后10年的时间里拨出专款用于聘请社区安全主管（community safety officers，简称CSOs），社区安全主管的任务是制订和实施犯罪预防和社区安全计划。最初，社区安全主管的重点工作是支持那些以大城市中的"危险"年轻人为对象的各个分支项目。后来，社区安全主管的职责范围扩大到包含就行为规则或者"协议"与有许可的商贩进行谈判、旨在减少城市中与酗酒相关的暴力事件发案率的工作，以及协调进行环境检查以评估和努力提高主要城区公众的安全意识。通常，社区安全主管向管理委员会负责并报告工作，该委员会由地方政府牵头，同时还包括警方、州政府相关部门以及企业界的高级代表。

　　可是，尽管社区安全主管付出了很大努力，但是州政府致力于犯罪预防的努力已经逐渐消退。出现这种问题的部分原因是，政府从来就没有认真厘清犯罪预防计划和项目的目标究竟是什么。尽管政府已经宣布要采取一系列的举措，而且每次宣布这些举措时政府相关部门的负责人都会宣称，这些计划都是以社区为基础、以事实为依据以及运用"整体型政府"（whole-of-government）方法的计划。然而，由于缺乏足够的资源和职权，社区安全主管普遍感到很难实现这些计划。大城市努力支持着社区安全主管的工作，同时也没有因此留下太大的遗憾，因为州政府在20世纪90年代后期大力支持社区安全主管做好犯罪预防工作。该城市建立了自己的安全委员会从而填补了空白，安全委员会的具体工作由城市的规划、福利和社会发展等部门承担，同时该委员会也包括了警方、州政府主要部门以及城市商会的代表。在这种调整的背景下，大城市悄悄地摒弃了"犯罪预防"这一许多基层工作人员认为可能会给项目和帮助对象带来污名的术语。

160　　这种情况一直持续到 2010 年，此时当选的新一届州政府就如何构建全州范围的犯罪预防计划（大城市在其中发挥作用）的一种新的观念与大城市的市长接触。人们注意到，"法治秩序"虽然在国家政治层面取得了成功，但调查和警方的数据表明犯罪被害却在持续增加。此外，监禁率已经达到创记录的新高，有关警察、法院和矫正的费用支出也达到前所未有的水平。然而，控制预算支出还不是需要解决的唯一问题。经过几十年来"严厉打击犯罪"的实践，犯了罪就应当关进监狱几乎已经成为一个常态，一个送给弱势背景青年人的"成年庆典"（rite of passage）。研究资料表明，一旦这些弱势背景青年人被送进监狱，他们的犯罪行为将会变得更加频繁和严重。有关人员已经就上述研究成果，以及犯罪的社会预防和环境预防的高成本效益向政府高级官员做了汇报。此时此刻，他们决心找到一种把理论知识转变为政策的有效方法。

三、过去的经验教训

来自大城市规划和社会福利部门的高级职员可以就可能的方法与国家总理、内阁以及司法部的代表一起展开讨论。然而，从一开始，大城市就要明确表态，在实施具体的预防计划和项目之前，必须就基本原则问题与州政府达成一致。

就审议的犯罪预防计划的总体目标而言，最为重要的一点是要明确期望实现的目标是什么。此前的州和联邦一级的预防项目擅长于就"怎么做"这方面的专门术语（如"实证为基础"、"整体性政府"以及"协作推动"等术语）进行规定，但在战略眼光方面却比较欠缺。由于欠缺这种战略眼光，地方的利益相关者只能以他们自己的方式对犯罪预防和社区安全进行解读,直到中央政府官员抱怨预防项目的落实情况之后,他们才会因为滥用项目资金而受到指责和批评。显然,大城市不愿意继续走这样的老路。

最终,州和大城市得出结论:社会控制和社会秩序是共同的战略眼光得以树立的关键主题。于是,州政府最终得以回归犯罪预防,因为他们希望寻求以刑事司法为基础的"法治秩序"的替代性政策。对于大城市而言,构建和维护人们感到自己能免受犯罪伤害的开放性和包容性的环境,一直以来就是核心问题。

然而,州和大城市这两方都同意:对于他们的预防项目之基础的社会控制和社会秩序的认识,不应该完全停留在针对意外、分歧以及越轨的所有症状进行抑制。大城市应该成为对所有的用户(即使是最不合常规的人)都持欢迎态度的城市。唯一例外的是那些实施对他人具有危险性或带来损失或伤害的行为的人。基于犯罪预防和社区安全战略这一背景所实施的社会控制之下,应该允许不同个性的存在,正如前述霍巴特的"跳舞男子"(参见本书第8章),他不仅仅是应该被允许,而且应该是大受欢迎。这种方法与几十年来指导大城市的城市发展的基本原则是高度一致的。由于参与这些基于此种观念的全州性的预防计划不会损害城市自身的使命和目标的实现,因而大城市的官员对此是满意的。

指导新的伙伴关系的第二个原则是对话和相互尊重。以前,各州和中央政府实施犯罪预防的努力通常是基于这样的假定:预防计划应该从中央开始设计并向下级转达。根据英国"减少犯罪计划"在实施中的经验,英国已经得出结论:这种方法没有可行性。从一开始,英国就愿意承认当地政府以及社区方面的利益相关者也拥有相关的经验和知识。然而,这并不意味着可以忽视理论专家及其研究成果的作用。制订和实施犯罪预防和社区安全计划的所有各方都应该承认相关科学的存在，同时探讨这些相关学科与自己所处理的具体问题之间的关联。然而，在一个致力于发现和解决问题的开放心态之下，没有哪个层面的政府会认为唯有自己拥有关于"什么有效"的知识。

在对于相关术语的关切之中，也存在相互尊重这一问题。承认犯罪预防计划有助于减少犯罪，这对于中央政府而言十分重要。缺乏这样的认知，就不能出台警察等其他刑事司法反应的替代性措施，从而政治家们仍将继续被局限于"法治秩序"这一传统范式当中。对于当地政府以及其他基层的利益相关者来说，其关注重点是不一样的。他们所关心的主要问题是，将犯罪预防这一标签贴到广泛的实践领域（如城市规划与设计、早期的儿童教育等），只会给这些地区及参与者蒙上污名。

从实践中看，这就意味着大城市以及其他地区新的犯罪预防计划，将通过一系列为期两年的犯罪预防计划这一形式来制订和实施，而不是采取各自独立的形式。以整个城市为视野的犯罪预防的计划程序，使得预防资金会划拨给那些事实证明其工作有助于减少犯罪的主流机构，如幼儿园、学校以及家庭帮助中心等。当然，只有在总体规划这一背景下，这些活动才会在理论上被视为有助于减少犯罪。此外，为了避免产生剑桥—萨默维尔项目中的效果，各个城市应该避免将具体的社会干预措施贴上犯罪预防这一标签。

四、前景展望

大城市2010年之后的犯罪预防"未来计划"（plans for the future）究竟应该包括哪些措施？我们认为，应该包括既有环境预防又有社会预防两种预防形式在内的全方位的内容。为了确保犯罪预防能够成为"法治秩序"可以信赖的替代模式，必须有一些短期的、颇受关注以及尽快见效的预防计划。可是，其他的预防计划，尤其是那些突出社会预防的计划，则应当更为稳妥和低调。这些预防计划应当包括情境预防措施（这种预防措施的效果可以马上体现出来）以及社会预防措施（这种预防措施的效果只有经过几十年后才会明显体现出来）。

所有犯罪预防措施中的共同主题就是能力建设（capacity-building）问题。在制订每个两年预防计划的初期，主要的利益相关者反复强调了他们的观点，即大城市早已拥有它们能够调动起来以支持犯罪预防和社区安全的制度性资源和社会资源。然而，问题的关键在于要不断拓展和改善这些资源，以应对物理环境和社会环境的变化所提出的新挑战。此外，大城市借助其犯罪预防和社区安全计划程序不断推出众多创新性预防项目，如旨在减少"热点地区"犯罪发案率的预防项目、旨在改善公共场所监管和安全的项目、旨在解决顽固性问题（如家庭暴力）的预防项目、旨在减少经济上和文化上被边缘化的预防项目，以及旨在确保家庭和教育方面的"软"规则能够延伸到最为弱势的群体的预防项目。

大城市的两年期的规划过程不仅已经成为将研究成果转化为预防项目的一种手段，而且还是支持就犯罪预防和社区安全问题进行讨论一个载体。当然，这种讨论有时可能成为导致地方政府和中央政府之间产生紧张关系的根源。由于了解犯罪增长的原因（尤其是关于社会不平等与暴力及其他犯罪之间的关系，参见本书第3章），生活在大城市的政治家越来越关心并愿意坦率地道出州以及联邦政府关于教育、就业以及福利等问题的政策，对于减少犯罪的可能效果。关于鼓励城市和当地的利益相关者成为制订犯罪预防计划和项目中的合作伙伴的智识，财政部官员有时闪烁其词。他们认为，明确指出这一点也就意味着事实上应当针对各个领域的预算重点和预算金额进行实质性评估。然而，最后所有人都认为该程序是有益的。

五、结论

本书的目的之一就是向读者介绍犯罪预防的理论和方法。在本书最后一章中，我们已经强调指出，犯罪预防同样也是一个社会过程。不可避免的是，犯罪预防涉及许多不同的人们、机构以及诸多不同的目标和对象。在实施犯罪预防的任一阶段，都需要就谁来实施、实施什么，以及为什么要实施等问题作出明确的决策。

我们在本书通篇中指出，良好的犯罪预防需要建立在明确的指导思想、科学的规划原则以及广泛的社会参与之上。此外，我们已经阐明，关于我们期望实现的目标是什么这一问题的战略眼光，是我们实现该目标的关键所在。犯罪预防计划必须建立在对地方社情进行分析以及地方协作的基础之上，同时还应当吸取一般理论以及针对不同地方和不同类型问题的案例研究的营养。我们还强调指出，必须对犯罪预防的实施进行动态的回顾和评估。然而，这种评估并不意味着犯罪预防只是专家们的事情。犯罪预防不仅应当视为一种日常活动，而且还应当视为与每个人相关和每个人自己的事情。因此，实际操作中的犯罪预防要求将透明和责任贯彻于其过程之中。

我们从一开始就指出，根本上说犯罪预防同样也是政治性问题。这是因为，犯罪预防涉及权力和决策、资源分配和财政预算。我们可以得出这样的结论：我们将时间、精力以及资金投入到哪些方面，这在很大程度上说明了我们所生活的当今社会以及我们和子孙的未来属于何种类型。对我们来说，为了构建和维护一个振奋人心、心情舒畅、安全和安心的环境——一个为人类的创造性、满足和福祉开辟各种可能性的环境,犯罪预防是不可或缺的。

参考文献

Amnesty International (2004), *the Death PenaltyA Hidden Toll of Executions*, Amnesty International website www. amnesty. org (accessed 17 June 2007).

Armitage, R. (2000), *An Evaluation of Secured by Design Housing within West Yorkshire*, Home Office Briefing Note 7/00, Policing and Reducing Crime Unit, Home Office Research, Development and Statistics Directorate, London.

Atkinson, R. (2006), 'Mob mentality: The threat to community sustainability from the search for safety', in P. Malpass & L. Cairncross (eds), *Building on the Past: Visions of Housing Future*, Policy Press, Bristol, pp. 163 – 84.

Atkinson, R. & Blandy, S. (2005), *Housing Studies*, vol. 20, no. 2 (March) (special edn on Gated Community).

Atkinson, R. & Blandy, S. (2006), *Gated Communities*, Routledge, London.

Attorney-General' Department, (2007), 'Round Four-Security Related Infrastructure' (Media Release, May), Attorney-General' Department, Canberra ⟨www. Crimeprevention. gov. au⟩ (accessed 7 June 2007).

Australian Institute of Criminology (2003), 'Measuring crime prevention program costs and benefits', *AIC Crime Reduction Matters*, no. 15, Australian Institute of Criminology, Canberra.

Australian Institute of Criminology ⟨www. aic. gov. au/research/cvp/topics/cpted. htm # research⟩ (accessed 27 February 2008).

Barr, R. & Pease, K. (1990), 'Crime placement, displacement and deflection', in M. Tonry & N. Morris (eds), Crime and Justice: Re Review of the Research, vol. 12, University of Chicago Press, Chicago.

Bell, W. (1991), 'The role of urban design in crime prevention: Adelaide city—a case study', *Australian Planner*, December. Pp. 206 – 10.

Bishop, D. M. (2006), 'Public opinion and juvenile justice policy: Myths and misconception', *Criminology and Public Policy*, vol. 5, issue 4, pp. 653 – 64.

Blagg, H. & Valuri, G. (2003), *An Overview of Night Patrol Services in Australia*, Attorney-General' Department, Canberra.

Blagg, H. & Valuri, G. (2004a), 'Self-policing and community safety: the work of Aboriginal community patrols in Australia', *Current Issues in Criminal Justice*, vol. 15, no. 3, pp. 205 – 19.

Blagg, H. & Valuri, G. (2004b), 'Aboriginal community patrols in Australia: Self-policing, self-determination and safety', *Policing & Society*, vol. 14, no. 4, pp. 313 – 28.

Blakely, E. & Snyder, M. (1999), *Fortress America: Gated Community in the United States*, Brookings Institute and Lincoln Institute of Land Policy, Washington & Cambridge.

Bonnemaison, G. (1983), *Confronting Crime: Prevention, Repression and Solidarity*, Documentation Francaise, Paris.

Bottoms, A. (1974), 'Book review of defensible space', *British Journal of Criminology*, vol. 14, no. 2, pp. 203 – 6.

Bourdieu, P. (1977), *Outline of a Theory of Practice*, Cambridge University Press, Cambridge.

Bourdieu, P. (1995), *In Search of Respect: Selling Crack at El Barrio*, Cambridge University Press, Cambridge.

Boyce, J. (2001), *Crime Prevention in a Plains Town-Moree*, Paper presented at 'The Character, Impact and Prevention of Crime in Regional Australia', Conference, Townsville, August 2001.

Braga, A. (2001), 'The effects of hot spots policing on crime', *Annals of the American Academy of Political and Social Science*, Vol. 578, pp. 104 – 25.

Braga, A., McDevitt, J. & Pierce, G. L. (2006), 'Understanding and prevention gang violence: Problem analysis and respect development in Lowell, Massachusetts', *Police Quarterly*, Vol. 9, no. 1, pp. 20 – 46.

Braithwaite, J. (1989), *Crime, shame and Reintegration*, Cambridge University Press, Cambridge.

Brantingham, P. J. & Brantingham, P. J. (1993), 'Nodes, paths and edges: Considerations on the complexity of crime and the physical environment', *Environmental Psychology*, Vol. 13, pp. 3 – 28.

Brantingham, P. J. & Brantingham, P. J. (1995), 'Criminality of place: Crime generators and crime attractors', *European Journal on Criminal Policy and Research*, Vol. 3, no. 3, pp. 1 – 26.

Brantingham, P. J. & Faust. F. (1976), 'A conceptual model of crime prevention', *Crime and Delinguency*, Vol. 22, pp. 130 – 46.

Brantingham, P. L. Brantingham P. J. & Taylor, W. (2005), 'Situational crime prevention as a key component in embedded crime prevention', *Canadian Journal of Criminology and Criminal Justice*, Vol. 42, no. 2, pp. 271 – 92.

Bullock, K. Erol, R. & Tilley, N. (2006), *Problem-oriented Policing and Partnerships Implementing on Evidence-based Approach to Crime Reduction*, Willan Publishing, Cullompton, Devon.

Caldwell Collaboration 〈www. aic. gov. au/campbellcj〉 (accessed 26 February 2008).

Canada, National Crime Prevention Centre (1996), *Mobilizing Political Will and Community Responsibility to Prevent Youth Crime*, National Crime Prevention Council, Ottawa, Canada.

Canada, National Crime Prevention Centre (1998), *Building a Safer Canada: A Community Based Crime Prevention Manual.* Canadian Department of Justice.

Carson, W. G. (2004a), 'Is communalism dead? Reflections on the present and future practice of crime prevention: part 1', *Australian and New Zealand Journal of Criminology*, vol. 37, no. 1, pp. 1 – 21.

Carson, W. G. (2004b), 'Is communalism dead? Reflections on the present and future practice of crime prevention: part 2', *Australian and New Zealand Journal of Criminology*, vol. 37, no. 2, pp. 192 – 210.

Cashmore, J. Gilmore, L., Goodnow, J., Hayes, A., Homel, R., Lawrence, J., Leech, M., Najman, J., O'Connor, J., Vinson, T., & Western, J. (2001a), *Ending Family Violence? Programs for Perpetrators*, Attorney-General's Department, Canberra.

Castellano, P. & Soderstrom, P. (1992), 'Therapeutic wilderness programmes and juvenile recidivism: A programme evaluation', *Journal of offender Rehabilitation*, vol. 17, 19 - 46.

Chan, J. (1994), 'Crime prevention and the lure of relevance: A response to Adam Sutton', *Australian and New Zealand Journal of Criminology*, vol. 27, no. 1, pp. 25 - 9.

Cherney, A. (2002), 'Beyond technicism: Broadening the want works paradigm in crime prevention', *Crime Prevention and Community Safety: An International Journal*, vol. 3, no. 4, pp. 49 - 59.

Cherney, A. (2003), The dust never settles' crime prevention policy and practice: The Victorian experience, phD thesis, Unpublished, Department of Criminology, University of Melbourne.

Cherney, A. (2004a), 'Contingency and politics: The local government community safety officer role', *Criminal Justice: The International Journal of Policy and Practice*, vol. 4, no. 2, pp. 115 - 28.

Cherney, A. (2004b), 'A case study of crime prevention/community safety partnerships in Victoria, *Current Issue in Criminal Justice*, vol. 15, no. 3, pp. 237 - 52.

Victoria, *Current Issues in criminal Justice*, vol. 15, n. 3, pp. 237 - 52.

Cherney, A. (2005), 'A letter from Australia: Doing crime prevention research - A personal reflection', *Crime prevention and community safety: An International Journal*, vol. 7, No. 1, pp. 53 - 62.

Cherney, A. (2006a), 'problem solving for crime prevention', *Trends and Issues*, no. 314, Australian Institute of criminology.

Cherney, A. (2006b), 'The role of local government in crime prevention: An overview', *Local Government Reporter*, vol. 5, no. 3 &4, pp. 25 - 8.

Cherney, A. & Sutton, A. (2006), 'Crime prevention and reduction', in A. Goldsmith, M. Israel & K. Daly (eds), *Crime and Justice in the 21st Century: An Australian Text - Book* in Criminology, 3rd edn, Thomson/LBC, Sydney, pp. 373 - 93.

Cherney, A. and Sutton, A. (2007), 'Crime prevention in Australia: Beyond what works', *Australian and New Zealand Journal of Criminology*, Vol. 40, no. 1, pp. 65 - 81.

Christensen, W. (2006), Nipped in the bud: A situational crime prevention approach to the Prevention of bushfire arson, Masters thesis, Unpublished, school of social Science, University of Queensland.

Clammer, J. (1997), 'Framing the other: Criminality, social exclusion engineering in Developing Singapore', *Social policy and Administration*, vol. 31, pp. 136 - 53.

Clarke, R. V. (1980), 'Situational crime prevention: Theory and practice', *British Journal Of Criminology*, Vol. 20, no. 2, pp. 136 - 47.

Clarke, R. V. (ed.) (1997), *Situational Crime prevention: Successful Case Studies*, 2nd edn, Harrow & Heston, New York.

Clarke, R. V. (1998), 'Defining police strategies: problem solving, problem oriented Policing and community-oriented policing', in Grant, A. & Shelley, 0. (eds), *problem Oriented policing*, Police Executive Research Forum, Washington DC, pp. 315 - 26.

Clarke, R. V. (1998b), 'Theoretical background to crime prevention through environmental design (CPTED), and situational prevention', Paper presented at the Australian Institute of Criminology Conference, *Designing out Crime: Crime Prevention through Environmental Design* (CPTED), 16 June, Sydney, available at ⟨www.aic.gov.au/conferences/cpted.html⟩ (accessed 27 February 2008).

Clarke, R. V. (1999), *Hot Products. Understanding, Anticipating and Reducing the Demand For Stolen Goods*, HMSO, London.

Clarke, R. V. (2005), 'Seven Misconceptions of Situational Crime Prevention', in N. Tilley (ed), *Handbook of Crime Prevention and Community Safety*, Willan Publishing, Cullompton, Devon.

Clarke, R. V. & Cornish, D. B. (eds) (1986), *The Reasoning Criminal: Rational Choice Perspectives on Offending*, Springer - Verlag, New York.

Clarke, R. V. & ECK, J. (2003), *Become a Problem - Solving Crime Analyst*, Jill Dando Institute of Crime Science, University College London.

Clarke, R. V. & Felson, M. (eds) (1993), *Routine Activity and Rational Choice: Advances in Criminological Theory*, Transaction, New Brunswick, New Jersey.

Clarke, R. V. & Homel, R. (1997), 'A revised classification of situational crime prevention techniques', in S. Lad (ed.), *Crime Prevention at a Crossroads*, Anderson, Cincinnati, Ohio.

Clarke, R. V. & Weisburd, D. (1994), 'Diffusion of crime control benefits: Observations on The reverse of displacement', in R. V. Clarke (ed.), *Crime Prevention Studies*, vol. 2, Criminal Justice Press, Monsey, New York, PP. 165 - 84.

Cohen, L. E. & Felson, M. (1979), 'Social change and crime rate trends: A routine activity approach', American Sociological Review, vol. 44, pp. 588 - 608.

Cohen, M. A., Rpland, T. R. & Steen, S. (2006), 'Prevention, crime control or cash? Public Preferences towards criminal justice spending priorities', *Justice Quarterly*, vol. 23, No. 3, pp. 317 - 35.

Coleman, R. (2004), *Reclaim the Streets: Surveillance, Social Control and the City*, Willan Publishing, Cullompton, Devon.

Collins, A. (1998), 'Hip hop graffiti culture', Alternative Law Journal, vol. 23, on. 1, pp. 19 - 21.

Collins, J., Nobie, G., Poynting, S. & Tabar, P. (2000), *Kebabs, Kids, Cops & Crime: Youth, Ethnicity & Crime*, Pluto Press, Sydney.

Colquhoun, I. (2004), *Design Out Crime: Creating Safe and Sustainable Communities*, Elsevier Architectural Press. Oxford.

Connell, J. P., Kubisch, A. C., Schorr, L. B. & Weiss, C. H. (1995), *New Approaches to Evaluating Community Initiatives*, *Concepts*, *Methods and Contexts*, Aspen Institute, New York.

Cook, T. D. & Campbell, D. T. (1979), *Quasl-experimentation*, Rand McNally, Chicago.

Coote, A., Alllen, J. & Woodhead, D. (2004), *Finding Out What Works: Understanding Complex Community-based Initiatives*, Kings Fund, London.

Cozens, P. M., Hillier, D. & Prescott, G, (2001a), 'Crime and the design of residential Property: Exploring the theoretical background', Property Management, vol. 19, no. 2, pp. 136-64.

Cozens, P. M., Hillier, D. & Prescott, G, (2001b), 'Crime and the design of residential Property: Exploring the Perceptions of planning professionals, burglars and other Users Part2', *Property Management*, vol. 19, no. 4, pp. 222-48.

Cozens, P. M., Pascoe, T. & Hillier, D, (2004), 'The policy and practice of secured by Design (SBD)', *Crime Prevention and Community Safety: An International Journal*, vol. 6, no. 1, pp. 13-29.

Cozens, P. M., Saville, G. & Hillier, D, (2005), 'Crime prevention through environmental design (CPTED): A review and modern bibliography', *Journal of property Management*, Vol. 23, no. 5, pp. 328-56.

Crane, P. (2000), 'Young people and public space: Developing inclusive policy and practice', *Scottish Youth Issues Journal*, vol. 1, no. 1, pp. 105-24.

Crane, P. & Marston, G. (1999), *The Myer Centre Youth Protocol: A Summary*, Brisbane City Crane, Brisbane.

Crawford, A. (1994), 'The partnership approach to community crime prevention: Corporatism at the local level', *Social and Legal Studies*, vol. 3, pp. 497-519.

Crawford, A. (1997), *The Local Governance of Crime to Community and Partner-ships*, *Clarendon Press*, Oxford.

Crawford, A. (1998), Crime Prevention and Community Safety: politics, policies and practices, Longman, London and New York.

Crawford, A. (1999), 'Questioning appeals to community within crime prevention and control', *European Journal on Criminal Policy and Research*, vol. 7, pp. 509 – 30.

Crawford, A. (2002), 'The growth of crime prevention in France as contrasted with the English experience: Some thoughts on the politics of insecurity', in G. Hughes, E. McLaughlin & J. Muncie (eds). *Crime Prevention and Community Safety: New Directions*, Sage Publications in association with Open University press, London, pp. 214 – 39.

Crawford, A. & Jones, M. (1995), 'Interagency crime prevention and community based Crime prevention', *British Journal of Criminology*, vol. 35, pp. 17 – 33.

Crawford, A. & Matassa, M. (2000), *Community Safety Structures: An International Literature Review*, Northern Ireland Officer, Statistics and Research Branch, Criminal Justice Policy Division, Massey House. Belfast.

Crime Prevention Victoria (2003), *Safer Design Guidelines for Victoria*, Crime Prevention Victoria & Department of Sustainability and Environment, Melbourne.

Cromwell, P. & Olson, J. N, (2004), *Breaking and Entering: Burglars on Burglary*, Wadsworth, Belmont, California.

Crowe, T. D (2000), *Crime Prevention through Environmental Design: Applications of Architectural Design and Space Management Concepts*, 2nd edn, National Crime Prevention Institute.

Cunneen, C. (1992), 'Aboriginal imprisonment during and since the Royal Commission Into Aboriginal Deaths in Custody', Current Issues In Criminal Justice, vol. 3, no. 3, pp. 351 – 5.

Cunneen, C., Findlay, M., Lynch, R. & Tupper, V. (1989), *Dynamics of Collective Conflict: Riots at the Bathurst Bike Races*, Law Book Company, Sydney.

Cunneen, C. & White, R. (2007), *Juvenile Justice: Youth and Crime in Aus-*

tralia, Oxford University Press, Melbourne.

Currie, E. (1988), 'Tow visions of community crime prevention', in T. Hope & M. Shaw (eds), *Communities and Crime Reduction*, HMSO, London.

Davids, C. (1995), 'Understanding the significance and persistence of Neighbourhood Watch in victoria', *Law in Context*, vol. 13, no. 1, pp. 57–80.

Davies, J. (1995), 'Less Mickey Mouse, more Dirty Happy: property, policing and the Postmodern metropolis', *Polemic*, vol. 5, no. 2, pp. 63–9.

Davis, M. (1990), *City of Quartz: Excavating the Future in Los Angeles*, Verso, London.

Davis, P. (2004), Is *Evidence-based Government Possible?*, Jerry Lee Lecture Presented at the 4th Annual Campbell Collaboration Colloquium, Washington DC, 18 February, available at 〈.www.policyhub.gov.uk/downloads/JerryLeeLecture1202041.pdf〉 (accessed 27 February 2008).

De Liege, M. -P. (1988), 'The fight against crime and fear: Anew initiative in France', In T. Hope & M. Shaw (eds), *Communities and Crime Reduction*, HMSO, London, pp. 254–9.

De Liege, M. -P. (1991), 'Social developments and prevention of crime in France', in F. Heidenson & M. Farrell (eds), *Crime in Europe*, Routledge, London, pp. 121–32. Dhiri, S. & Brand, S. (1999), *Analysis of Costs and Benefits; Guidance for Evaluators*, Crime Reduction Program Guidance Note 1, Home Office, London.

Diacon, D. (ed.) (1999), *Building Safer Urban Environments: The Way Forward*, Building And Social Housing Foundation. Leicestershire.

Dishion, T. J., McCord, J. & Poulin, F. (1999), 'When interventions harm: Peer groups and Problem behaviour', *American Psychologist*, vol. 54, pp. 755–64.

Dixon, D. (2005), 'Why don't the police stop crime?', *Australian and New Zealand Journal Of Criminology*, vol. 38, no. 1, pp. 4–24.

Durkheim, E. (1912), *The Elementary Forms of Religious Life*.

Durkheim, E. (1969), [1893], 'Types of law in relation to social solidarity', from *The Division Of Labour in Society* (trans. G. Simpson, Free Press of Glencoe1964, New York), incl. in V. Aubert (ed.), *Sociology of Law: Selected Readings*, Harmondsworth, Penguin, pp. 17 – 29.

Durkheim, E. (1984), *The Division of Labour in Society*, (trans. W. D. Halls), Free Press, New York.

Eck, J. E. (2002a), 'Preventing crime at places', in L. W. Sherman, D. P. Farrington, B. C. Welsh & D. L. Mackenzie (eds), *Evidence-based Crime Prevention*, Routledge, New York, pp. 241 – 94.

Eck, J. E. (2002b), 'Learning from experience in problem orientated policing and situational prevention: The positive functions of weak evaluations and the negative functions of strong ones', in N. Tilley (ed.), *Evaluation for Crime Prevention : Crime Prevention Studies*, vol. 14, Criminal Justice Press, Monsey, New York, pp. 93 – 117.

Eck, J. E. (2003), 'Police problems: The complexity of problem theory, research and evaluation', in J. Knuttsson (ed.), *Problem Oriented Policing: From Innovation to Mainstream, Crime Prevention Studies*, vol. 15, Criminal Justice Press, Monsey, New York, pp. 79 – 113.

Eck, J. E. (2005), 'Evaluation for lesson learning', in N. Tilley (ed.), Handbook of Crime Prevention and Community Safety, Willan Publishing, Cullompton, Devon, pp. 699 – 733.

Eck, J. E. (2006), 'When is a bologna sandwich better than sex? A defence of small-n case Study evaluations', *Journal of Experimental Criminology*, vol. 2, no. 3, pp. 345 – 62.

Eck, J. E., Clarke, R. V. & Guerette, R. (2007), 'Risky facilities: Crime concentration in homogeneous sets of facilities', *Crime Prevention Studies*, vol. 21, Criminal Justice Press, Monsey, New York.

Eck, J. E. & Spelman, W. (1988), Problem Solving: *Problem-orientated Policing in Newport News*, Police Executive Research Forum and National Institute of Justice, Washington DC.

Eck, J. E. & Weisburd, D. (eds) (1995), *Crime and place: Crime Prevention*

Studies, vol. 4, Criminal Justice Press, Monsey, New York.

Ekblom, P (1987), 'Crime prevention in England: Themes and issues', in D. Challinger (ed.), *Preventing Property Crime*, Australian Institute of Criminology, Canberra.

Ekblom, P (1994), 'Proximal circumstances: A mechanism-based classification of crime prevention', *Crime Prevention Studies*, vol. 2, pp. 185 – 232.

Ekblom, P (2000), 'The conjunction of criminal opportunity: A tool for clear, joined up thinking about community safety and crime reduction', in S. Ballintyne, K. Pease & V. McLaren (eds), *Secure Foundations: Key Issues in Crime Prevention, Crime Reduction and Community Safety*, Institute of Public Policy Research, London, pp. 30 – 66.

Ekblom, P (2001), 'The conjunction of criminal opportunity: A framework for crime reduction toolkits', available at the UK Crime Reduction website 〈www.crimereduction.gov.uk〉 (accessed 27 February 2008).

Ekblom, P (2002a), 'From the source to the mainstream is uphill: The challenge of transfer-ring Knowledge of crime prevention through replication, innovation and anticipation', *Crime Prevention Studies*, vol. 13, pp. 131 – 203.

Ekblom, P (2002b), 'Towards a European Knowledge base', *European Crime Prevention Network Conference* 7 – 8 October 2002, Denmark, vol. 1, Danish Crime Prevention Council, Glostrup, pp. 62 – 97.

Ekblom, P (2003), *5Is Introduction and Illustrative Guide*, Home Office UK 〈www.crimereduction.gov.uk/learningzone/5isintro.htm〉 (accessed 27 February 2008).

Farrell, G. & Roman, J. (2006), 'Crime as pollution: Proposal for market-based incentives to reduce crime externalities', in K. Moss & M. Stephens (eds), *Crime Reduction and the Law*, Routledge, London, pp. 135 – 55.

Farrell, G., Bowers, K. J. & Johnson, S. D. (2005), 'Cost-benefit analysis for crime science: Making cost-benefit analysis useful through a portfolio of outcomes', in M. J. Smith & N. Tilleyu (eds), *Crime Science: New Approaches to Preventing and Detecting Crime*, Willan Publishing, Cullompton, Devon, pp. 56 – 81.

Farrington, D. P. (1995), 'The development of offending and antisocial behaviour from childhood: Key findings from the Cambridge Study in Delinquent Development', *Journal of Child Psychology and Psychiatry*, vol. 36, pp. 929 – 64.

Farrington, D. P. (2000), 'Explaining and preventing crime: The globalization of knowledge', *Criminology*, vol. 38, pp. 1 – 24.

Farrington, D. P. & Welsh, B. C. (2003), 'Family-based prevention of offending: A Meta-analysis', *Australian and New Zealand Journal of Criminology*, vol. 36, pp. 127 – 51.

Feins, J. D., Epstein, J. C. & Widom, R. (1997), *Solving Crime Problems in Residential Neighbourhoods. Comprehensive Changes in Design, Management and Use*, National Institute of Justice and Practices, US Department of Justice, Washington DC.

Felson, M. (1995), 'Those who discourage crime', *Crime Prevention Studies*, vol. 4, pp. 53 – 66.

Felson, M. (2002), *Crime and Everyday Life*, 3rd edn, Sage Publications, Thousand Oaks.

Felson, M. (2006), Crime and Nature, Sage Publications, Thousand Oaks.

Ferrell, J. (1997), 'Youth, crime and cultural space', Social Justice, vol. 24, no. 4, pp. 21 – 38. Fleming, J. (2005), ' "Working together": Neighbourhood Watch, reassurance policing and the potential of partnerships', *Trends & Issues in Crime and Criminal Justice*, no. 303, Australian Institute of Criminology, Canberra.

Forrester, L. (1993), 'Youth-generated cultures in western Sydney', in R. White (ed.), *Youth Subcultures: Theory, History and the Australian Experience*, National Clearinghouse for Youth Studies, Hobart.

Foucault, M. (1991), 'Governmentality', in G. Burchell, C. Gordon & P. Miller (eds), *The Foucault Effect: Studies in governmentality with two lectures by, and an interview with, Michel Foucault*, University of Chicago Press, Chicago.

France, A. & Homel, R. (2006), 'Societal access routes and developmental pathways: Peeing Social structure and young people's voice into the analysis of pathways into and out of crime', *Australian and New Zealand Journal of Criminology*, vol. 39, no. 3, pp. 296 – 309.

France, A. & Homel, R. (2007), *Pathways and Crime Prevention: Theory, Policy and Practice*. Willan Publishing. Cullompton, Devon.

Freiberg, A. (2001), 'affective versus effective justice: Instrumentalism and emotionalism in criminal justice', *Punishment and Society*, vol. 3, no. 2, pp. 256 – 78.

Freiberg, K. Homel, R. & Lamb, C. (2007), 'The pervasive impact of poverty on children: Tackling family adversity and promoting child development through the Pathways to Prevention Project', in A. France & R. Homel (eds), *Pathways and Crime Prevention: Theory, Policy and Practice*, Willan Publishing, Cullompton, Devon, pp. 226 – 46.

Fung, A. (2004), *Empowered Participation: Reinventing Urban Democracy*, Princeton University Press, Princeton.

Gabor, T. (1990), 'Crime displacement and situational crime prevention: Toward the development of some principles', *Canadian Journal of Criminology*, vol. 32. pp. 41 – 74.

Garland, D. (1996) . 'The limits of the sovereign state: Strategies of crime control in contemporary society', *British Journal of Criminology*, vol. 36, no. 4, pp. 445 – 71.

Garland, D. (1999) . 'The commonplace and the catastrophic: Interpretations of crime in late modernity', *Theoretical Criminology*, vol. 3, no. 3, pp. 353 – 64.

Garland, D. (2000) 'Ideas, institutions and situational crime prevention', In A. Von Hirsch, D. Garland & A. Wakefield (eds), *Ethical and Social Perspectives on Situational Crime Prevention*, Hart Publishing, Oxford, pp. 1 – 16.

Garland, D. (2001) . *The Culture of Control: Crime and Social Order in Con-

temporary Society, Oxford University Press, Oxford.

Gastman, R., Rowland, D. & Sattler, T. (2006), *Freight Train Graffiti*, Thames & Hudson, London.

Geason, S. & Wilson. P. (1990), *Preventing Graffiti and Vandalism*, Australian Institute of Criminology, Canberra.

George A. L. & Bennett, A. (2005), *Case Studies and Theory Development in the Social Sciences*, MIT Press, Cambridge, Massachusetts.

Giddens, A. (1991), *Modernity and Self-identity: Self and Society in the Late Modern Age*, Polity Press, Cambridge, UK.

Gilling, D. (1996), 'Problems with the problem orientated approach', *Crime Prevention Studies*, vol. 5, pp. 7 – 23.

Gilling, D. (1997), *Crime Prevention: Theory, Policies and Politics*, UCL Press, London

Gilling, D. & Hughes, G. (2002), 'The community safety profession: Towards a new expertise in the governance of crime, disorder and safety in the UK?', *Community Safety Journal*, vol. 1, issue 1, pp. 4 – 12.

Glenorchy City Council (2003), *Face the Challenge, Take the Risk, Enjoy the Ride: A Local Government Guide to Youth Participation*, Tasmania Department of Education, Tasmania Office of Youth Affairs, Glenorchy City, Hobart,

Goldblatt, P. & Lewis, G. (1998), *Reducing Offending: An Assessment of Research Evidence on ways of Dealing with Offending Behaviour*, Home Office Research Study No. 187, Home Office. London.

Goodnow, J. J. (2006), 'Adding social contexts to developmental analysis of crime prevention', *Australian and New Zealand Journal of Criminology*, vol. 39, no. 3, pp. 327 – 8.

Gordon, R. (2000), 'Criminal business organizations, street gangs and "wanna-be" groups: A Vancouver perspective', *Canadian Journal of Criminology*, January, pp. 39 – 60.

Gottfredson, M. & Hirschi, T. (1990). *A General Theory of Crime*, Stanford University press, Stanford.

Grabosky, P. & James, M. (eds) (1995), *The Promise of crime Prevention: Leading Crime Prevention Programs*, Canberra, Australian Institute of Criminology, Canberra.

Graham, J. & Bennett, T. (1995), *Crime Prevention Strategies in Europe and North America*, European Institute for Crime Prevention and Control, Helsinki.

Grant, F. & Grabosky, P. (eds) (2000), *The Promise of Crime Prevention: Leading Crime Prevention Programs*, 2nd edn, Australian Institute of Criminology, Canberra.

Gray, D., Shaw, G., d'Abbs, P., Brooks, D.; Stearne, A., Mosey, A. & Spooner, C. (2006), *Policing, Volatile Substance Misuse, and Indigenous Australians*, National Drug Law Enforcement Research Fund, Monograph Series No. 16, Australian Government Department of Health and Ageing, Canberra.

Green, L. (1996), *Policing Places with Drug Problems*, Sage, Thousand Oaks.

Guerette, R. T. (2005), Migrant death and the border safety initiative: An application of situational crime prevention to inform policy and practice, Dissertation, Rutgers State University of New Jersey, New Brunswick.

Haggerty, K. D. (2007), 'Book review: The novelty of crime science', *Policing and Society*, Vol. 17, no. 1, pp. 83 – 8.

Halsey, M. (2001), 'An aesthetic of prevention', *Criminal Justice*, vol. 1, no. 4, pp. 385 – 420.

Halsey, M. & Young, A. (2002), 'The meanings of graffiti and municipal administration', *Australian and New Zealand Journal of Criminology*, vol. 35, no. 2, pp. 165 – 86.

Halsey, M. & Young, A. (2006), ' "Our desires are ungovernable": Writing graffiti in urban space', *Theoretical Criminology*, vol. 10, no. 3, pp. 275 – 306.

Hamilton-Smith, N. (2002), 'Anticipating consequences: Developing a strategy for the targeted measurement of displacement and diffusion of benefits', in N. Tilley (ed.), *Evaluation for Crime Prevention: Crime Prevention Studies*, vol. 14, Criminal Justice Press, New York/Willan Publishing, Cullompton,

Devon, pp. 11 – 52.

Hanmer, J., Griffith, S. & Jerwood, D. (1999), *Arresting Evidence: Domestic Violence and Repeat Victimization*, Police Research Series Paper 104, Home Office Research, Development and Statistics Directorate, London.

Hardin, G. (1968), 'The tragedy the commons ', *Science*, vol. 162, no. 3859, pp. 1243 – 8.

Hauber, A., Hofstra, B., Toornvliet, L. & Zandbergen, A (1996), 'Some new forms of functional social control in the Netherlands and their effects', *British Journal of Criminology*, vol. 36, no. 2, pp. 199 – 219.

Hawkins, J. D. (1999), 'Preventing crime and violence through communities that care', *European Journal on Criminal Policy and Research*, vol. 7, pp. 443 – 58.

Hawkins, J. D., Arthur, M. W. & Catalano, R. F. (1995), 'Preventing substance abuse', in M Tonry 7 D. F. Farrington (eds). *Building A Safer Society: Strategic Approaches to Crime Prevention*, University of Chicago press, Chincago press, Chicago, pp. 343 – 427.

Hawkins, J. D. & Catalano, R. F. (1992), *Communities that Care: Action for Drug Abuse Prevention*, Jossey-Bass, San Francisco.

Hawkins, J. D. & Catalano, R. F. et al (1999), 'Preventing adolescent health-risk behaviours by strengthening protection during childhood', *Archives of Paediatrics and Adolescent Medicine*, vol. 153, no. 3, pp. 226 – 43.

Hawkins, J. D. Catalano, R. F. & Arthur, M. (2002), 'Promoting Science-based prevention in communities', *Addictive Behaviors*, vol. 90, pp. 1 – 26.

Hayward, K. (2002), 'The vilification and pleasures of youthful transgression', in J. Nuncie, G. Hughes & E. McLaughlin (eds), *Youth Justice: Critical Readings*, sage Publications, London,

Healey, K. (ed.) (1996), *Youth Gangs*, Spinney Press, Sydney.

Hedderman, C. & Williams, C. (2001), *Making Partnerships Work: Emerging Findings From the Reducing Burglary Initiative*, Home Office Briefing Note 1/

01, Poilcing and Reducing Crime Unit, Home Office Research, Development and Statistics Directorate, London.

Henderson, M., Henderson, P. & Associates Pty Ltd (2001), *Preventing Repeat Residential Burglary*, Attorney-General's Department, Canberra.

Hesseling, R. B. P (1994), 'Displacement: A review of the empirical literature', in R. V. Clarke (ed.), *Situational Crime Prevention: Successful Case Studies*, vol. 3, Criminal Justice Press, Monsey, New York, pp. 197–230.

Heywood, P. & Crane, P. with Egginton, A. & Gleeson, J. (1997), *Young People in Major Centres: A Policy Investigation and Development Project for Brisbane City Council-Draft : Planning & Management Guidelines*, Brisbane City Council.

Heywood, P. & Crane, P. with Egginton, A. & Gleeson, J. (1998), *Out and About: In or Out? Better Outcomes from Young People's Use of Public and Community Space in the City of Brisbane—Vol. 2: Policies, Implementation Strategies and Tools*, Community Development Team West, Brisbane City Council.

Hil, R. (1999), 'Beating the developmental path: Critical notes on the pathways to prevention report', *Youth Studies Australia*, vol. 18, no. 4, pp. 49–50.

Hill, I. & Pease, K. (2002) 'The wicked issues: Displacement and sustainability', in S. Ballintyne, K. Pease, & V. McLaren (eds), *Secure Foundations: Key Issues in Crime Prevention, Crime Reduction and Community Safety*, Institute of Public Policy Research, London, pp. 131–41.

Hirsch, V. A., Garland, D. & Wakefield, A (eds) (2000), *Ethical and Social Perspectives on Situational Crime Prevention*, Hart Publishing, Oxford.

Hoefnagels, P. (1997), *The Prevention Pioneers: History of the Hein Roethof Prize 1987–1996*, Ministry of Justice, the Netherlands.

Hofstra, B. & Shapland, J. (1997), 'Who is in control?', *Policing and Society*, vol. 6, pp. 265–81.

Homel, P. (2004), 'The whole of government approach to crime prevention', *Trends and Issues in Crime and Criminal Justice*, no. 287, Australian Institute of Criminology, Canberra.

Homel, P. (2005), 'A short history of crime prevention in Australia', *Canadian Journal of Criminology and Criminal Justice*, vol. 47, no. 2, pp. 355 -68.

Homel, P. (2006), 'Joining up the pieces: What central agencies need to do to support effective local crime prevention', in J. Knutsson & P. V. Clarke (eds), 'putting theory to work: Implementing situational crime prevention and problem-oriented policing', *Crime Prevention Studies*, vol. 20., Criminal Justice Press, New York, pp. 111 -38.

Homel, P., Nutiey, S., Webb, B. & Tilley N. (2004), *Investing to Deliver: Reviewing the Implementation of the UK Crime Reduction Programme*, Home Office Research Study 281, London.

Homel, P., Nutiey, S., Tilley, N. & Webb B. (2005), *Making it Happen from the Centre: Managing for the Regional Delivery of Local Crime Reductions Outcomes*, Home Office Online Report 54/04, Home Office, London.

Homel, R. (2005a), 'Developmental crime prevention' in N. Tilley (ed.), *Handbook of crime prevention and community safety*, Willan Publishing, Cullompton, devon pp. 71 -106.

Homel, R. (2005b), 'Moving developmental prevention from "Success in miniature" to mainstream practice that improves outcomes: Can it be done?', Paper presented at the Australian Institute of Criminology conference, Delivering Crime Prevention: Making the Evidence Work, Sydney, 21 -22 November 2005.

Homel, R. et al. (1999), *Pathways to Prevention: Developmental and Early Intervention Approaches to Crime*, Attorney-General's Department, Canberra.

Homel, R. Freiberg, K., Lamb, G., Leech, M., Batchelor, S., Carr, A., Hay, I., Teague, R. & Elias, G. (2006a), 'The Pathways to Prevention Project: Doing developmental prevention in a disadvantaged community', Australian Institute of Criminology *Trends and Issues* paper 323, Australian Institute of Criminology, Canberra, at 〈www. aic, gov, au/publications/tandi323t, html⟩ (accessed 27 February 2008).

Homel, R. Freiberg, K., Lamb, C., Leech, M., Hampshire, A., Hay, I., Elias, G., Carr, A., Manning, M., Teague, R. &Batchelor, S. (2006b), *The Pathways to Prevention Project: The First Five Years, 1999 - 2004*, Griffith University and Mission Australia, Sydney.

Hope, T. (2001), 'Community crime prevention in Britanin: A strategic overview', *Criminal Justice*, vol. 1, no. 4, pp. 421 - 39.

Hope, T. (2003), 'The reducing burglary initiative how scientific crime prevention got it wrong', Paper presented at the 17th Annual Australian and New Zealand Society of Criminology Conference, *Controlling Crime Risks and Responsibilities*, 1 - 3 October, Sydney.

Hope, T. (2004), 'Pretend it works: Evidence and governance in the evaluation of the reducing burglary initiative', *Criminal Justice*, vol. 4, no. 3, pp. 287 - 308.

Hope, T. (2005), *Sustainability in Crime Prevention: A Nautical Tale*, Address to the 10th Anniversary Colloquium of the International Centre for the Prevention of Crime, Paris, 1 - 2December 2004, copy obtained from the author.

Hope, T. & Karstedt, S. (2003), 'Towards a new social prevention', in H. Kury & J. Obergfell-Fuchs (eds), *Crime Prevention: New Approaches*, Mainzer Schriften zur Situation von Kriminalitaetsopfern, Weisser Ring, Mainz, pp. 461 - 89.

Hope, T. & Murphy, D. J. I. (1983), 'Problems of implementing crime prevention: The experience of a demonstration project', *Howard Journal*, vol. 22, no. 1, pp. 38 - 50.

Hope, T. & Shaw, M. (eds) (1988), *Communities and Crime Reduction*, HMSO, London.

Hope, T. & Sparks, R. (2000), 'For a sociological theory of situations (or how useful is pragmatic Criminology?)', in A. Von Hirsch, D. Garland & A. Wakefield (eds), *Eethical and Social Perspectives on Situational Crime Prevention, Hart Publishing, Oxford, pp. 175 – 91.

Hough, M, (2004), 'Modernization, scientific rationalism and the crime reduction programme', *Criminal Justice*, vol. 4, no. 3, pp. 239 – 53.

Hough, M. (2006), 'Notseeing the wood for the trees: Mistaking tactics for strategy in crime reduction initiatives', in J. Knutsson & R. V. Clarke (eds), 'Putting theory to work: Implementing situational crime prevention and problem-oriented poliicing', *Crime Prevention Studies*, vol. 20, Criminal Justice Press, New York, pp. 139 – 62.

Hough, M. & Tilley, N. (1998), *Auditing Crime and Disorder: Guidance foe Local Partnerships*, Crime Detection and Prevention Series Paper 91, Home Office, London.

Howell, J. (2000), *Youth Gang Programs and Strategies: Summary*, US Department of Justice, Office of Justice Programs, Office of Juvenile and Delinquency Prevention, Washington DC.

Hughes, G. (1998), *Understanding Crime Prevention: Social Control, Risk and Late Modernity*, Open University Press, Buckingham.

Hughes, G. (2002a), 'Crime and disorder reduction partnerships: The future of community safety', in G. Hughes, E. McLaughlin & J. McLaughlin (eds), *Crime Prevention and Community Safety: New Directions*, Sage Publications in association with University Press, London, pp. 123 – 42.

Hughes, G. (2002b), 'plotting the rise of community safety: Critical reflections on research, theory and politics', in G. Hughes & A. Edwards (eds), *Crime control and Community: The New politics of public Safety*, Willan Publishing, Cullompton, Devon, pp. 20 – 45.

Hughes, G. (2004), 'Stradding adaptation and denial: Crime and disorder reduction partnerships in England and Wales', *Cambrian Law Review*, vol. 35, pp. 1 – 22.

Hughes, G. (2007), *The Politics of Crime and Community*, Palgrave Macmillan, Houndmills,

Hughes, G. & Edwards, A. (2004), 'Defining community safety expertise',

Crime Justice Matters, no. 45, Autumn, pp. 4 – 5.

Hughes, G. & Gilling, D. (2004), 'Mission impossible? The habitus of the community safety manager and the new expertise in local partnership governance of crime of crime and safety', *Criminal Justice: The International Journal of Policy and Practice*, vol. 4, no. 2, pp. 129 – 49.

International CPTED Association 〈www.cpted.net/default.html〉 (accessed 27 February 2008).

Irving, C. (1993), *Wide-body: The Triumph of the 747*, W. Morrow, New York.

Iveson, K. (2000), 'Beyond designer diversity: Planners, public space and a critical politics of difference', *Urban Policy and research*, vol. 18, no. 2, pp. 219 – 38.

Jacobs, J. (1961), *The Death and Life of Great American Cities*, Sage Random House, New York.

Jacobson, M. & Lindblad T. B. (eds) (2003), *Overground: 9 Scandinavian Graffiti Writers*, Dokument Forlag Stockholm.

Jill Dando Institute of Crime Science 〈www.jdi.ucl.ac.uk/〉 (accessed 27 February 2008).

Jorden, B. (1996), *A Theory of Poverty and Social Exclusion*, Polity Press, Cambridge.

Katz, J. (1988), *The Seductions of Crime*, Basic Books, New York.

King, M. (1988), *How to Make Crime Prevention Work: The French Experience*, NACRO, London.

Klein, M. W. (1995), *The American Street Gang*, Oxford University Press, New York.

Klein, M, W. (2002), 'Street gangs: A cross-national perspective', in R. Huff (ed.), *Gangs in America*, 3rd edn. Sage, Thousand Oaks, California.

Klein, M., Kerner, H.-J., Maxon, C. & Weitekamp, E. (EDS) (2001), *The Eurogang Paradox: Street Gangs and Youth Groups in the U. S. and Europe*, Kluwer Academic Publishers, Dordrecht.

Knutsson, J. (ed.) (2003), 'Problem oriented policing: From innovation to mainstream', *Crime Prevention Studies*, vol. 15, Criminal Justice Press, Monsey, New York.

Koch, B. C. M. (1998), *The Politics of Crime Prevention*, Ashgate, Aldershot.

Lanb, J. H. (2004), 'The life course of criminology in the United States', *Criminology*, vol. 42, no. 1, pp. 1 – 26.

Laub, J. H., Nagin, D. S. & Sampson, R. J. (1998), 'Trajectories of change in criminal offending: good marriage and the desistance process', *American Sociological Review*, Vol. 63, pp. 225 – 38.

Laycock, G. (2001), Scientist or Politicians: Who has the Answer to Crime?, Jill Dando Institute of Crime Science, School of Public Policy, University College London, ⟨www.jdi.ucl.ac.uk⟩ (accessed 27 February 2008).

Laycock, G. (2002), 'Methodological issues in working with policy advisors and practitioners', in N. Tilley (ed.), Analysis for Crime Prevention, Crime Prevention Studies, vol. 13, Criminal Justice Press, Monsey, New York, pp. 205 – 37.

Laycock, G. (2005a), 'Defining Crime Science', in M. J. Smith & N. Tilley (eds), *Crime Science : New Approaches to Prevention and Detecting Crime*, Willan Publishing, Cullompton, Devon, pp. 3 – 24.

Laycock, G. (2005B), 'Deciding what to do', in N. Tilley (ed.), *Handbook of Crime Prevention and Community Safety*, Willan Publishing, Cullompton, Devon, pp. 674 – 98.

Laycock, G. (2006), 'Implementing crime reduction measures: Conflicts and tensions', In J. Knutsson & R. V. Clarke (eds), *Putting Theory to Work: Implementing Situational Crime Prevention and Problem-oriented Policing*, *Crime Prevention Studies*, vol. 20, Criminal Justice Press, New York, pp. 65 – 88.

Laycock, G. & Webb, B. (2003), 'Conclusions: The role of the centre', in K. Bullock & N. Tilley (eds), *Crime Reduction and Problem-oriented Policing*, Willan Publishing, Cullompton, Devon, pp. 285 – 301.

Lee, M. (2006), 'Public dissent and governmental neglect: Isolating and excluding Macquarie Fields', *Current Issues in Criminal Justice*, vol. 18, no. 1, pp. 32 – 50.

Lee, M. & Herborn, P. (2003), 'The role of place management in crime prevention: Some reflections on governmentality and government strategies', *Current Issues in Criminal Justice*, vol. 15, no. 1, pp. 26 – 39.

Loeber, R., Farrington, D., Stouthamer-Loeber, M. et al. (2003), 'The development of male offending: Key findings from fourteen years of the Pittsburgh Youth Study', in T. P. Thornberry & M. Krohn (eds), *Taking Stock of Delinquency: An Overview of Findings from Contemporary Longitudinal Studies*, Kluwer, New York, pp. 93 – 130.

Low, S (2003), *Behind the Gates: Life, Security and the Pursuit of Happiness in Fortress America*, Routledge, London.

Lum, C. & Yang, S. N. (2005), 'Why do researchers in crime and justice choose nonexperimental methods', *Journal of Experimental Criminology*, vol. 1, pp. 191 – 213.

Madjulla Incorporated (2004), A Report of the Derby/Wesk Kimberely Project: *Working with Adolescents to Prevention Domestic Violence*, Attorney-General's Department, Canberra.

Maguire, M. (2004), 'The crime reduction programme in England and Wales: Reflections on the vision and the reality', *Criminal Justice*, vol. 4, no. 3, pp. 213 – 37.

Malone, K. (1999), 'Growing up in cities as a model of participatory planning and "placemaking" with young people', *Youth Studies Australia*, vol. 18, no. 2, pp. 17 – 23.

Malone, K. & Hasluck, L. (2002), 'Australian youth: Aliens in a suburban environment', in L. Chawla (ed.), *Growing Upin an Urbanising World*, Earthscan, London.

Matassa, M. & Newburn, T. (2003), 'Problem-oriented evaluation evaluation: Evaluating problem oriented policing initiatives', in K. Bulluck & N. Tilley (eds), *Crime Reduction and Problem Oriented Policing*. Willan Publishing,

Cullompton, Devon, pp. 183 – 216.

Mawby, R. (1977), 'Defensible space: Atheoretical and empirical appraisal', Urban Studies, vol. 14, pp. 169 – 79.

Mayhew, P. (1979), 'Defensible space: The current status of crime prevention theory', Howard Journal, vol. 18, pp. 150 – 9.

Mazerolle, L., Price, J. & Roehl, J. (2000), 'Civil remedies and drug control', Evaluation Review, vol. 24, pp. 212 – 41.

Mazerolle, L., Soole, D. & Rombouts, S. (2006), 'Street-level drug law enforcement: A meta-analytical review', Journal of Experimental Criminology, vol. 2, no. 4, pp. 409 – 35.

McCamley, P. (2002), 'Minimising subjectivity: A new risk assessment model for CPTED', CPTED Journal: The Journal of International Crime Prevention through Environmental Design Association, vol. 1, no. 1, pp. 25 – 35.

McCord. J. (2003), 'Cures that harm: Unanticipated outcomes of crime prevention programs', Annals of the American Academy of Political and Social Science, vol. 587. no. 1, pp. 16 – 30.

McCord, N. & McCord, J. (1959), Origins of Crime: A New Evaluation of the Cambridge-Somerville Study, Columbia University Press, New York.

McDonald, K. (1999), Struggles for Subjectivity: Identity, Action and Youth Experience, Cambridge University Press, Cambridge.

McLaughlin, E. (2002), 'Same beds, different dreams: Postmodern reflections on crime prevention and community safety', in G. Hughes & A. Edwards (eds), Crime Control and Community: The New Politics of Public safety, Willan Publishing, Cullompton, Devon, pp. 46 – 62.

McLaughlin, E., Muncie J. & Hughes, G. (2001), 'The permanent revolution: New labour, new public management and the modernization of criminal jusice', Criminal Justice: International Journal of Policy and Practice, vol. 1, no. 3, pp. 301 – 18.

Memmott, P., Stacy, R., Chambers, G. & Keys, C. (2001), Violence in Indigenous Communities, Attorney-General's Department, Canberra.

Merry, S. (1981), 'Defensible space undefended: Social factors in crime prevention through Environmental design', *Urban Affairs Quarterly*, vol. 16, no. 3, pp. 397 – 422.

Merton, R. K. (1938), 'Social structure and anomie', *American Sociological Review*, vol. 3, pp. 672 – 82.

Miller, L. (2001), *The Politics of Community Crime Prevention: Implementing Operation Wead and Seed in Seattle*, Ashgate, Burlington, VT.

Minnery, J. & Lim, B. (2005), 'Measuring crime prevention through environmental design', *Journal of Architectural and Planning Research*, vol. 22, no. 4, pp. 330 – 41.

Moffirt, T. E. (1993), 'Adolescent-limited and life-course persistent antisocial behaviour: A developmental taxonomy', *Psychological Review*, vol. 100, no. 4, pp. 674 – 701.

Morgan, J. (1991), *Safer Communities: The Local Delivery of Crime Prevention Through the Partnership Approach*, Standing Conference on Crime Prevention, Home Office, London.

Moss, K. & Pease, K. (2004), 'Data sharing in crime prevention: How and why', *Crime Prevention and Community Safety: An International Journal*, vol. 6, no. 1, pp. 7 – 12.

Nagin, D. S. (2001), 'Measuring the economic benefits of developmental prevention programs', in M. Tonry (ed.), *Crime and Justice: A Review of Research*, vol. 28, University of Chicago Press, Chicago, pp. 347 – 84.

Nagin, D. S., Plquero, A. P., Scott, E. S. & Steinberg, L. (2006), 'Public preferences for rehabilitation versus incarceration of of Juvenile offenders: Evidence from a contingent valuation survey', *Criminology and Public Policy*, vol. 5, no. 4, pp. 627 – 51.

National Motor Vehicle Theft Reduction Council (2005), 'Target thefts impacted by immobilizers', *Theft Matters Bulletin*, October 2005, National Motor Vehicle Theft Reduction Council, Melbourne, at ⟨ www.carsafe.com.au ⟩ (accessed 27 February 2008).

National Motor Vehicle Theft Reduction Council (2006), *Annual Report: The Benefits of Theft-Reform*, National Motor Vehicle Theft Reduction Council, Melbourne, at ⟨www. carsafe. com. au⟩ (accessed 27 February 2008).

Netherlands Ministry of Justice (1985), *Society and Crime: A Policy Plan for The Netherlands*, Ministry of Justice, The Hague.

New South Wales Department of Urban Affairs & Planning (1999), *Urban Design Guidelines with Young People in Mind*. Department of Urban Affairs & Planning, Sydney.

New South Wales Police Service (2001), *safer by Design: Evaluation Document One*, NSW Police Service ⟨www. police. nsw. gov. au/community-issues⟩ (accessed 27 February 2008). New South Wales Shopping Centre Protocol Project (2005), *Creating the Dialogue: A Guide to Developing a Local Youth Shopping Centre Protocol*, New South Wales Attorney General's Crime prevention Division, Sydney,

Dnew Zealand Crime Prevention Unit (1994), *The New Zealand Crime Prevention Strategy*. Department of the Prime Minister and Cabinet, Parliament Buildings, Wellington NZ Crime Prevention Unit.

Dnew Zealand Ministry of Justice (2003), *Review of the Community Council Network: Future Directions*, Wellington, New Zealand.

Dnew Zealand Ministry of Justice (2005), *National Guidelines for Crime Prevention through Environmental Design in New Zealand, Part 2 Implementation Guide*, at ⟨www. justice. govt. nz/pubs/reports/2005/cpted-part-2/in dex. html⟩ (accessed 27 February 2008).

Newman, O. (1972). *Defensible Space: People and Design in the Violent City*, Architectural Press, London.

Newman, O. (1975), 'Reactions to the "Defensible Space" Study and some further readings', *International Journal os Mental Health*, vol. 4, no. 3, pp. 48 – 70.

Newman, O. (1996), *Creating Defensible Space*, US Department of Housing and Urban Development Office of Policy Development and Research,

Washington DC.

Nutley, S. & Homel, P. (2006), 'Delivering evidence-based policy and practice: Lessons from the implementation of the NK Crime Reduction Program', *Evidence and Evaluation*, vol. 2, no. 1, pp. 5 – 26.

O'Malley, P. (1992), 'Risk power and crime prevention', *Economy and Society*, vol. 21. no. 3, pp. 252 – 75.

O'Malley, P. (1994), 'Neo-liberal crime control-political agendas and the future of crime prevention in Australia', in D. Chappell & P. Wilson (eds), *The Australian Criminal Justice System: The Mid 1990s*, Butterworths, Sydney, pp. 283 – 98.

O'Malley, P. & Sutton, A. (eds), (1997), *Crime Prevention in Australia: Issues in Policy & Research*, Federation Press, Sydney.

Olds, D., Henderson, C., Cole, R., Eckenrods, J. Kitzman, H., Luckey, D., Pettitt, L., Sidora, K., Morris, P. & Powers, J. (1998), 'Long-term effects of nurse home visitation on children's criminal and anti-social behaviour: 15-year follow up of a randomized controlled trial', *Journal of the American Medical Association*, October, vol. 14, pp. 1238 – 44.

Olds, D., Henderson, C., Kitzman, H., Eckenrode, J., Cole, R. & Tatelbaum, R. (1999), 'Prenatal and infancy home visitation by nurses: Recent findings', *The Future of Children, Home visiting: Recent Program Evaluations*, vol. 9, no. 1, Summer/Spring.

Olweus, D. (1993), *Bullying at School: What we Know and What We Cna Do*, Blackwell, Cambridge.

Painter, K. (1992), 'Different worlds: The spatial, temporal and social dimensions of female victimization', in D. Evans, N. Fyfe & D. Herbert (eds), *Crime, Policing and Place: Essays in Environmental Criminology*, Routledge, London.

Painter, K. & Farrington, D. P. (1997), 'The crime reducing effect of improved street lighting: The Dudley project', in R. V. Clarke (ed.), *Situational Crime Prevention: Successful Case Studies*, Harrow & Hestor, New

York.

Paneth, N. (2004), 'Assessing the contributions of John Snow to epidemiology: 150 years after removal of the Broad Street pump handle', *Epidemiology*, vol. 15, no. 5, Soeptmber, pp. 514 – 16.

Panton, S. (1998), The local Crime Prevention Committee Program, *Evaluation Report*, Crime Prevention Unit, Attorney Ceneral's Department, South Australia.

Happas, C. (2001), *U. S. Cangs: Their Changing History and Contemporary Solutions. Youth Advocate Program International Resource Paper*, Youth Advocate Program International, Washington DC.

Parmar, A. & Sampson, A. (2006), 'Evaluating domestic violence initiatives', *British Journal Of Criminology*, Advance Access published on 14 December 2006.

Parramatta, Local Government Area (2001), *Draft Community Safety and Crime Prevention Plan* 2001-2004, Parramatta City Council, New South Wales.

Pavlich, G. (1999), 'Preventing crime: "Social" versus "community" governance in Aotearoa/New Zealand', In R. Smandych (ed.), *Governable Places: Readings on Governmentality and Crime Control*, Ashgate, Dartmouth, pp. 103 – 31.

Pawson, R. & Tilley, N. (1997), *Realistic Evaluation*, Sage, London.

Pawson, R. (2002), 'Evidence-based policy: In search of a Method', *Evaluation*, vol. 8, no. 2, pp. 157 – 81.

Pawson, R. (2003), 'Nothing as practical as a good theory', *Evaluation*, vol. 9, no. 4, pp. 471 – 90.

Pawson, R. (2006), *Evidence-based policy: A Realistic Perspective*, Sage Publications, London.

Pease, K. (2001), 'Distributive justice and crime', *European Journal of Criminal Policy and Research*, vol. 9, no. 4, pp. 413 – 25.

Petrosino, A. & Farrington, D. (2001), 'The Campbell Collaboration Crime and Justice group', *Annals of the American Academy of Political and Social*

Science, vol. 578, no. 1, pp. 35 – 49.

Petrosino, A. & Soydan, H. (2005), 'The impact of program developers as evaluators On criminal recidivism: Results from meta-analysis of experimental and quasi-experimental research', *Journal of Experimental Criminology*, vol. 1, pp. 435 – 50.

Petrosino, A., Petrosino, C. T & Buehler, J. (2003), '"Scared Straight" and other juvenile awareness programs for preventing juvenile delinquency' (Updated C 2 Review), in *The Campbell Collaboration Reviews of Intervention and Policy Evaluations (C2-RIPE)*, November, 2003, Campbell Collaboration, philadelphia, Pennsylvania.

Polk, K. (1997), 'A community and youth development approach to youth crime prevention, in P. O'Malley & A. Sutton (eds), *Crime Prevention in Australia: Issues in Policy & Research*, Federation Press, Sydney.'

Posavac, E. J. & C. (1997), *Program Evaluation: Methods and Case Studies*, Prentice-Hall, Englewood Cliffs, New Jersey.

Poyner, B. (1983), *Design Against Crime: Beyond Defensible Space*, Butterworths, London.

Poyner, B. (2006), *Crime Free Housing in the 21 st Century*, UCI Jill Dando Institute of Crime Science, University College London.

Presdee, M. (2000), *Cultural Criminology and the Carnival of crime*, Routledgs, London.

Presdee, M. & Walters, R. (1998), 'The perils and politics of criminological research and the threat to academic freedom', *Current Issues in Criminal Justice*, vol. 10, no. 2, pp. 156 – 67.

Putt, A. D. & Springer, J. F. (1998), *Policy Research: Concepts, Methods and Applications*, Prentice-Hall, Englewood Cliffs, New Jersey.

Quah, J. (1992), 'Crime prevention Singapore style', *Asian Journal of Public Administration*, vol. 14, no. 2, pp. 149 – 85.

Queensland police Service (2006), *Crime Prevention through Environmental Design: An Introduction to CPTEWD Guidelines for Queensland*, Queensland police Service in partnership with the Queensland Department of Communities and Department of Local Government, Planning, Sport and Recreation.

Rigby, K, (2002), *A Meta-evaluation of Methods and Approaches to Reduce Bullying in Pre-Schools and Early Primary School in Australia*, Attorney-General's Department, Canberra.

Roberts, J. (1992), 'Public opinion, crime and criminal justice', in M. Tonry (ed.), *Crime and Justice: A Review of Research*, vol. 16, Chicago, University of Chicago Press, Chicago, pp. 99 – 180.

Robinson, C. (2000), 'Creating space, creating self: Street-frequenting youth in the city and suburbs', *Journal of Youth Studies*, vol. 3, no. 1, pp. 429 – 43.

Rosenbaum, D. (1987), 'The theory and research behind Neighbourhood Watch: Is it a sound fear and crime reduction strategy?', *Crime & Delinquency*, vol. 33, no. 1, pp. 103 – 34.

Royal Commission into Aboriginal Deaths in Custody (1991), *National Report* (vol. 1, by Commissioner Elliott Johnston), Australian Government Publishing Service, Canberra.

Salvadori, I. (1997), 'A dragon in the neighbourhood: City planning with children in Milan, Italy', *Social Justice*, vol. 24, no. 3, pp. 192 – 202,

Sampson, R. J. (1997), 'Neighbourhoods and violent crime: A Multilevel study of collective efficacy', *Science*, vol. 277, no. 5328, pp. 918 – 25.

Sampson, R. & Laub, J. (2003), 'Life-course desisters? Trajectories of crime among delinquent followed to age 70', *Criminology*, 41 (3), pp. 555 – 92.

Sandercock, L. (1983), 'Who gets what out of public participation?', I n L. Sandercock & M. Berry (eds), *Urban Political Economy: The Australian Case*, George Allen & Unwin, Sydney.

Sandercock, L. (1997), 'From main street to fortress: The future of malls as public spaces – OR – "shut up and shop"', *Just Policy*, no. 9, pp. 27 – 34.

Sansfacon, D. & Waller, I. (2001), 'Recent evolution of governmental crime prevention strategies and implications for evaluation and economic analysis', in

B. C. Welsh, D. Farring ton and L. W. Sherman (eds), *Costs and Benefits of Preventing Crime*, West-view Press, Boulder, Colorado, pp. 225 – 47.

Sarre, R. and Prenzler, T. (2005), *The Law of Private Security in Australia*, Thomson/LBC, Pyrmont, NSW.

Saville, G. & Cleveland, G. (1997), *2nd Generation CPTED: An Antidote to the Social Y2K Virus of Urban Design*, Paper presented at the 2nd Annual International CPTED Conference, Orlando, Florida, 3 – 5 December.

Saville, G. & Cleveland, G. (2003a), 'An introduction to 2nd generation CPTED: Part 1', *CPTED Perspectives*, vol. 6, no. 1, March, pp. 7 – 9.

Saville, G. & Cleveland, G. (2003b), 'An introduction to 2nd generation CPTED: Part 2', *CPTED Perspectives*, vol. 6, no. 2, June, pp. 4 – 8.

Schneider, R. H & Kitchen, T. (2002), *Planning for Crime Prevention: A Transatlantic Perspective*, Routledge, London.

Schweinhart, L. J., Barnes, H. V. & Weikart, D. P. (1993), *Significant Benefits: The High/Scope Perry Preschool Study through Age 27*, Monographs of the High/Scope Educational Research Foundation, 10, High/Scope Press, Ypsilanti.

Schweinhart, L. J., Montie, J. Xiang, Z., Barnett, W. S., Belfled, C. R. & Nores, M. (2005), *Lifetime Effects: The High/Scope Perry Preschool Study through Age 40*, Monographs Of the High/Scope Educational Research Foundation, 14, High/Scope Press, Ypsilanti.

Shaftoe, H. & Read, T. (2005), 'Planning out crime: The appliance of science or an act of faith', in N. Tilley (ed.), *Handbook of Crime Prevention and Community Safety*, Willan Publishing, Cullompton, Devon, pp. 245 – 65.

Shapland, J. (2000), 'Situational prevention: Social values and social viewpoints', in A Von HirSch, D. Garland & A. Wakefield (eds), *Ethical and Social Perspectives on Situational Crime Prevention*, Hart Publishing, Oxford, pp. 113 – 24.

Shaw, G., Bivn, A. Gray, D., Mosey, A., Stearne, A. & Perry, J. (2004), *An Evaluation of the Comgas Scheme: They sniffed it and They*

Sniffed it-but it Just Wasn't There, Australian Government Department of Health and Ageing, Canberra.

Shearing, G. & Stenning, P. (1992), 'From the Panopticon to Disneyworld: The development Of discipline', in R. Clarke (ed.), *Situational Crime Prevention: Successful Case Studies*, Harrow and Heston, New York.

Sherman, L. W. (2006), 'To develop and test: the inventive difference between evaluation And experimentation', *Journal of Experimental Criminology*, vol. 2, no. 3, pp. 393 – 406.

Sherman, L. W. V & Strang, H. (2004), ' "Verdicts of interventions"? Interpreting results from randomised controlled experiments in criminology', *American Behavioural Scientist*, vol. 47, no. 5, pp. 575 – 607.

Sherman, L. W., Farrington, D. P., Welsh, B. C. & Mackenzie, D. L. (2002), *Evidence Based Crime Prevention*, Routledge, London & New York.

Sherman, L. W., Gottfredson, D., Mackenzie, D., Eck, J., Reuter, P. & Bushway, S. (1997), *Preventing Crime: What Works, What Doesn't, What's Promising*, Office of Justice Programs, US Department of Justice, Washington DC.

Sherman, L. W., Farrington, D. P., Welsh, B. C. & Mackenzie, D. L. (2006), 'Preventing crime', in L. W., Sherman, D. P. Farrington, B. C. Wwlsh, D. L. Mackenzie (eds), *Evidence-Based Crime Prevention*, Rev. edn, Routledge, London & New York.

Singh, J. (2000), *Crime Prevention: The Singapore Approach*, Resource Material Series No. 56. Tokyo, UNAFEL.

Sogan, W. G. (1988), 'Community organisations and crime', in M. Tonry & Morris (eds), *Crime and Justice: A Review of Research*, University of ChicagoPress, Chicago, pp. 39 – 78.

Skogan, W. G. (1990), *Disorder and Decline*, University of Czlifornia Press, Berkeley & Los-Angeles.

Smith, M. (1996), *Crime Prevention through Environmental Design in Parking Facilities*, National Institute of Justice, Research in Brief, April 1996, US

Department of Justice, Office of Justice Programs, Washington DC.

Smith, M. J. & Tilley, N. (Eds) (2005), *Crime Science: New Approaches to Preventing and Detecting Crime*, Willan Publishing, Cullompton, Devon South Australia Department of Planning and Urban Transport (2004), *Designing out Crime: Design Solutions for Safer Neighbourhoods*, South Australia Department of Planning and Urban Transport, Adelaide.

South Australia Attorney-General's Department (1989), *Confronting Crime: The South Australian Crime Prevention Strategy*, Attorney-General's Department, Adelaide.

South Australian Crime Prevention Unit (2007), 'Crime Prevention and Community Safety Grants Program: Guidelines 2007', Attorney-General's Department, Adelaide ⟨www.cpu.sa.gov.au⟩ (accessed on 6 June 2007).

Spencer, L., Ritchie, J., Lewis, J. & Dillon, L. (2003), *Quality in Qualitative Evaluation: A Framework for Assessing Research Evidence*, National Centre for Social Research, Cabinet Office, London.

Stenson, K. (2005), 'Sovereignty, biopolitics and local government of crime in Britain', *Theoretical Criminology*, vol. 9, no. 3, pp. 265–87.

Sutton, A. (1991), 'The Bonnemaison Model: Theory and application' in B. Halstead (ed.), *Youth Crime Prevention: Proceedings of a Policy Forum Held 28th & 29th August 1990*, Australian Institute of Criminology.

Sutton, A. (1994a), 'Community crime prevention: A national perspective', in D. Chappell & P. Wilson (eds), *The Australian Criminal Justice System: The Mid 1990s*, Butterworths, Australia, pp. 213–34.

Sutton, A. (1994b), 'Crime prevention: Promise or threat?', *Australian and New Zealand Journal of Criminology*, vol. 27, pp. 3–20.

Sutton, A. (1996), 'Taking out the interesting bits? Problem solving and crime prevention', *Crime Prevention Studies*, vol. 5, pp. 57–74.

Sutton, A. (1997), 'Crime prevention: Policy dilemmas-A personal account', in P. O'Malley & A. Sutton. (eds,) *Crime Prevention in Australia: Issues in Policy and Research*, Federation Press, Sydney, PP. 12–37.

Sutton, A. (2000a), 'Crime prevention: A viable alternative to the justice system?', in D. Chappell & P. Wilson (eds), *Crime and the Criminal Justice System in Australia: 2000 and Beyond*, Butterworths, Australia, pp. 316 – 31.

Sutton, A. (2000b), 'Drugs and dangerousness: Perception and management of risk in the neo-liberal era', in M. Brown & J. Pratt (eds), *Dangerous Offenders: Punishment and Social Order*, Routledge, London, pp. 165 – 80.

Sutton, A. & Cherney, A. (2002), 'Prevention without politics: The cyclical progress of crime prevention in an Australian state', *Criminal Justice: International Journal of Policy and Practice*, vol. 2, no. 3, pp. 325 – 44.

Sutton, A. & Cherney, A. (2003), 'Crime prevention and community safety: Some grass roots perspectives', Paper presented at the Crime Prevention Victoria Conference, *Crime Prevention for a Safer Victoria: A Consultative Symposium*, 29 – 30 Sptembet 2003, Carlton Crest, Melbourne.

Sutton, A. & Wilson, D. (2004), 'Open-street CCTV in Australia: Thhe politics of resistance and expansion', *Surveillance and Society*, vol. 2, no. 2/3, pp. 310 – 22, at ⟨www. surveillance-and-society. org/cctv. htm⟩ (accessed 27 February 2008).

Taylor, R. & Gottfredson, S. (1986), 'Environmental design, crime and prevention: An examination of community dynamics', in A, Reiss & M. Tonry (eds), *Crime and Justice: A Review of Research*, vol. 8, pp. 387 – 416, Chicago University Press, Chicago.

Tierney, J. P., Grossman, J. B. & Resch, N. L, (1995), *Making a Difference: An Impact Evaluation of Big Brothers*, Big Sisters, Public/Private Ventures, Philadelphia.

Tilley, N. (2001), 'Evaluation and evidence led crime reduction policy and practice', in R. Matthews & J. Pitts (eds), *Crime Disorder and Community Safety*, Routledge, London, pp. 81 – 97.

Tilley, N. (2002), 'The rediscovery of learning: Crime prevention and scientific realism', in G. Hughes & A. Edwards (eds), *Crime Control and Commu-*

nity: *The New Politics of Public Safety*, Willan Publishing, Cullompton, Devon, pp. 63 – 85.

Tilley, N. (2004a), 'Karl Popper: A philosopher for Ronald Clarke's situational crime prevention', Israel Studies in Criminology: *Tradition and Innovation in Crime and Criminal Justice*, vol. 8, de Sitter publications. Canada.

Tilley, N. (2004b), 'Applying theory-driven evaluation to the British Crime Reduction 4, no. 3, pp. 255 – 76.

Tilley, N. (2005), 'Driving down crime at motorway service areas', in M. J. Smith & N. Tilley (eds), *Crime Science: New Approaches to Preventing and Detecting Crime*, Willan Publishing, Cullompton, Devon, pp. 104 – 25.

Tilley, N. (2005), 'Knowing and doing: Guidance and good practice in crime prevention', In J. Knutsson & R. V. Clarke (eds), *Putting Theory to Wort: Implementing Situational Crime Prevention and Problem-oriented Policing*, Crime Prevention Studies Studies, vol. 20, Criminal Justice Press, New York, pp. 217 – 52.

Tilley, N. & Laycok, G. (2000), 'Joining up research, policy and practice about crime', *Policy Studies*, vol. 21, no. 3, pp. 214 – 27.

Tonry, M. & Farrington, D. P. (1995), 'Strategic approaches to crime prevention', in M. Tonry & D. P. Farrington (eds), *Building a Safer Society: Strategic Approaches to Crime Prevention*, University of Chicago Press, Chicago and London, pp. 1 – 22.

Toumbourou, J. W. (1999), 'Implementing communities that care in Australia: A community Mobilisation approach to crime prevention', *Trends and Issues in Crime and Criminal Justice*, Australian Institute of Criminology, Jury at ⟨www.aic.gov.au⟩ (accessed 27 February 2008).

Tremblay, R. & Craig, W. (1995), 'Building a society: Strategic approaches to crime prevention', *Crime and Justice*, vol. 19, pp. 151 – 236.

Trench, S., Tanner, O. & Tiesdell, S. (1992), 'Safer cities for women: Perceived risks and Planning measures', *Town Planning Review*, vol. 63, no. 3, pp. 279 – 95.

Tulloch, J., Lupton, D., Blood, W., Tulloch, M., Jennett, C. & Enders, M. (1998a), *Fear of Crime: Audit of the Literature and Programs*, Attorney-General's Department, Canberra.

Tulloch, J., Lupton, D., Blood, W., Tulloch, M., Jennett, C. & Enders, M. (1998b), Fear Of Crime: *The Fieldwork Research*, National Campaign Against Violence and Crime, Canberra.

United Kingdom National Strategy for Neighbourhood Renewal (2000), *Report of Policy Action Team 8: Anti-social Behaviour*, Home Office, London.

United States Bureau of Justice Assistance (1997), *Addressing Community Gang Problems: A Model for Problem Solving*, Office of Justice Programs, US Department of Justice, Washington DC.

United States Bureau of Justice Assistance (1998), *Addressing Community Gang Problems: A Practical Guide*, Office of Justice Programs, US Department of Justice, Washington DC.

Van Andel, H. (1988), *Crime prevention that Works: The Care of Public Transport in the Netherlands*, Ministry of Justice Research and Documentation Centre, The Hague.

Van Andel, H. (1992), 'The care of public transport in the Netherlands', in R. V. Clarke (ed.), *Situational Crime Prevention: Successful Case Studies*, Harrow & Heston, New York, pp. 151 – 63.

Van de Bunt, H. G. & van de Schoot, C. R. A. (2003), *Prevention of Organised Crime: a Situational Approach*, Boom Juridische Uitgevers, Netherlands.

Van Dijk, J. (1995), 'In search of synergy: Coalition-building against crime in the Nether-lands', *Security Journal*, vol. 6, pp. 7 – 11.

Van Dijk, J. & de Waard, J. (1991), 'A two dimensional typology of crime prevention projects: With a bibliography', *Criminal Justice Abstracts*, vol. 23, pp. 483 – 503.

Van Dijk, J. J. M. & Junger-Tas, J. (1988), 'Trends in crime prevention in The Netherlands', In T. Hope & M. Shaw (eds), *Communities and Crime Reduction*, HMSO, London.

Van Swaaningen, R. (2002), 'Towards a replacement discourse on community safety: Lessons from The Netherlands', in G. Hughes, E. Mclaughlin & J. Muncie (eds), *Crime Prevention and Community Safety: New Directions*, Sage Publications in association with Open University Press, London, pp. 260 -78.

Vinson, T. (2004), *Community Safety: New Directions*, Sage Publications in association Vantage in Victoria and New South Wales and the mediating role of social cohesion, The Ignatius Centre for Social Policy and Research, Jesuit Social Services, Richmond, Victoria.

Vinson, T. & Baldry, E. (1999), 'The spatial clustering of child maltreatment: Victims social environments involved?', Paper presented at the Children and Crime: Victims and Offenders Conference, Australian Institute of Criminology, Brisbane, 17 - 18 June 1999.

Vinson, T. & Homel, R. (1975), *Indicators of Community Well-Being*, Australian Government Publishing Service, Canberra.

Von Hirsch, A., Garland, D. & Wakefied, A. (eds) (2000), *Ethical and Social Perspectives on Situational Crime Prevention*, Hart Publishing, Oxford.

WA Office of crime Prevention ⟨www.crimeprevention.wa.gov.au⟩ (accessed 27 February 2008).

Walker, J. & McDonald, D. (1995), 'The over-representation of Indigenous people in custody in Australia', *Trends and Issues in Crime and Criminal Justice*, no. 47. Australian Institute of Criminology, Canberra.

Walker, L. (1992), 'Chivalrous masculinity among juvenile offenders in Western Sydney: A new perspective on working class men and crime', *Current Issues in Criminal Justice*, vol. 9, no. 3, pp. 279 - 93.

Walker, L., Butland, D. & Connell, R. (2000), 'Boys on the road: Mascuinities, car culture and road safety education', *Journal of Men's Studies*, vol. 2, no. 8, pp. 153 - 66.

Walker, I. (1988), *Current Trends in European Crime Prevention including France, England ans the Netherlands: Towards National Commitment, Local*

Inter-agency Involvement and Support of Effective Crime Prevention, Department of Justice, Ottawa.

Walmsley, R. (2003), World Prison Population List, 4th edn, Home Office Research, Development and Statistics Directorate, London.

Walters, R. (2003), Deviant Knowledge : Criminology , Politics and Policy, Willan Publishing, Cullompton, Devon.

Weatherburn, D. (2002), 'Law and order blues', Australian and New Zealand Journal of Criminology, vol. 35, no. 2, pp. 127 – 44.

Weatherburn, D. (2004), Law and Order in Australia: Rhetoric and Reality, Federation Press, Sydney.

Weatherburn, D. & Lind, B. (1998), 'Poverty, Parenting, peers and crime-prone neighbour-hoods', Trends and Issues in Crime and Criminal Justice, no. 85, Australian Institute of Criminology, Canberra.

Weatherburn, D. & Lind, B. (2001), Delinquent-Prone Communities, Cambridge University Press, Cambridge.

Weber, M. (1991), 'Science as a vocation', in H. H. Gerth & C. Wright Mills (eds), From Max Weber: Essays in Sociology, Routledge, London Weekend Australian (2007), 'Petrol sniffing scourge defeated', 17 – 18 March, pp. 1 – 2.

Weiss, C. H. (1995), 'Nothing as practical as good theory: Exploring theory-based evaluation for comprehensive community initiatives for children and families', in J. P. Connell, A. C. Kubisch, L. B. Schorr & C. H. Weiss (eds), New Approached to Evaluating Community Initiatives, Concepts, Methods and Contexts, Aspen Institute, Washington DC.

Welsh, B. C. & Farrington, D. P. (1999), "Value for money": A review of the costs and benefits of situational crime prevention, British Journal of Criminology, vol. 39, pp. 345 – 68.

Welsh, B. C. & Farrington, D. P. (2000), 'Monetary costs and benefits of crime prevention programs', in M. Tonry (ed.), Crime and Justice: A Review of Research , vol. 27, pp. 305 – 61, University of Chicago Press, Chicago.

Welsh, B. C. & Farrington, D. P. (2001), 'Towards an evidence-based approach to preventing crime', *Annals of the American Academy of Political and Social Science*, vol. 578, no. 1, pp. 158–73.

Welsh, B. C. & Farrington, D. P. (2002), *Crime Prevention Effects of Closed Television: A Systemic Review*, Home Office Research Study 252, Home Office, London.

Welsh, B. C. & Farrington, D. P. (2004), 'Surveillance for crime prevention in public space: Results and policy choices in British and America', *Criminology and Public Policy*, vol. 3, no. 3, pp. 497–526.

Welsh, B. C. & Farrington, D. P. (2006), 'Closed-circuit television surveillance', in B. C. Welsh & D. P. Farrington (eds), *Preventing Crime: What works for Children, Offenders, Victims and Places*, Springer, Dordrecht, pp. 193–208.

Welsh, B. C. & Farrington, D. P. & Sherman, L. W. (eds) (2001), *Costs and Benefits of Preventing Crime*, Westview Press, Boulder, Colorado.

West, D. J. (1973), *Who Becomes Delinquent?*, Heinemann, London.

Western Australian Planning Commision (2006), *Designing Out Crime: Planning Guidelines*, Western Australian Planning Commision.

Whelan, J. (2001), The dynamics of community reputation: A case study, sociology Honours thesis, School of Sociology and Social Work, University of Tasmania, Hobart.

White, R. (1990), *No Space of Their Own: Young People and Social Control in Australia*, Cambridge University Press, Melbourne.

White, R. (1998), *Public Spaces for Young People: A Guide to Creative Projects and Positive Strategies*, Australian Youth Foundation and National Campaign Against Violence and Crime, Sydney.

White, R. (1999b), *Hanging Out: Negotiating Young People's Use of Public Spaces*, National Crime Prevention, Attorney General's Department, Canberra.

White, R. (2001), 'Graffiti, crime prevention and cultural space', *Current issue in Criminal Justice*, vol. 12, no. 3, pp. 253–68.

White, R. (2006a), 'Youth gang research in Australia', in J. Short & L. Hughes (eds), *Studying Youth Gangs*, AltaMira Press, Walnut Creek, California.

White, R. (2006b), 'Swarming and the dynamics of group violence', *Trends & Issues in Crime and Criminal Justice*, no. 326, Australian Institute of Criminology, Canberra.

White, R. (2007a), *Senior in Shopping Centres: Preliminary Report of Findings*, National Senior Productive Ageing Centre, Brisbane.

White, R. (2007b), *Anti-Gang Strategies and Interventions*, ARACY Gangs Briefing Paper No. 2, Australian Research Alliance for Children and Youth, Perth.

White R. with Aumair, M., Harris, A. & McDonnel, L. (1997), *Any Which Way You Can: Youth Livelihood, Community Resources and Crime*, Australian Youth Foundation, Sydney.

White, R. & Coventry, G. (2000), *Evaluating Community Safety: A Guide*, Department of Justice Victoria, Melbourne.

White, R. Kosky, B. & Kosky, M. (2001), *MCS shopping Centre Project: A Youth-Friendly Approach to Shopping Centre Management*, Australian Clearinghouse for Youth Studies, Hobart.

White, R. & Perrone, S. (2005), *Crime and Social Control: An Introduction*, Oxford University Press, Melbourne.

White, R. & Sutton, A. (1995), 'Crime prevention, urban space and social exclusion', *Australian and New Zealand Journal of Sociology*, vol. 31, no. 1, pp. 82 - 99.

White, R. & Sutton, A. (2001), 'Social planning for mall redevelopment: An Australian case study', *Local Environment*, vol. 6, no. 1, pp. 65 - 80.

White, R. & Wyn, J. (2008), *Youth and Society: Exploring the Social Dynamics of Youth Experience*, Oxford University Press, Melbourne.

Wikstrom, Per-Olof. H. (2007), 'Doing without knowing: Common pitfalls in crime prevention', in G. Farrell, K. Bowers, S. Johnson & M. Townsley (eds), *Imagination for Crime Prevention: Essays in Honour of Ken Pease*, *Crime Prevention Studies*, vol. 21, pp. 59 – 80, Criminal Justice Press, Monsey, New York.

Wikstrom, Per-Olof. & H. Torstensson, M. (1999), 'Local crime prevention and its national support: organization and direction', *European Journal of Criminology and Research*, vol. 7, pp. 459 – 81.

Wiles, P. (2002), 'Criminology in the twenty-first century: Public good or private interest', *Australian and New Zealand Journal of Criminology*, vol. 35, no. 22, pp. 238 – 52.

Wiles, P. & Pease, K. (2002), 'Crime prevention and community safety: Tweedledum and Tweedledee?', in S. Ballintyne, K. Pease & McLaren (eds), *Secure Foundations: Key Issues in Crime Prevention, Crime Reduction and Community Safety*, Institute of Public Policy Research, London, pp. 21 – 9.

Wilkinson, R. G. (2005), *The Impact of Inequality: How to Make Sick Societies Healthier*, New Press, New York.

Willemse, H. 1994, 'Development in Dutch crime prevention' *Crime Prevention Studies*, vol. 2, pp. 33 – 47.

Wilson, D. & Sutton, A. (2003), *Open Street CCTV in Australia: A Comparative Study of Establishment and Operation* (Report on a Criminology Research Council Funded Project), University of Melbourne Department of Criminology, Melbourne.

Wilson, D. B. (2001) 'Meta-analytical methods for criminology', *Annals of the American Academy of Political and Social Science*, vol. 578, no. 1, pp. 71 – 89.

Wilson, J. Q. & Kelling G. L. (1982), 'Broken windows: The police and neighbourhood safety', *Atlantic Monthly*, March, pp. 29 – 38.

Wilson, P. (1982), *Black Death, White Hands*, George Allen & Unwin, Sydney.

Wilson, P. & Wileman B. (2005), 'Developing a safe city strategy based on CPTED research: An Australian case study', *Journal of Architectural and*

Planning Research, vol. 22, no. 4, pp. 319 – 29.

Wolverhampton Crime & Disorder Co-ordination Group (2001), *Wolverhampton Youth Safety Strategy: Building Safer Communities*, Wolverhampton City Council, UK.

World Corporal Punishment Research (corpun) (2007), 'Singapore: Judicial and prison caning', ⟨www.corpun.com⟩ (accessed on 17 June 2007).

Worpole, K. & Greenhalgh, L. (1996), *The Freedom of the City*, Demos, London.

Wortley, R. (2002), *Situational Prison Control: Crime Prevention in Correctional Institutions*, Cambridge University, Cambridge, UK.

Wynne, B. (1996), 'May the sheep safely graze? A reflexive view of the expert-lay knowledge divide', in S. Lash (ed.), *Risk, Environment and Modernity*, Sage Publications, New York, pp. 44 – 83.

Yin, R. K. (2003), *Case Study Research: Design and Methods*, Sage Publications, Thousand Oaks, London & New York.

Young, J. (1986), 'The failure of criminology', in R. Mathews and J. Young (eds), *Confronting Crime*, Sage Publications, London, pp. 4 – 30.

索引

access control, 进入控制, 63–4
activity support/image management, 行动支持/形象管理, 64
aged people, fear of the young by, 老年人, 对年轻人的恐惧, 126
agency-based prevention, 以服务机构为基础的犯罪预防, 38, 96
alcohol consumption, 饮酒, 12
anti-graffiti campaigns, 反涂鸦运动, 145
anti-social behavior, discouraging and reducing, 反社会行为, 遏制和减少, 62
anti-theft design, 防盗式设计, 58
arrest and imprisonment rates, 逮捕和监禁率, 35, 94
Australian Institute of Criminology, 澳大利亚犯罪学学会, 105
best-practice, replication, 最佳实践, 复制（反复试验）, 85–6

Big Brother, Big Sisters program (US), 大兄弟大姐妹项目（美国）, 73
bonds of community, 社区联系, 115
Bonnemaison crime prevention program (France), 博勒麦松犯罪预防项目（法国）, 38, 94
　causes of crime, 犯罪原因, 93–6
　emphasis on social prevention, 强调社会预防, 96
　key concept, 主要概念, 95
　origins of program, 项目的起源, 95
　as a political program, 作为一个政治性项目, 97
　prevention action contracts, 预防措施协议, 96
Bonnemaison, Gilbert, 吉尔伯特·博勒麦松, 95
Braithwaite, John, 布雷斯威特, 约

---

* 本索引中每个词条后的数字为原著页码, 即本书边码。——编者注

翰, 39

Bridgewater Urban Renewal Program (Tasmania), 布里奇沃特城市复兴项目（塔斯马尼亚岛）, 149

Brisbane City Council, 布里斯班市议会, 123

"broken window" thesis, "破窗"理论, 48, 141

Burglary Reduction Initiative (UK), 减少盗窃计划（英国）, 109

Cambridge-Somerville Youth Study (US), 剑桥-萨默维尔青年研究（美国）, 34 – 5

Campbell Collaboration Crime and Justice Group, 坎贝尔犯罪与司法协作小组, 76

Carson, Kit, 卡尔森, 成套工具（方法）, 40

case study evaluation, 个案研究评估法, 83

CCTV, 闭路电视摄像监控, 56, 103

Clarke, Ron, 罗恩·克拉克, 19, 50, 108

collective identity, 集体认同, 115

Commonwealth Government, 联邦政府

  and crime prevention, 与犯罪预防, 107

  political objective of crime prevention, 犯罪预防的政治目标, 106

  project-based approach to prevention, 以项目为基础的犯罪预防方法, 106

  research funding, 研究基金, 105

  and "what works?" philosophy, "什么起作用？"原理, 105

mmunity, 社区

  bonds of community, 凝聚力, 115

  composition and delineation of community, 社区的构成与划分, 114

  moral voice of community, 社区的道德话语权, 117

  unexpected disruptions to community, 对社区的突然破坏, 151 – 4

Community Anti-Crime Program (US), 社区打击犯罪项目（美国）, 40

community building as anti-gang intervention, 作为打击帮伙干预措施的社区建设, 150

community crime prevention, 社区犯罪预防, 115

community empowerment programs, 社区赋权计划, 148

Community Insight Survey, 社区见识调查, 44

community participation, 社区参与, 115 – 18

community reputation, 社区声誉, 149

community "responsibilisation", 社区

"归责", 5
community safety, 社区安全, 117
  key objectives, 主要安全目标, 116
  pan-hazard approach to, 关于……的泛危险方法, 25
  and planned events, 计划好的事项, 152
  and self-exclusion, 自我排斥, 126
  sustaining activity, 对活动予以支持, 117
  treatment in media and government policy, 对待媒体以及政府政策, 3
  versus crime prevention, 与犯罪预防相比较, 25-6
community safety officers (CSOs), 社区安全人员, 110
community safety strategies, 社区安全战略, 10
community space, 社区空间, 118, 139
community-based crime prevention, 基于社区的犯罪预防, 40-1
Confronting Crime: Prevention, Repression and Solidarity (report), 《应对犯罪：预防、遏制与团结一致》(报告)
consumer society, 消费社会, 18
controllers, 监管者, 19
cost-benefit analysis, 成本收益分析, 78-80

assessing programs, 评估项目, 78
  criteria for, 标准, 80
  key dilemma, 主要困难, 79
  need for explicit framework, 需要明确的组织体系, 80
  significance of parameters, 设置参数的重要性, 79
court-diversion program, 法庭转处计划, 155-6
CPTED (crime prevention through environmental design), 基于环境设计的犯罪预防, 49
  compared to SCP, 与犯罪的社会预防 (SCP), 相比较 49-51
  core techniques, 主要方法, 62-4
  early theorists, 早期的研究人员, 61-2
  focus on, 关注焦点, 50
  impact and use of the physical environment, 对物理环境的运用及其影响, 60-1
  influence on policy and practice, 对政策及实践的影响, 50
  principles, 原则, 122
  second generation, 第二代, 66
  site surveys and safety audits, 现场调查与安全检查, 67
CRAVED goods, 想要的商品, 58
  causes of crime, 犯罪原因, 18, 51, 93-6, 142

definition of crime, 犯罪界定, 12, 42

responses to crime, 犯罪的反应措施, 89, 117

crime attractors, 犯罪吸引者, 59

Crime and Disorder Act 1998（UK）, 《犯罪与违法法1998》（英国）, 104

crime displacement, 犯罪位移, 42, 57-8, 116, 136

crime generators, 犯罪孕育地, 59

crime hot spots, 犯罪多发地点, 58-9

crime pattern theory, 犯罪模式理论, 58

crime policy, 犯罪政策, 3, 89, 105

crime prevention, 犯罪预防

 abandonment of term, 抛弃术语, 25

 as an adjunct to law and order, 作为"法治秩序"之辅助手段, 7

 as an alternative to law and order, 作为"法治秩序"之替代, 27, 157

 benefits of crime prevention, 犯罪预防的优点, 5, 6

 best-practice lessons, 最佳实践经验, 121

 classification of approaches, 方法分类, 21

 coercive approaches, 强制性方法, 30

 criminal justice responses, 刑事司法措施, 21

 criminological classification, 犯罪学上的分类, 22

 critical approach to, 批判性态度, 14

 definition, 定义, 6, 9, 24, 109, 121, 156

 evidence-based approach to, 实证方法, 14, 39, 71, 102

 history of, 历史发展, 3, 4, 6-7, 156

 involving youth in, 青年人参与, 118-21

 making it work, 使其发挥作用, 4, 107

 multipronged approaches, 综合治理方法, 136-7

 the need for vision, 需要眼光, 11

 neglect in media and political discourse, 忽视媒体以及政治性讨论, 3

 political sustainability of, 政治上的可持续性, 71, 97

 "rediscovery" of, 重新发现, 5, 6-7, 14, 46, 93

 and social inclusion, 与社会包容, 118

as a social process, 作为一个社会过程, 162

typology and examples, 类型与实例, 24

versus community safety, 与社区安全, 25-6

"what works"/administrative approach, "什么起作用"/管理方法, 14

"whole-of-government" approach, "整体政府"方法, 15, 94

crime prevention contracts, 犯罪预防协议, 110

crime prevention planning, 犯罪预防规划

blending expert knowledge with local expertise, 融合专业知识与地方性知识, 109, 122, 157

central government policy unit, 中央政府决策机构, 111

community safety officers (CSOs), 社区安全人员, 110

dedicated personnel, 专门人员, 110-11

government engagement with local stakeholders, 政府与地方利益相关者之间的约定, 110

practitioner networks, 实际工作人员圈, 112

problem-solving and flexibility, 解决问题与灵活性, 26, 28, 108-9

crime prevention policy

administrative arrangements, 行政安排, 108

advantages of, 优点, 5

affective outcomes, 情感性效果, 39-40

evidence-based approach, 实证方法, 43-4

flexible partnerships, 灵活的合作伙伴, 108

Metropolis City case study, 大城市案例研究, 158-62

overseas approaches, 国外方法, 105

reasons for development, 发展理由, 6

and social control, 与社会控制, 9

and utopian realism, 与乌托邦现实主义, 157

crime prevention programs, 犯罪预防方案

assumptions, 设想, 13

problem-solving approach, 解决问题方法, 26

replication of best practice, 最佳实践的移植, 85-6

role of local groups, 当地团体的作用, 41, 97

and shifting of public attitudes, 与

观众态度的改变,90
crime prevention strategies, 犯罪预防战略
 evaluation of, 评估,10
 importance of context, 环境的重要性,10
 international experiences, 国际经验,4
 need for leadership and vision, 需要领导能力及眼光,107,157
 political dimension, 政治层面,4,21,41,88-90,107-8,163
 political sustainability of, 政治上的可持续性,89
 problems, 问题,106
 symbolic dimension, 象征性意义层面,4,17,39-40,88
crime prevention theory, 犯罪预防理论,13
crime prevention through environmental design (CPTED), 基于环境设计的犯罪预防
crime rates, 犯罪率,117
crime reduction, 减少犯罪,50
Crime Reduction Programme (UK), 犯罪减少计划(英国),15-16,56,87,94,156
 absence of overall guiding philosophy, 缺乏总的指导思想,104
 causes of problems, 问题的产生原因,102-4
 demands of evaluation, 要求进行评估,103
 evidence-based philosophy, 实证思想,102
 involvement of criminologists, 犯罪学家的参与,104
 original conception, 有创意的概念,102
 problems with design of program, 项目设计中的问题,103
 range of programs, 项目范围,102
whole-of-government approach, "整体政府"方法,102
"crime science", "犯罪科学",14,55,79
crime victimization, 犯罪被害,21,45,57
criminal justice, reducing government expenditure, 刑事司法,减少政府开支,33
criminology, 犯罪学,14
critical approach to crime prevention, 对犯罪预防的批判性态度,14
critical criminologists, 批判性的犯罪学家,16
crowd management, 人群管理,153
cultural criminology, 文化犯罪学,141

dancing man of Hobart, 跳舞男子霍巴特, 138, 161
The Death and Life of Great American Cities, 《美国大城市的死与生》, 61
Death penalty, 死刑, 7
"defensible space" theory, "可防御空间"理论, 49
Designing Out Crime initiative, 通过设计减少犯罪的措施, 64
developmental prevention, 发展性预防, 37–8, 83
deviance, 越轨, 42, 142
disadvantaged community, 弱势社区, 107, 117
Disney World, 迪斯尼世界, 153
disorder, 违法行为, 135
diversion-based schemes, 着眼于转处的计划, 38

Eck's modification of Felson's crime triangle, 艾克对菲尔松犯罪三角理论的修正, 20–1
education programs, 教育项目, 8, 37
Elmira Prenatal and Early Infancy Project, 埃尔米拉孕期和幼儿早期项目, 33
environmental prevention, 环境预防, 9, 10, 23
　cost-effectiveness, 成本效益, 33
　focus of, 关注焦点, 22
　implementation, 实施, 69
　and social prevention, 与社会预防, 49
environmental theory, 环境预防理论, 48
epidemiology, 流行病学, 22
ethnic minorities, 少数民族, 5
evaluation, 评估
　building capacity around evaluation, 提高评估能力, 87
　case study, 案例研究, 83
　challenges of evaluation, 评估所遇到的挑战, 70–1, 103
　cost-benefit analysis, 成本收益分析, 78–80
　and developer/evaluation collaboration, 与开发者/评估合作, 87
　and gauging support for prevention, 与对预防支持的评价, 89
　importance of evaluation, 评估的重要性, 70
　need for theory, 对理论的需要, 85
　outcome evaluation, 结果评估, 72–3
　as part of problem-solving approach, 作为解决问题方法的组成部分, 86
　subjective and political nature of,

本质与政治性质, 84
evaluation methodologies, 评估方法
　cost-benefit analysis, 成本收益分析, 78-80
　different methods, 不同方法, 71-2
　experimental method, 实验性方法, 73, 74
　importance of context, 环境的重要性, 71
　non-experimental method, 非实验性方法, 75-6
　process evaluation, 过程评估, 80-1
　quasi-experimental designs, 半实验性设计, 74-5
　randomised control trials, 随机对照实验, 82-3
evidence-based approach, 实证方法, 14, 39, 71
"experimental criminology", "实证犯罪学", 14

Family Independence Program, 家庭独立计划, 44
family violence, 家庭暴力, 19, 57, 107
Felson, Marcus, 菲尔松, 马科斯, 18-19, 49
Felson's crime triangle, 菲尔松的犯罪三角理论, 18
Feminist criminologists, 女权主义犯罪学家, 19
Festival Faire shopping centre case study, "节日市场" 购物中心案例研究
　behavioural boundaries, 行为边界, 130
　"courtesy crews", "礼貌员工", 133
　cultural sensitivity, 文化敏感性, 130
　educating traders, 对贸易商进行教育, 131
　management and centre regulation, 管理域中央控制, 130
　management and community engagement, 管理与社区参与, 129
　shoplifting, 商场盗窃, 130
　use of intensive security patrols, 采用密集的安全巡逻, 132
　youth-centre management relations, 青年中心的管理关系, 129
France, 法国
　1981 riots, 1981年骚乱, 95
　agency-based prevention at local level, 基层以机构为基础的犯罪预防, 96
　conceptualization of crime prevention, 犯罪预防的概念化, 17

crime policy in late 1990s, 20世纪90年代后期的犯罪政策, 97
crime policy prior to 1980s, 20世纪80年代之前的犯罪政策, 97
crime rates, 犯罪率, 97
infrastructure for crime prevention, 犯罪预防的基础设施, 95-6
summer camp, 夏令营, 37
Garland, David, 戴维·加兰, 57
gatecrashing, 无票入场, 151-2
gated community, 门卫把守的社区, 117, 139
glasnost, 前苏联戈尔巴乔夫的经济和政治改革计划, 155-6
"Good Neighbourhood" program, "好邻居" 计划, 105
Gorbachev, Mikhail, 米哈伊尔·戈尔巴乔夫, 155-6
governance, 统治方式, 4
government expenditure, 政府支出, 33
governmentality theory, 治理性理论, 16
graffiti, 涂鸦, 42, 57
 and anti-authoritarianism, 与反权威主义, 141
 and community involvement, 与社区参与, 144
 community-based strategies, 以社区为基础的战略, 144-7
 cost of anti-graffiti campaign, 反涂鸦运动的成本, 145
 cultural criminology perspective, 文化犯罪学观点, 141
 discouraging or displacing, 遏制或者转移, 143
 environmental prevention, 环境预防, 143-4
 illegality as the point, 作为要领的非法性, 143
 instrumental purposes of, 功利性目的, 141-2
 link to criminal behaviour, 与犯罪行为相联系, 141
 percerved threat associated with, 与……相关的感受到的威胁, 141
 removal campaigns, 清除运动, 143
 response to, 反应措施, 145-6
 social issues surrounding, 围绕……的社会问题, 145
 social and political place in society, 社会中的社会与政治位置, 145
 target hardening, 目标加固, 143
 writers' involvement, 作者的介入, 144
grassroots dynamics, 基层动力, 40
guardianship, 监管, 18, 59-60

"handlers", 监管者, 19

Halsey, Mark, 马克·海尔西, 42
Homel, Ross, 罗斯·霍梅尔, 43
Housing Development Broad (Singapore), 住房开发委员会 (新加坡), 8
human rights, 人权, 9, 44

illicit drugs, 违禁药品, 13
Indigenous community, 土著人社区, 59–60
Indigenous people, 土著人
    arrest and imprisonment rates, 逮捕与监禁率, 46, 94
    rates of violence and victimization, 暴力与被害率, 5, 45–46

Jacobs, Jane, 简·雅各布斯, 49
juvenile delinquency, 青少年犯罪, 89

Labelling Secured Housing scheme (Netherlands), 担保住房标记计划 (荷兰), 65
law and order, 法治秩序, 4, 5–6, 7, 19, 34, 88, 94
learning culture, 学习型文化, 88, 112
building local capacity, 增强当地的能力, 86–8
local government, 地方政府, 119
local prevention plans, 地方的犯罪预防计划, 108
local stakeholders, 地方的利益相关方, 110
locally-based prevention, 以地方为基础的犯罪预防, 108

managerialism, 管理主义, 16
"managers", "经理", 19
mass media, 大众媒体, 3, 5–6, 34
MCS Shopping Centre Youth Project (Qld & Vic) MCS, 购物中心青年项目 (昆士兰州和维多利亚州), 128
mechanical surveillance, 机械监控, 63
mental illness, 心理疾病, 35
meta-analysis, 再次分析, 76–7
Metropolis City case study, 大城市案例研究, 158–62
Mission Australia, 澳大利亚使命, 44–5
Montreal Prevention Project, 蒙特利尔犯罪预防计划, 33
Motor vehicle theft, 汽车盗窃, 107, 136–7
Myer Centre Youth Protocol (Qld), 迈尔中心青年人协议 (昆士兰州), 124

narrative review, 叙述性综述, 77–

8

National Community Crime Prevention Program，全国社区犯罪预防计划，105

National Crime Prevention Council (Singapore)，犯罪预防全国委员会（新加坡），7

National Crime Prevention Unit，国家犯罪预防处，105

National Motor Vehicle Theft Reduction Council (NMVTRC)，减少汽车盗窃全国委员会，136

National Motor Vehicle Theft Reduction Strategy，减少汽车盗窃全国战略，136

natural surveillance，自然监管，49

Neighbourhood Watch (NW)，邻里守望，115 – 16

Netherlands，荷兰，17，65，98，124

New South Wales，新南威尔士州（澳大利亚），124

Newman, Oscar，奥斯卡·纽曼，49

non-experimental method，非实验性方法，75 – 6

NSW Police Service, site survey，新南威尔士州警务，现场调查，67

offending，犯罪，21，35

ontological security，本体性安全，68

opportunities for crime, and SCP，犯罪机会，与犯罪的情境预防，51 – 2

outcome evaluation，结果评估，72 – 3

Party Safe Information Kits，聚会安全知识手册，153

"pathways" approach to prevention，犯罪预防的"路径"方法，38

Pathways to Prevention project，犯罪预防计划的路径，44 – 5，87

Perry Preschool Project (US)，佩里学前计划（美国），32 – 3，78

petrol sniffing，汽油嗅探，60

pinch points, identification of，混乱地点，识别，51

place，地点，11，136

place management，场所管理，121 – 2，133

planned events，计划好的活动，152

policing，警务，7 – 8，23，64

politics and crime prevention，政治与犯罪预防，3，4，5 – 6，21，41，81，107 – 8，163

practitioners networks，实际工作人员圈，88，112

Preschool Intervention Program (PIP)，学前干预项目，44

Primary prevention，初级（第一级）犯罪预防，23，36

prisons,监狱,94
problem-solving,解决问题,27,108-9
problem-solving methodology,解决问题的方法,27
process evaluation,过程评估,80-2
program implementation failure,计划实施失败,81
"public criminology","公共犯罪学",11
public health theory,公众健康理论,22,36
public housing,公共住房,8-9,61-2
public space,公共空间
 ambiguities of,模糊性,138-40
 application of crime prevention in,犯罪预防在……中的运用,135
 attraction of,……的吸引力,121
 and creation of community spaces,与社区空间的建立,139
 creation of safe, convivial social spaces,建立安全,愉快的社交空间,139
 diverse ways in which they are experienced,他们体验的不同方式,138
 gains made for and by young people,带给青年人的好处以及青年人自己得到的好处,120

 how it used by people,人们如何使用它,140
 how young people use it,青年人如何使用它,140
 mass privatization of,公众将……视为私事的观念,138
 problems of over-regulation of,对……过度控制所产生的问题,122
 simple pleasure associated with,关于……的简单快乐,139-40
 and social disorder,与社会失调,135
 and social inclusion,与社会包容,119
 transforming into community spaces,向社区空间的转变,126
 youth participation in planning and designing,年轻人在规划与设计中的参与,119
public transport system security,公共交通系统安全,99
publicity campaigns,公众宣传运动,37

quasi-experimental evaluation,半实验性评估,74-5

randomized control trials,随机对照实验,82-3
rational choice theory,理性选择理

论, 58

redistributive policies, 再分配政策, 34, 56–7

replication of best-practice, 最佳实践的移植, 85–6

responsibilisation thesis, 归责理论, 5, 6, 16

restorative justice movement, 恢复性司法运动, 39

risk assessment, and site survey, 风险评估, 与现场调查, 67

risk-assessment theory, 风险评估理论, 37

routine activity model, 日常行为模式, 19–19

routine activity theory, 日常行为理论, 58

Royal Commission into Aboriginal Deaths in Custody, 调查土著人在羁押中死亡的皇家委员会, 45–6, 94

Safer Cities and Shires strategy, 城市及郡县安全战略, 81, 109

"Safer Streets and Homes", "街道与家庭安全", 106

Scared Straight and juvenile awareness programs, 惊吓与青少年意识的研究项目, 77

schoolies week, 中学学生毕业周, 152

scientific rationalism, 科学理性主义, 27

SCP (situational crime prevention), 犯罪的情境预防, 49

approaches to crime and associated techniques, 应对犯罪的态度与方法, 53

compared to CPTED, 与通过环境设计的犯罪预防相比较, 49–51

and concept of guardianship, 与监管概念, 59–60

cost-effectiveness of, ……的成本效益, 52

and crime reduction, 与犯罪减少, 50

critiques of, 对……的批评, 54–8

focus on, 对……的关注, 53

importance of opportunity, 犯罪机会的重要性, 51–2

key situational techniques, 主要的情境预防方法, 52–4

key theories underpinning, 支持……的主要理论, 52

policy impact, 对政策的影响, 50

and psychology of individual decision-making, 与个人决定心理学, 51

and social divisiveness, 与社会分裂, 55

techniques applied with success, 运用成功的方法, 54

underlying assumption about human nature, 有关人性的内在假定, 52

value for crime prevention plans, 犯罪预防计划的价值, 58-60

Seattle Social Development Project (US), 西雅图社会发展项目（美国）, 33

secondary prevention, 次级（第二级）犯罪预防, 23, 36

Secured by Design strategy (UK), 设计安全战略（英国）, 65

security, commodification of, 安全, ……的商品化, 118

security concerns, differing perceptions of, 对安全的担忧, 关于……的不同观点, 126

self-exclusion, 自我排斥, 126

sentencing, 量刑, 39, 104

sexual assault, 性侵害, 19, 57

shopping centres and public malls, 购物中心与公共商场

approaches to crime prevention, 犯罪预防的方法, 125

exclusionary focus in prevention strategies, 犯罪预防战略中的排他性关注, 125

Festival Faire shopping centre case study "Festival Faire", 购物中心个案研究, 129

the ideal mall environment, 理想的商场环境, 126-8

importance of social atmosphere, 社会风气的重要性, 133

inclusionary focus in prevention strategies, 犯罪预防战略中的包容性关注, 125

management protocols to enhance community safety and reduce crime, 旨在改善社区以及减少犯罪的管理协议, 123-4

MCS Shopping Centre Youth Project MCS, 购物中心青年人项目, 128

nature of youth-centre management relations, 青年人中心管理关系的本质, 129

participation and service provision, 参与及提供服务, 124

planning and designing as community spaces, 作为社区空间来规划和设计, 123

as public spaces, 作为公共空间, 123

youth-friendly management strategies, 对青年人友好的管理战略, 128

Singapore, 新加坡

cost of producing a law-abiding society, 建立一个守法社会的成本,

9

crime prevention and education, 犯罪预防与教育, 8

justification for anti-crime policies, 打击犯罪政策的正当性, 9

key reforms in policing, 治安警务的主要改革, 7-8

policing style, 治安警务类型, 7

prevention measures, 犯罪预防措施, 7-9

public housing strategies for crime prevention, 有利于犯罪预防的公共住房计划, 8-9

use of crime prevention and law and order, 犯罪预防以及"法治秩序"的运用, 7-9, 24

zero tolerance stance on crime, 对犯罪的零忍受立场, 7

site surveys and safety audit methodologies, 现场调查以及安全检查方法, 67

situational analysis, value for crime prevention plans, 情景分析, 犯罪预防计划的价值, 58-60

situational prevention (SCP), 犯罪的情境预防 (SCP), 9-10, 15, 33, 49, 108, 116

situational prevention techniques, 情境预防措施, 49

Skogen, Wes, 韦斯·斯柯根, 40

social cohesiveness, 社会凝聚力, 37, 89

social conflict, and youth gang, 社会冲突与青年帮伙, 147-51

social control, 社会控制, 9, 13, 153

social disorganization, 社会解组, 139

social inclusion, 社会包容, 115-18

social institutions, influence on crime, 社会机构, 对犯罪的影响, 19

social justice, 社会公正, 44

social prevention, 犯罪的社会预防, 9, 22

advantages, 优点, 34

affective dimension, 感情性维度, 41

approaches to, 对……的态度, 36-9

elements for success of, ……的成功因素, 43-4, 97

and environmental prevention, 与犯罪的环境预防, 49

focus of, 对……的关注, 35-6

as a holistic approach to crime prevention, 作为犯罪预防的整体性方法, 46

limits to, ……的局限性, 41-3

perils of, ……的风险, 34-5

as plan-based rather than project-based, 以计划为基础而不是以项目为基础, 44-6

and redistributive policies, 与再分配政策, 34

structure and agency, 结构与组织, 35-6

and targeted intervention, 与有目标的干预措施, 36

and treatment of disadvantaged groups, 与对待弱势群体, 43

social prevention schemes, 社会预防方案, 10

social prevention studies, 社会预防研究, 32-3

social processes, 社会过程, 20, 66

Society and Crime strategy (Netherlands), 社会与犯罪战略（荷兰）, 94

City Warden program, 城市守望项目, 100

focus, 焦点, 100

"Halt" program, 项目"中止", 99

Integrated Safety Policy, 整体性安全政策, 101

major approaches, 主要方法, 98

Major Cities Policy, 大城市政策, 101

reduction of school truancy, 减少学校学生逃学, 99

schemes funded, 得到资助的项目, 99

SIC program, "安全、情报和管理"项目, 99

as a supplement to law and order, 作为法治秩序的补充, 100

aocioeconomically disadvantaged groups, 社会经济上的弱势群体, 5, 32, 34, 57

South Australia, 南澳大利亚州, 105, 156

strategy implementation, and process evaluation, 计划实施，与过程评估, 80-1

street life, 街道生活, 119, 139

structural inequality, and social prevention, 结构性不平等，与犯罪的社会预防, 36

suicide rates, 自杀率, 35

surveillance, 监管, 63

swarming, 成群结队, 151

symbolic dimension, of crime prevention strategies, 象征性维度，犯罪预防计划, 4, 21, 41, 88

systematic reviews, 系统性评价, 76-7

targets of crime, 犯罪目标, 18

Tasmania, 塔斯马尼亚岛, 138

teenage mothers, social prevention program, 青少年的母亲，社会预防项目, 33

territorial reinforcement, 地区强化, 62-3

territoriality, 地盘性（地区性）, 65

tertiary prevention, 三级预防, 23, 37

theory-based evaluation, 基于理论的评估, 85

"Together Against Crime" strategy (SA), "共同打击犯罪"计划（南澳大利亚州）, 105, 155-6

"tough on crime" rhetoric, "严厉打击犯罪"口号, 107

transitions, and prevention, 变迁, 与犯罪预防, 38

undesirables, effect of labelling, 不良分子, 贴标签的效果, 117

United Kingdom, 英国, 50, 101-2
  Anti-Social Behaviour Orders, 反社会行为规则, 104
  Association for the Care and Resettlement of Offenders, 关心与重新安置犯罪人协会, 102
  Crime Concern, 犯罪观察, 102
  Home Office Crime Prevention Unit, 内政部犯罪预防处, 102
  Standing Conference on Crime Prevention, 犯罪预防常务会议, 101

United States, 美国, 32, 123
  Urban Crime Prevention scheme (US), 城市犯罪预防计划（美国）, 40

urban planning, 城市规划, 65, 146

urban renewal projects, 城市改造计划, 148

USSR, 前苏联, 155-6

utopian realism, 乌托邦现实主义, 157

Victoria, 维多利亚州, 105

Vinson, Tony, 托尼·文森, 37

Violence: Australia Say No! campaign, "暴力：澳大利亚说不"运动, 37

Weber, Max, 马克斯·韦伯, 55

Weed and Seed Program (US), 清除和播种项目（美国）, 40-1

welfare, 福利救济, 33

"welfare" models of government, 政府的福利模式, 4

Western Australian Officer of Crime Prevention, 西澳大利亚犯罪预防办公室, 64

"what work"/administrative approach, "什么起作用"/管理方法, 14

"whole-of-government" approach, to crime prevention, "整体政府"方法, 对犯罪预防, 15

youth, 青年人, 118-21

youth gangs, 青年人帮伙

community-based approaches to，基于社区的方法，147
Glenorchy Mafia，格兰诺奇黑手党，148
position within local communities，在当地社区中的地位，147-8
reasons for forming，形成原因，147
and social conflict，与社会冲突，147-51
youth service approach to，青年服务方法，148

zones of transition，过渡地带，63

译 后 记

2010年5月上旬的某一天,正在北京师范大学法学院攻读刑法学专业犯罪学方向博士研究生的我和往常一样来到国家图书馆老馆二楼的法律资料室寻找和阅读外文法律资料。这天,我重点查找和翻阅浏览了最近几年国外出版的犯罪学英文专著。虽然我已经找到十余本比较新颖、权威的犯罪学专著,可是由于口袋银两十分有限,因而最后只得在反复比较之后复印了几本我挑选出的著作。此后不久,我便萌发了翻译一本国外犯罪学专著的念头并确定翻译本书。

我之所以决心翻译本部著作,主要是出于如下三个方面的考虑。首先,该书新颖的题材结构以及注重理论结合实践的研究方法令人耳目一新。从题材结构上看,本书以《犯罪预防:原理、观点与实践》为书名,分为两个部分:第一部分为理论,涉及方法结构、社会预防、环境预防以及犯罪预防评估等主要内容;第二部分为实践,涉及犯罪预防从理论到政策、公共场所的犯罪预防、如何应对社会失调以及犯罪预防的前景展望等主要内容。此外,本书中诸多部分均有针对典型性案例或来源于实践经验的条理性概括的分析评述。从上可见,本书不但结构新颖、重点突出,而且其注重理论联系实践的突出特点一方面生动地体现了作者深厚的学术理论水平以及对实践的掌握和驾驭能力,另一方面也显著增加了本书的可读性以及理论和实

译后记

践界参考借鉴的可行性。其次,本书内容上的前沿性、生动性以及实用性特点确保了其高优质量及其阅读价值。例如,本书除了论述社会预防、情境预防等较为传统的内容以外,还重点阐述了犯罪预防的评估、犯罪预防从理论到政策以及如何应对青年人犯罪问题等新颖、前沿性问题,其可读性十分明显。此外,本书还着重就基于环境设计的犯罪预防(CPTED)这一犯罪预防理论与实践领域中的最新发展进行了十分精当和有力的论述。译者认为,这些内容在理论上值得我国犯罪学界认真研究,在实践中值得我国相关部门参考借鉴。最后,翻译犯罪学外文专著也是本人学术积累和发展的迫切需要。外文翻译尤其是外文权威精品著作的翻译过程对于掌握和领会国外学术研究及实践发展的最新成果十分必要,也有益于个人的学术积淀和研究能力的显著提升。就此而言,本人作为犯罪学方向的博士研究生在这方面应该有所作为才对。众所周知,近年来我国学者十分重视对国外犯罪学著作的翻译和评介工作。然而,据本人所知,目前国内尚没有关于国外专门的犯罪预防著作的翻译作品问世。也就是说,本书很可能是目前国内关于国外犯罪预防专门著作的首部译作。

翻译本书,投入的时间、精力以及翻译当中的难度和困惑可想而知。本书翻译的少部分是本人在北京师范大学法学院读博的第一学年中完成的,而其余的大部分翻译则是本人由北师大法学两院选派援藏到西藏自治区检察院林芝检察分院的挂职期间利用空余休息时间完成的。我在挂职期间,除了较好地完成了分管的工作之外,一方面带队赴基层办案和进行专题调研,另一方面还应邀为林芝检察分院、林芝地委政法委、林芝地区团委等多个单位做了十多场专题讲座并获得较高评价。

译罢本书,除了克服了曾经一度畏难退却并坚持到底之后的轻松、喜悦以及成就感之外，自己也似乎增加了犯罪学知识尤其是国外犯罪预防新鲜知识的了解和理解。译者认为，考虑到我国犯罪预防领域理论研究及社会实践的实际情况，从比较分析的角度看，本书内容的借鉴启示意义至少有如下三个方面：

第一，我国犯罪学界应当大力提倡和推进实证方法的采用，同时拓宽研究的触角和范围。首先，从本书内容可知，国外犯罪学研究十分注重运用实证研究方法以及体现理论原理与社会实践相结合的原则。一方面，对于犯罪预防中的一些理论假定或者观点，国外通常注重运用对照实验以及项目实践等实证方法予以验证，以修正完善此前的假定或观点。另一方面，对于犯罪预防实践中的做法经验，研究人员及实际工作者往往十分注重对其进行梳理归纳，以有益今后的实践并促进理论研究的发展。而在我国犯罪预防领域，长期以来学界普遍习惯于抽象概念性的论述，对照实验、预防规划或项目实施等尚未成为风气和主流。其次，拓宽犯罪预防的触角和研究范围已经成为我国犯罪学研究尤其是犯罪预防研究的重要方向。如本书所述，近年来国外犯罪预防研究日益涉及和突出犯罪预防评估、犯罪预防的政策意蕴以及青年人犯罪预防的独特性质等问题的研究，成果斐然。与此不同，在我国上述新鲜、前沿性问题还未能真正引起学者们的广泛重视，甚至是未能涉足的处女地带。综上可见，改进犯罪预防的研究方法以及拓宽研究的触角和范围是提升我国犯罪预防研究水平的必然要求和重要抓手。

第二，完善关于犯罪预防类型和形式的研究，是深化我国犯罪预防研究的重要内容。众所周知，传统上犯罪预防的类型一般分为社会预防和情境预防。而本书则将犯罪预防分为社会预防和环境预防两种，且将环境预防又进一步细分为犯罪的情境预防（SCP）与基于环境设计的犯罪预防（CPTED），尤其是对后者进行了较为深入的研究。不仅如此，基于理论研究的成果推动，事实上基于环境设计的犯罪预防还对包括城市规划和建筑设计以及社区管理等在内的社会生活的广泛领域产生了深远而扎实的影响。而在我国目前，对大多数犯罪学学者而言，基于环境设计的犯罪预防还是一个相当新鲜的概念，深入的研究还无从谈起。显然，拓宽关于犯罪预防类型或形式的研究，是加强我国犯罪预防研究的当务之急。

第三，深化关于青年人等特定群体的犯罪预防研究，是提升我国犯罪预防研究水平的重要课题。在我国，尽管党和政府一贯提倡和重视青少年问题的研究，但从犯罪预防领域看，此方面的专门研究还不够全面、深入。比如，如何发挥青少年群体或组织的建设性作用等问题，我国理论研究以及社会实践尚待深入展开和切实体现。从刑事法规范层面说，国外许多国家的青少年违法犯罪不但拥有与成年人不同的概念（juvenile delinquency），而且其刑事实体及程序法制度设计也与成年人大异其趣。而从本书可知，国外对青少年犯罪预防也同样采取了特别而鲜明的对策，在观念认识、政策取向以及实践操作等方面予以特别而针对性的应对处理，效果良好。这种认识与做法应该值得我们参考借鉴。

在我援藏挂职期间，西藏自治区检察院张培中检察长、北京师范大学法学两院院长赵秉志老师、法学院副院长且援藏挂职任西藏自治区检察院副检察长的夏利民老师、检察日报驻西藏记者站站长付伟老师、刑科院分管研究生工作的博导刘志伟老师、西藏自治区检察院林芝分院陈宏东检察长、泽人扎西常务副检察长、副检察长福建援藏干部卓先发援友、北京师范大学法学两院选派援藏任拉萨市检察院副检察长的李山河援友、任西藏自治区检察院侦监处副处长的周亦峰援友以及本人援藏挂职期间所结识的其他同事或朋友都以各种方式对本人的工作、生活及至本书的翻译工作给予关心、鼓励和帮助。在此，对以上各位领导、老师和朋友致以衷心的感谢。

要说明的是，我的博士生导师、北京师范大学法学两院分党委书记张远煌老师及师母北京师范大学法学院博导张桂红老师多年来不但以其严谨的治学风范、深厚的学术造诣及声誉深深地感染和影响了我，同时还从学习方法、科研能力提升等多方面给我以启迪点拨、鞭策鼓励，使我受益匪浅。就本译著的翻译而言，导师也给予了有力的点拨和鼓励，使得本译著得以及时完成和出版。在此，对导师及师母多年来的悉心教导和点拨帮助致以衷心的感谢。

还要指出，北京师范大学刑事法律科学研究院常务副院长、博士生导师、在国际刑法学、犯罪学界享有声誉的卢建平教授在百忙当中抽空为本译著作序，这是对本人的极大鼓励和鞭策。在此，对尊敬的卢建平老师致以诚挚的谢意。

中国社会科学院法学研究所著名法学家李步云教授以及知名刑法学者刘仁文教授也对本人以及本书的翻译给予关心和鼓励，在此对两位师长表示衷心谢忱。

在我加盟桂林电子科技大学法学院的工作调动中，法学院院长宋志国教授、副院长向东城教授等领导和同事给予了充分信任和鼎力支持。由此，这部译著也算是我献给桂林电子科技大学及法学院的一份小小"见面礼"吧。借此机会向宋志国教授、副院长向东城教授等领导和同事表示衷心感谢。

本译著的顺利完成，当然离不开亲人的关爱和支持。我的父母也是远在湖南娄底的高校退休教师，他们不但给我养育之恩，而且一直给予我多方帮助。我的妻子孙一新也是高校教师，她不但自己业务精进、聪慧持家，而且多年来基本承担了家务

译后记

和小孩教育等家庭繁琐事务并给我精神和生活上的极大关爱和支持。我的14岁女儿赵雅琪现在杭州一所中学上学，多年来不但陪伴了我寂静的学习研究时光，而且以懂事、自立、好学等品质给我以信心和期望。在此，真诚感激家人的关爱和支持。

本译著得以及时面世，还得到了中国政法大学出版社的大力支持。在此，对中国政法大学出版社综合编辑部主任刘海光先生以及先后担任本译著编辑工作的张翀女士、顾金龙先生、冯琰女士、彭江先生等的辛勤工作表示衷心感谢。

本书作为本人的首部译著一定存在诸多不足和缺陷，译者恳请各位专家、师长和读者予以指正。

完成本译作之时，我即将结束为期一年的援藏挂职之旅。一年援藏虽短，自己却感到收获颇多：西域高原的工作历练、结识新朋的信任鼓励、神山神湖的洗礼启迪、雪莲格桑的高洁芬芳等既是本人难忘的援藏记忆，也是自己陶冶心境的上佳机会。虽然已经沐浴了西域高原的仙境灵气，我却不忘认真地勉励自己：在自己的学术之路上，我仍须奋力前行。

赵　赤

2012年5月6日

图书在版编目（CIP）数据

犯罪预防：原理、观点与实践 /（澳）苏通著；赵赤译. 一北京：中国政法大学出版社，2012.3

ISBN 978-7-5620-4201-3

Ⅰ.①犯⋯ Ⅱ.①苏⋯ ②赵⋯ Ⅲ.①预防犯罪-研究 Ⅳ.①D917.6

中国版本图书馆CIP数据核字(2012)第037905号

书　　名	犯罪预防：原理、观点与实践 FANZUI YUFANG YUANLI GUANDIAN YU SHIJIAN
出版发行	中国政法大学出版社(北京市海淀区西土城路25号) 北京100088 信箱8034分箱　邮编100088 http://www.cuplpress.com（网络实名：中国政法大学出版社） 58908325(发行部)　58908334(邮购部)
编辑统筹	综合编辑部　010-58908524　dh93@sina.com
承　　印	固安华明印刷厂
规　　格	880mm×1230mm　32开本　10.125印张　230千字
版　　本	2012年8月第1版　2012年8月第1次印刷
书　　号	ISBN 978-7-5620-4201-3/D·4161
定　　价	26.00元
声　　明	1. 版权所有，侵权必究。 2. 如有缺页、倒装问题，由出版社负责退换。